新时代航空服务类系列教材

总主编　陈　倩　李　俊　谢媛媛

民航服务
沟通艺术

主　编　戴雅兰　吴顺义　李　昂

重庆大学出版社

图书在版编目(CIP)数据

民航服务沟通艺术 / 戴雅兰, 吴顺义, 李昂主编
. -- 重庆 : 重庆大学出版社, 2024.2
新时代航空服务类系列教材
ISBN 978-7-5689-4278-2

Ⅰ.①民… Ⅱ.①戴… ②吴… ③李… Ⅲ.①民航运
输—商业服务—教材 Ⅳ.①F560.9

中国国家版本馆 CIP 数据核字(2023)第 234152 号

民航服务沟通艺术
MINHANG FUWU GOUTONG YISHU
主 编 戴雅兰 吴顺义 李 昂
策划编辑:唐启秀
责任编辑:张 祎 版式设计:唐启秀
责任校对:王 倩 责任印制:张 策

*

重庆大学出版社出版发行
出版人:陈晓阳
社址:重庆市沙坪坝区大学城西路 21 号
邮编:401331
电话:(023)88617190 88617185(中小学)
传真:(023)88617186 88617166
网址:http://www.cqup.com.cn
邮箱:fxk@cqup.com.cn(营销中心)
全国新华书店经销
重庆愚人科技有限公司印刷

*

开本:787mm×1092mm 1/16 印张:17.75 字数:360 千
2024 年 2 月第 1 版 2024 年 2 月第 1 次印刷
ISBN 978-7-5689-4278-2 定价:59.00 元

编委会

20世纪初莱特兄弟发明飞机以来,民航业在世界范围内以蓬勃之势迅猛发展,民航业已然成为各国相互沟通的重要桥梁。中国的民航业虽然起步相对较晚,但蓬勃发展之势不可阻挡。

突如其来的新冠疫情对世界民航业产生了一定冲击,但这并不影响民航业的复苏与继续发展,尤其是对正阔步与世界交融的中国民航业而言。随着我国自主研发的C919问世并成功实现商业首飞,中国在世界民航业的地位进一步提升。同时,与之密切相关的空中乘务专业、机场运行服务与管理专业、航空服务艺术与管理专业等将有更好的"生存土壤"和发展空间。

基于此,为进一步加强新形势下的专业发展,全面提高民航服务人员的综合素质,提升其服务水平,培养适合中国式现代化发展水平的民航服务人才,我们决定组织编写一套既符合专业特性又有别于现有教材,既有行业可操作性又具理论深度的"新"教材。为体现"新",本套教材进行了五个方面的思考。

一是注重课程思政内容。本套教材特别突出课程思政内容,以为党和国家培养人才为目的。或以鲜活案例呈现,或在教材知识点中体现,以此培育学生爱党、爱国、爱职业的思想,不断植入社会主义核心价值观,着实践行"三全育人"理念。

二是兼顾不同教学层次,力争符合本专科学生的课程学习要求。航空服务艺术与管理专业和空中乘务专业,培养目标有相似之处,即培养机上服务人员的相关能力相似,只是前者立足于本科生,后者立足于专科生。并且由于民航业的特殊性,关于技术操作,本专科的学习内容是一致的,且无论本科还是专科,该部分内容皆是学习重点。因此,针对这些内容本套教材实现了全覆盖。而本专科教学层次不同的部分,本套教材主要以"拓展内容"的形式体现本科教学所需的"两性一度",即高阶性、创新性和挑战度,方便教师指导学生。

三是本套教材大致为两种体例。理论性较强的,按传统章节的形式呈现;实践性较强的,按任务式或工作手册的形式呈现。但无论何种体例,每章或每个项目内容均以问题为导向,并附有思维导图,不仅方便教师明确该部分内容的教学目标、重点和难点,更方便帮助学生梳理知识与知识之间、章节与章节之间的逻辑关系。

四是本套教材的实践性内容所占比重较大且数字化程度较高。本套教材的实践性内容占比近50%,其与航空服务艺术与管理专业、空中乘务专业的专业特性相符;方便使用该教材的教师在日后建设国家一流课程时所用。同时,为方便广大师生的使用,教材顺应了时代发展,大力彰显教材的数字化特性,实践性内容都附有相关视频和课件。

五是部分教材体现"1+X"的职业教育理念。无论何种教学层次,该专业的首要任务都是强调教学内容的实践和运用。为全面提升学生的行业竞争力,教材遵循"1+X"职业教育理念。凡是涉及职业资格证书的教学内容,教材皆对相应职业资格证书及其获得途径进行了介绍。

为如愿达成上述目标,我们聘请了业内资深专家对全书进行了内容规划和指导,请航空服务艺术与管理专业以及空中乘务专业的一线老师执笔。这些老师既有丰富的飞行经验,又有较高的理论水平,分别从教于专门的民航院校以及综合院校的航空服务艺术与管理专业、空中乘务专业等。

由于种种原因,教材还存在诸多不足之处,以待后续完善。敬请各位同仁在日后的使用过程中批评指正!

丛书编者

2023年6月

前言

随着航空运输业的迅猛发展,航空大众化、个性化趋势凸显,旅客对民航服务质量要求越来越高,维权意识进一步加强。随之而产生的旅客希望获得高水准的服务与服务供给不足之间的矛盾,使其对民航服务提出了更大的挑战。而良好的沟通既是民航服务的基础,也是服务竞争的软实力之一,其直接影响着旅客的情感反应,并决定了旅客对民航服务质量的评价。因此,对相关从业人员的民航服务沟通知识的建构及沟通艺术的培养显得尤为重要。

党的二十大报告明确指出:"教育、科技、人才是全面建设社会主义现代化国家的基础性、战略性支撑。"教育的本质追求是关注人、培养人、发展人,使人成为完整且丰富的人。新时代的教材建设是为党育人、为国育才的重要依托。

基于此,本教材全面贯彻党的教育方针,以"立德树人""两性一度"建设标准为导向,契合信息化教学背景,以培养学生的职业知识、技能、素养作为目标,在编写过程中突出"厚基础、重实践、巧应用"的特点,充分对接客舱沟通标准。本教材设置了民航服务沟通艺术概述、自我沟通艺术、民航服务沟通表达、民航服务有效倾听艺术、常见沟通情境处置艺术、特殊旅客沟通艺术、民航服务内部沟通艺术、民航服务冲突处理艺术、社会支持中的沟通艺术、民航服务沟通艺术综合性实践与案例评析等内容,囊括了理论知识、前沿学术动态知识、实践案例、实践项目,集前瞻性、科学性、实用性、专业性于一体,同时由点及面深入挖掘思政元素,充分融合思政建设,多措并举,旨在为学生构建以专业知识为支撑的职业能力,以提升自我发展、社会适应的职业素质,实现学生知、情、意、行的有机统一。

　　同时,本教材为充分对接客舱服务过程,将具体内容按照职业维度进行重构,从行动和过程出发,将理论知识与实际操作相融合,嵌入众多客舱沟通点,不断迁移、内化学生的职业沟通技能,促进学生将知识由学习、理解走向应用。此外,本教材设置了大量实践模块,通过角色扮演,以最适合的空间感创建情景模拟体验,充分调动课堂气氛,以提升学生实际沟通能力。

　　希望本教材帮助学生打开眼界,以便其深入思考与表达,让心态更开放,让思维更敏锐,进一步提升在民航服务中面对复杂问题的应变处置能力,并培养学生对多元世界以及人际关系的实质性理解。诚如张伯苓先生所言,借助教育的力量"造就新人才""为社会谋进步,为公共谋幸福""使我中国现代化""培养学生爱国爱群之公德,与服务社会之能力"。

　　本教材由中国民航大学戴雅兰、南洋无锡职业技术学院吴顺义、中国国际航空公司李昂任主编,叶岚、何悦方、陈寅晶任副主编,赵悦、李彤、刘鲲、倪琳怡任参编,团队囊括本科院校、专科院校、航司等多方单位,梯队合理,其中戴雅兰负责全书的统稿与整理工作。

　　在编写过程中,亦得到了中国民航大学、中国国际航空公司、中国南方航空公司各领导、专家、同行的指导与帮助,在此表示诚挚的感谢!

　　限于编者的水平,教材中难免存在着遗漏和不足之处,恳请读者批评指正。

编者

2023年12月

目 录

参考文献

>>> >>> 第一章

民航服务沟通
艺术概述

学习目标

知识目标：

1.掌握民航服务的含义、特征与基本原则。

2.理解民航服务沟通与服务的关系。

3.掌握沟通的含义、对象与分类。

4.明确沟通的过程与特点。

能力目标：

1.掌握沟通的基本要素。

2.明确民航服务沟通的对象，针对不同对象沟通内容建立动态化视角。

3.通过情境导入、案例导入，提升学生解决实际民航服务问题的能力。

素质目标：

1.帮助学生认知职业，建立职业信心。

2.通过深入理解服务内涵，提高学生专业认知，培养其爱岗敬业、吃苦耐劳的品质。

3.引导学生树立"四个正确认识"，培养其求实、务实、进取的态度。

案例导入

案例1.1　缺少语言沟通技巧　激怒旅客显然有错

　　某航空公司××957航班，旅客开始陆续登机。一位坐在20排C座的旅客在放好行李后，脱下外套对站在旁边的一位乘务员说："小姐，帮我挂一下衣服。"这位乘务员随口说："我们没有挂衣服的地方。"该旅客说："我上飞机明明看到有衣帽间，为什么说没有？"乘务员见旅客有点生气，忙解释道："那是头等舱的衣帽间，头等舱有客人……""什么？挂衣服还分头等舱、经济舱，你们太过分了，找你们乘务长来。"旅客勃然大怒，打断了她的话。最后，还是乘务长做了多次的道歉和解释，才平息了这场风波。

案例1.2　沟通不当导致航班延误

　　某航班，一个老干部旅行团上了飞机。其中一位老人看到自己座位上方的行李架放满了东西（机载应急设备），就将行李架上的防烟面罩连同套子取下，放在地板上,将自己的行李放在该应急设备的位置上。2号乘务员发现后,未调查设备移动的原因,就直接报告乘务长,且报告内容过于简单,造成乘务长判断失误,认为情况失控。乘务长未再次确认就报告机长,机长接到报告后,通知地面处理,最后该旅行团导游被带下飞机,造成航班延误52分钟。

思考:

1.结合案例,请思考沟通的重要性。

2.在两个案例中,乘务员在沟通时存在什么问题? 从中我们能得到什么启示?

相 关 知 识

有位哲人说:"人生的美好,就是人情的美好;人生的丰富,就是人际关系的丰富;人生的成功,便是人际沟通的成功。"有研究表明,一个人每天一般会花60%~80%的时间在"说、听、读、写"等沟通活动上。在职场中,更有高达93%的CEO(首席执行官)认为员工的沟通能力是未来职场最重要的竞争力。

一个好的沟通者,其工作情绪较为平和,发生冲突频率较低或是易于化解冲突,有助于在工作中与他人达成良好的沟通。因此,民航服务人员在工作中掌握一定的沟通技巧,如认真倾听、有效表达等,有助于民航服务人员更好地服务旅客,提高旅客满意度,从而减少冲突、投诉等不良事件的发生,进而为航空公司赢得良好口碑,增强市场竞争力。而工作上沟通互动的成就,也对个人生活有莫大助益。

随着民航运输规模的不断扩大,旅客数量激增,随之产生的旅客希望获得高水准的服务与供给不足之间的矛盾愈发突出。形形色色的旅客素质参差不齐,对客舱服务的要求定位也更高,同时维权意识强,喜欢投诉,如投诉餐食不好吃,投诉毛毯不够,投诉没帮忙放行李,甚至投诉民航服务人员脱妆是对其不尊重,旅客们开始关注精神上的享受和全方位的服务。而根据众多航司反馈,民航服务人员通常存在表达能力差、态度不好、认知差异等沟通问题。如某航班旅客登机,向民航服务人员提出"为什么客舱里有苍蝇",民航服务人员不假思索地说:"也许是上客时跟你们一起进来的吧!"虽是民航服务人员无意识的一句话,但给旅客带来了负面的感受,并导致了投诉。反之,若充分有效地进行沟通,灵活处理问题,则可提升服务质量。因此,掌握沟通的艺术非常重要。

案例1.3　主动沟通,主动服务,手留余香

　　某日某航班,当班乘务组遇到了迎客时大家都会头疼的难题——行李过多。乘务长是一个身体羸弱的姑娘,客舱中旅客因为无处安放行李而拥堵住原本并不宽敞的通道,乘务长并没有一味地催促旅客侧身将通道让出,而是对旅客说"交给我就好了",随后合理安排行李架,腾出地方,行李安放妥善了,旅客坐下了,通道自然就被让开了。乘务长看到一位旅客的行李袋破损,就默默地拿出一个新的袋子帮旅客把行李整理好。下机时,她发现一个旅客的箱子太重,箱子的提手在拎起来的时候会很伤手,乘务长又拿出湿毛巾把旅客箱子的提手包住,防止旅客拎箱子伤手。这样的行为真的很简单,但又是那样润物细无声的温馨。

第一节　沟通的内涵

一、沟通的定义

(一)沟通的定义

　　"沟"指水沟、沟渠。"通"指没有阻塞、可以通过。沟通本指开沟以使两水相遇,后用以泛指使两方相通连,疏通彼此的意见。综合学术上的解释,可将沟通定义为两个或两个以上的人或群体,通过语言或者非语言方式,传递和交换各自的意见、观点、思想及情感,从而达到相互了解、相互认知的过程。

　　首先沟通的主体对象是人,沟通的方式包括语言沟通和非语言沟通。语言沟通是以语言符号实现表达,包括口语和书面语,是内心情感和自身素质的外在反映。而非语言沟通是通过人们的动作、表情、穿着等实现的表达。沟通的主要内容是信息、知识和思想。沟通的目的则是交流信息和感情,达到设定的目标。

(二)沟通的艺术

　　现实生活中,我们每个人每天都在以各种各样的形式与他人进行沟通。沟通是人类社会交往的基本行为过程。通过沟通,大家可以了解彼此的观点和看法,寻求共识,消除隔阂,谋求一致。通过沟通可以表达自己的意向和态度,通过沟通可以化解误会、消除疑虑。而沟通的艺术就是通过一些具有艺术性的手段和方法,利用艺术化的沟通手段达到交流信息的目的。

(三)沟通的特点

1.双向性

沟通是主客体间的双向行为活动,即涉及两个以上的人参加,是一个双向的过程,均有自己的沟通目标。例如,在民航服务中,民航服务人员在沟通中希望能够了解旅客的诉求并满足旅客的需求,而旅客希望通过沟通得到民航服务人员的关注与尊重,并获得优质的服务。因此,沟通具有双向性,单纯的民航服务人员表达而旅客屏蔽或者反向行之,都不是完整的沟通。

2.动态性

信息是在动态变化的,易受到时间、地点和情境的影响。前一秒民航服务人员和旅客沟通得很愉快,后一秒因为说错了话,引起旅客不满。沟通双方的关系也容易根据对方的语言内容、情绪状态等动态地进行调整,其关系既有可能因沟通而更加紧密,也可能因此疏远或中断。从该角度上来看,沟通的动态性非常强。

3.障碍性

囿于多维度的障碍,沟通并不总是有效的。在沟通过程中,任何一个环节的沟通不畅都会导致沟通失效。障碍源自多个方面,如情绪障碍、文化障碍、认知障碍、噪声干扰等,有的是沟通主体产生的,有的是客观环境产生的。若无意识沟通,不注重沟通技巧,那么很有可能被障碍影响,导致沟通无效。

4.统一符号

要实现有效沟通,沟通双方需有统一、相近的符号,即拥有统一的编码、解码体系。若语言不通,则沟通较难进行,这也是国际航班上会配备外籍民航服务人员的原因。

二、沟通的分类

(一)沟通的信息载体

按照沟通的信息载体分类,可分为语言沟通和非语言沟通。语言沟通是指以语言符号实现的沟通,是一种有效的沟通方式,可分为口头语言、书面语言、图片或者图形语言等。非语言沟通主要通过某些媒介而非语言来传递信息,具体包括动作、表情、眼神、手势、体态,以及声音的音色、节奏、语气等。德鲁克说:"人无法只靠一句话来沟通,总是得靠整个人来沟通。"我们每说一句话时,用什么样的音色去说、用什么样的抑扬顿挫的节奏去说等,这些都是非语言沟通的一部分。研究表明,别人理解你传递信息的方法:7%来自语言表达(说什么);38%来自辅助语法(怎么说),如时间的选择、语调、音调、转调、结构、习惯性的话头;55%则来自非语言表达(行为举止)。

(二)沟通的组织系统

若按照沟通的组织系统分类,通俗来讲就是沟通场合,可分为正式沟通与非正式沟通。正式沟通是指按照组织明文规定的渠道进行信息传递与交流。如在客舱工作时,迎客、发餐时和旅客交流的场景均属于正式沟通,上课也属于正式沟通。而非正式沟通是指在正式渠道之外的沟通,通常指"小道消息"。

(三)沟通的组织结构

若按照沟通的组织结构分类,通俗来讲就是依据内部上下级关系,可分为上行沟通、下行沟通、平行沟通。与乘务长等领导沟通属于上行沟通。相反,乘务长与新民航服务人员的沟通属于下行沟通。而平行沟通,则是指平级关系人员之间的沟通。以上三类沟通均属于内部沟通。

(四)信息沟通的方向

若按照沟通的方向分类,可分为单向沟通与双向沟通。单向沟通一般为命令式的话语,对方不用反馈。而双向沟通是指信息发送者以协商、讨论意见的方式面向接受者,信息发出以后还需要及时听取反馈意见,必要时双方要进行多次交流,直到双方共同明确和基本满意相关沟通的结果。

三、沟通的过程

沟通是人际交往的基本行为过程,是人与人之间、人与群体之间思想与感情的传递与反馈的过程,以达到思想的统一和感情的通畅。从定义来看,沟通不是简单的你说我听,而是一个完整的过程。这个过程中的主体是人,主动发起信息沟通者,我们称之为发送者;接收信息的人,我们称之为接收者。这个过程涉及五大要素,包括编码、译码、通道、反馈、噪声。

(一)沟通的模型

1.沟通的一般模型（图1.1）

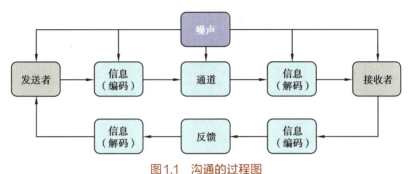

图1.1　沟通的过程图

2.沟通的动态模型

沟通的动态模型更新且扩充了交互过程,以"沟通者"取代"传送者"和"接收者"。"沟通"一词代表着我们同时传送和接收信息的事实。我们通常会同时进行信息的编码、传送、接收、解码等动作。因沟通者常有着不同的背景,而背景来自沟通者自身的经验,如图1.2所示:A与B背景重叠的部分,重叠部分越小,沟通起来越困难。

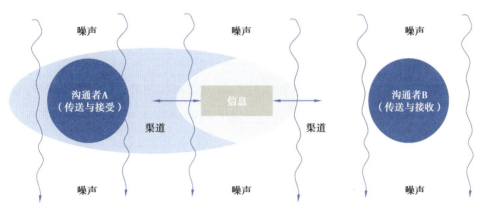

图1.2　沟通的动态过程示意图

(二)沟通的要素

1.编码

沟通者在发送信息之前先产生想法,并且想好这个话要怎么说,俗称编码。民航服务中应充分考虑旅客的感受,有些话可能太直接会显得不礼貌,需要稍微加工一下。比如一名旅客的机票是2折,其询问工作人员:"我的机票是否可以改签?"反馈最直接的信息是:"您购买的是低折扣的机票,所以不可以更改。"但为了考虑旅客的感受,民航服务人员可转变表达方式:"先生/女士,您好！因为您购买的是优惠机票,而这些机票有特定的限制条件,如不得更改、升舱、退票、签转等,所以这张客票不可更改。"这样的说法委婉且顾全了旅客的面子,避免了冲突的发生。

2. 通道

沟通通道是信息得以传送的载体,其由发送者选择。通常包括面对面、社交媒体、书信、文件等形式。其中面对面沟通具有快速传递、快速反馈、信息量大等特征;社交媒体则具有快速传递、信息容量大等特征;书面沟通(如书信、文件等形式)具有持久、有形、可核实等特征。其中民航服务沟通通道常多见于面对面沟通。

3. 解码

沟通者接收信息前,需对信息进行解码,即编码的反向过程。沟通者往往根据已有经验、价值观、认知解读信息,此时非常考验沟通者倾听、理解的能力。

4. 反馈

反馈是指接收信息者将收到并理解的信息返回给发送者,表达自己的意见,以便发送者对接收者是否正确了解信息进行确认,并进一步沟通,再由发送者对信息进行解码。反馈的作用是使沟通成为一个交互过程,没有反馈的沟通过程通常容易出现沟通失败。如案例1.4所示。因此,反馈非常重要。

案例1.4　未及时反馈引发的投诉

事件描述

某航班,13排R侧旅客感觉客舱温度过高,先后两次寻找乘务员要求调节,乘务员均是口头答应但未对旅客反馈是否已调整了温度,引起旅客不满。事件造成旅客电话投诉。

事件调查

当日执行B737机型航班,13排R侧旅客感觉客舱温度较高,第一次是找到身边3号乘务员告知温度较高,希望调节客舱温度。3号乘务员虽然口头答应但是未给旅客温度是否调节予以回复,也未向旅客确认客舱温度是否合适。所以旅客第二次找到了客舱中4号乘务员,告知客舱温度过高希望调节,4号乘务员虽然答应了旅客,但是是否调节了客舱温度仍然未给旅客回复。这直接导致旅客认为乘务员根本就没有调节客舱温度只是在敷衍他。事后该旅客向公司电话投诉。

经验与技巧

1.乘务长在航前准备阶段,应对组员进行合理分工,指派专人对客舱温度进行监控,关注旅客乘机感受。

2.乘务员在听取旅客诉求的同时,可以倒一杯水或者调节通风口来缓解旅客的不适。

3.乘务员在满足旅客需求后,应第一时间反馈旅客,并询问旅客是否满意。

4.客舱乘务组之间应相互沟通,做好信息传递,规避因信息不畅导致服务滞后。

5.噪声

与此同时,还有一个关键要素,即噪声。噪声是干扰沟通的不确定因素,在每个过程中都有可能产生。

第二节　民航服务沟通的内涵

一、民航服务的内涵

(一)服务的定义

在《现代汉语词典》中,"服"有担任、承担、服从等内涵,"务"指事情、事务。服务的核心就是让旅客满意,帮助旅客解决服务需求,并从中受益。因此从某种程度上来讲,服务业不允许服务工作者有太多的个性。

案例1.5　及时观察,主动关心,做好贴心服务

某航班迎客期间,乘务长观察到一名旅客神情忧伤,情绪焦急,主动询问得知旅客上机后发现随身小包遗失在候机楼卫生间,包里有十分重要的法院文件。乘务长第一时间联系地服人员协助寻找,同时安抚旅客情绪。最终,地服人员根据旅客提供的信息在候机楼卫生间找到了丢失的小包,及时交予旅客,旅客表示由衷感谢。

(二)民航服务的定义

民航服务是为了让旅客安全、满意地完成飞行旅程,顺利到达目的地。其最核心的产品是位移,服务的目的是满足人们出行的需求。民航服务依托于飞机进行运输,整个链条中涉及的民航服务人员包括地服、乘务组、飞行员等。在一般情况下,乘务组和旅客接触时间最长,涉及沟通内容也是最多的,对服务接待能力挑战较大。

二、民航服务的特性

(一)易逝性

民航服务产品的生产过程与消费过程同时进行,均为航班,且座位无法储存,在这个过程中服务接触时间有限且易逝。

(二)无形性

民航服务的产品是无形的,旅客的感受就是评判民航服务的唯一标准。这不仅关系航空公司的品牌声誉,还进一步决定了其持续盈利的能力,因此航空公司十分重视民航服务质量。

(三)一次性

对于民航服务,我们永远没有第二次机会!假如旅客这次的体验不好,这种感觉很难消除和弥补。因而服务的质量很重要、很关键。

(四)灵活多样性

旅客有不同的服务需求。面对形形色色的旅客,民航服务人员需掌握广泛的知识和技能以应对旅客可能提出的各种各样的问题。对于旅客来说,民航服务人员就是专业的。这对民航服务提出了更高的要求。

(五)系统性

民航服务涉及各个部门、各个环节。作为民航服务人员,除了与旅客打交道,还需与航司的其他人员沟通。若服务的任何环节出现问题,民航服务都是失败的。

(六)环境局限性

民航服务人员的服务环境有限,尤其是客舱服务人员,在客舱的小空间内提供服务,时间和空间均不充分,座位、行李、餐食、毛毯、饮料、杂志等资源也有限,客舱服务人员很难同时满足旅客的各类需求。此外,航空运输更容易受天气影响发生航班延误。再加上民航运输中安全规定非常多,不可避免会和旅客发生一些摩擦、矛盾。

以上服务特征,均对民航服务人员提出了更高的要求。在沟通过程中若无法处理得当,达成沟通共识,会给民航服务工作的开展带来很多麻烦,甚至引发冲突和投诉。如某航班中,有小朋友向民航服务人员索要报纸,民航服务人员看他太小,解释道:"你太小了,可能读不懂报纸,就先不提供了。"小朋友的家长听了非常生气,认为"我小孩买的机票不打折,怎么你的服务还打折了呢?"

三、民航服务与沟通的关系

沟通是一门艺术,也是一名优秀民航服务人员不可或缺的能力。民航服务涉及订票、值机、安检、广播、餐饮服务、安全检查等,本质上讲,沟通几乎贯穿了服务的全过程。但是这个过程也许会有很多问题,如何更好地区分解决,懂得将沟通艺术运用于服务,这对提高服务质量有重要意义。具体来说,提高沟通艺术的重要性有三个方面。

(一)沟通有利于民航服务人员服务工作的实施

民航服务中,民航服务人员除了要处理事的部分,最常遇到的就是人际沟通的问题。民航服务人员时时刻刻和旅客打交道,迎客、发餐、安全演示、卫生、广播等均离不开沟通。同时,通过沟通可以帮助民航服务人员更好地了解不同旅客的需求,以提供有针对性的服务与解决方案,让旅客感觉到善意。但反过来,若在服务过程中语言表达不清、语意含糊或者偏差,往往会加深与旅客之间的误会,导致事件影响扩大。因此,在空中服务空间、资源有限的情况下,以沟通服务为代表的服务软实力显得尤为重要,这是保障服务工作顺利开展的重要条件。

(二)沟通有利于改善民航服务人员和旅客之间的关系

沟通的前提是尊重、信任和理解,沟通又能促进彼此的尊重、信任和理解。由于飞行环境、服务对象以及服务过程的特殊性,加之每位旅客的认知、价值观、文化、性格、教育存在差异化,民航服务过程中会出现复杂多变的各种情况和突发事件,极易产生矛盾误会。而沟通可以让信息更加通畅,帮助民航服务人员获得旅客的理解,将冲突问题化复杂为简单,及时消除误会,化解矛盾。这样可以使整个旅行过程少许多麻烦,使行程更加顺利。

(三)沟通有利于促进民航服务人员与旅客之间建立深厚友谊

若能进行良好的沟通,那么双方都会感觉很好,民航服务人员觉得工作很开心,旅客觉得体验很值得。尤其是对于特殊旅客,如担架旅客、老人,他们有的时候会心怀感激,此时民航服务人员也会觉得自己的服务很有价值,从中可以得到对工作可持续增长的热忱,从而形成一种良性循环,双向成就。此外,良好的沟通可以营造温馨和谐的民航服务

环境,有助于打造优质的民航服务品牌,提升机场知名度以及航空公司整体形象,获取更多的社会效益与经济效益。

四、民航服务沟通的内涵

综合民航服务及沟通的相关内涵,民航服务沟通是指在购票、值机、安检、托运、飞行

图1.3　客舱服务沟通示意图

等民航服务过程中,民航服务人员与旅客或内部同事围绕运价、退改签、安全、服务、餐食、行李、航班延误等主题,通过有效的语言或者非语言方式传递各自的观点、思想、态度及情感,从而促进民航服务工作顺利开展,灵活应对航班中复杂多变的情况与突发事件,及时化解矛盾,进一步营造温馨和谐的民航服务环境(图1.3)。

五、民航服务沟通的等级

实际上,服务离不开人的沟通,好的服务更是离不开有效的沟通。作为民航服务人员,语言沟通在服务工作中是基础性的,也是最重要的。随着航空运输业的迅猛发展,航空大众化、个性化趋势凸显,旅客的需求越来越多,服务沟通的层次在不断拓展,如图1.4所示,其呈现的服务沟通水平也有所差异。底层是命令式沟通。零点层为及时沟通,满足旅客的明示需求,是达到民航服务沟通的最基本要求。最高层次为超越明示需求,挖

服务沟通			
	4	服务沟通体现企业文化	深层价值认同
	3	积极沟通,服务精准	
	2	主动沟通,服务有瑕疵	旅客的暗示或潜在需求
	1	对潜在需求未能有效满足	
服务沟通零点	0	及时沟通,满足旅客明示需求	
	−1	沟通效率低下,服务延迟	
	−2	未进行沟通,服务缺失	旅客的明示需求
	−3	拒绝沟通,拒绝服务	
非服务	−4	命令	民航服务人员命令意愿强加

图1.4　民航服务沟通的层次图

掘旅客的潜在需求,是体现航司企业文化、深层价值认同的沟通。沟通效率由浅入深,服务水平由低到高。语言得体、谈吐文雅、满面春风,这样的服务才能使旅客"闻言三分暖",见面格外亲。要做好服务工作,就要学好服务语言,掌握语言艺术,用礼貌、幽默的语言与旅客交谈,并用含蓄、委婉的话应对旅客一些特殊要求。

六、民航服务沟通的基本形态与对象

民航服务沟通所涉及的三种基本形态为听、说、看。其中听与看属于解码过程,说属于编码过程。另一方面,对于民航服务人员来说,沟通对象广泛,主要囊括了特殊旅客、一般旅客,不同部门的同事等。民航服务人员要能识别不同旅客的特点,以便更有针对性地进行沟通。

第三节　有效沟通的影响因素

沟通贯穿生活、工作的方方面面,那是不是沟通都是有效的呢？并不是。实际上研究表明:20%的沟通是有效的,80%是无效的。因为在沟通过程中,有非常多的因素会影响沟通的有效性。

情境导入

1.航班延误情境下,客舱关闭舱门,旅客情绪暴躁,乘务员反复解释,旅客仍然骂声一片。

2.当旅客询问乘务员厕所在哪时,乘务员告诉他在1号门左边,最后导致旅客将应急舱门打开。

结合以上客舱服务中可能出现的沟通场景,请思考影响沟通的因素有哪些。

一、环境因素

(一)物理环境

物理环境主要指沟通时的外部环境,如噪声、光线、温度、气味、空气湿度等。进行民

航服务沟通时,发动机的噪声、其他旅客聊天的声音均属于噪声干扰,有可能分散旅客注意力,使信息传递有误差、失真。同时若环境存在光线较暗、温度过高或过低、有异味等容易使旅客生理不适,对谈话失去耐心,甚至导致负面情绪拒绝沟通。反之若环境舒适安全、安静整洁、温度适宜,则有利于与旅客进行沟通。

(二)人际关系

良好的人际关系、融洽的氛围、适当的交往距离等会促进沟通的顺利进行。如某航班上,某民航服务人员很畏惧乘务长,认为乘务长属于控制型领导,管理严格,那么为避免被批评责骂,在进行内部沟通时,该民航服务人员可能选择隐瞒旅客部分关键信息。反之,若民航服务人员与乘务长关系融洽,则沟通起来更顺畅自然一些。当然,角色地位障碍还存在于民航服务人员及旅客之间,尤其是两舱旅客,出于服务与被服务的关系,在某些特定沟通情境,民航服务人员可能不敢拒绝旅客的不合理要求,导致过度承诺,继而引发更大的问题。

二、个人因素

(一)文化认知

不同地域、不同民族有着不同的文化,若不能正确了解各地域文化差异,在服务沟通中很容易好心办坏事。

此外,由于每个人接受的教育、生活的背景、走过的路、看过的风景不一样,每个人的知识面和认识深度不同,导致在同一个问题上,会产生不同的看法与认知偏差,并根据自己的兴趣、理解去看待事物,有选择地去倾听信息。当你解释安全规定时,你和旅客存在专业知识的差异性,若民航服务人员只说"这是规定",旅客是比较难理解的,需要进一步解释安全规定背后的原因。

(二)情绪情感

情绪是有感染力的心理因素,可直接影响沟通的有效性。当旅客情绪激动抑或低落时可能出现词不达意、不好好说话,进一步导致沟通失真甚至起反效果。民航服务人员需要意识到,旅客在出行之前有可能遭遇了各种各样的情况,如生意失败、考试失利、和家人吵架、失恋、出门堵车、值机被告知需缴纳逾重行李费等,从而带着情绪上飞机。民航服务人员需要及时关注到这部分情绪化的旅客,主动关心关怀,并注意沟通的方式方法,避免进一步刺激旅客。

(三)生理状态

沟通者生理状态不佳,如出现发烧、感冒、饥饿、疲劳等状况,其注意力不易集中,进而影响沟通效果。对于民航服务人员来说,身体不舒服时可能影响工作状态,如在误放滑梯事故统计中,因民航服务人员身体状态不佳的原因占比较高。对于旅客来说,若身体不适可能缺乏沟通耐心与交流意愿,对民航服务人员爱答不理,甚至做出一些难以理解的事情,产生误解。此时,民航服务人员可能需要进一步关心询问,捕捉行为背后的原因。

(四)性格因素

性格内向、孤僻的旅客会比较难沟通,他们往往对服务有很高的预期,但是也不直接表达出来,给民航服务沟通带来困难。而性格开朗、大方的旅客往往沟通起来更顺畅一些。

(五)沟通因素

沟通,包括表达能力和倾听能力,指沟通者能够通过书写、口头、表情与形体语言,有效、明确地向对方表达自己的想法、感受和态度,同时能够正确地解读对方信息,从而了解对方想法、感受、态度与情绪。沟通技能包括灵活表达、积极倾听、重视反馈、控制情绪等。若民航服务人员不知道怎么表达,旅客不知道怎么理解,那么在沟通过程中相当于鸡同鸭讲,如上述情境沟通中所出现的民航服务人员告知旅客"厕所在1号门附近",旅客不知,误将应急舱门打开,导致沟通失败。

第四节　民航服务中常见的沟通障碍

有效沟通的影响因素有多个维度,若这些因素呈负向状态,便成了沟通的障碍。障碍的源头主要集中在人和环境身上,主要包括民航服务人员、旅客及客观环境。为实现民航服务沟通的有效性,需从源头出发,抓关键,以帮助民航服务人员有针对性地克服障碍。

一、民航服务中的常见障碍

基于航司反馈数据与案例实践分析,本书归纳出以下六类常见民航服务障碍,并建立反思路径。

(一)语言障碍

语言是交流思想的工具,是用以表达思想的符号系统。世界语言丰富多彩,人们的语言修养也有很大差异。语言不通或语言表达产生的歧义,会使我们的沟通出现巨大的障碍。在航班服务中,民航服务人员会碰到形形色色的旅客,包括老年人、小孩、地方方言严重者等,与他们沟通有的时候会存在语言及认知问题,导致沟通失真。如传达者口齿不清或不能掌握要点做简洁表达,接收者则无法了解其真意。

(二)认知障碍

同时,民航运输服务具有一定的专业性和特殊性。由于缺乏相关专业知识,大多数旅客通常无法理解民航服务的一些限制条件和规定,如:"既然飞机上有那么多空座位,为什么不能换座位?""阳光那么刺眼,为什么非要在起飞前打开遮光板?"等;或无法接受出现的突发状况,如:"为什么航班会一延再延?""等了十多个小时了,竟然通知飞机取消了"等。在这些情况下,民航服务人员若解释不清楚或处理不当,只说这是规定,旅客比较难理解,会影响沟通效率与服务效果。

(三)文化传统的障碍

不同文化传统会对沟通产生影响,如不同国家关于点头摇头的理解。在我国,人们习惯用点头表示同意、认可,摇头表示否定、反对。但在斯里兰卡、印度、尼泊尔等国,人们却以摇头表示同意,点头表示不同意。印度人表示赞同时,总是先把头往左或右轻轻地斜一下,然后立刻恢复原状,让人以为是"不要"或"不愿意",其实是表示"知道了"或"好的"。若我们在航班服务过程中不能克服这些文化差异障碍,将会降低沟通效率,导致沟通失败。

此外,有些旅客每天都有固定的朝拜时间,民航服务人员应提前与其沟通,并为其提供适合且安全的区域,否则会影响机上服务及安全工作。另外,有些旅客喜欢和民航服务人员交谈,但是要注意,不要轻易涉及信仰等方面的问题,因为把握不好可能引发旅客的不满。

(四)情绪情感障碍

人是情绪性的动物,而情绪又会影响人的正常思维和行为。当人们处于郁闷、悲伤、愤怒或兴奋中,沟通障碍就已经产生了。而情绪影响人们的往往不是事物本身,而是我们对事物的看法,对事物的看法进一步会影响我们的行为。如在航班延误情境下,旅客焦躁不安,"你们的服务太差了,航班延误三个多小时,客舱又热得要命,选择你们这航班真是倒霉!"听到这样的话,民航服务人员有时会觉得非常委屈,甚至自动开启防御性话语:"我们还倒霉呢,我们不是给你送水,调低客舱温度了吗? 能做的我们都做了。"实际上,若不能很好地控制情绪,在服务中可能导致很多投诉。

(五)沟通能力障碍

1.因信息表达不畅引起的障碍

因信息表达不畅引起的障碍属于民航服务沟通中常见的沟通问题。如有一名旅客预订了机上特餐,登机后民航服务人员A与其确认后,因机上旅客不多,旅客想调到后几排靠窗口座位,民航服务人员B正好路过就帮其调换了,恰巧他原来的座位上又坐了跟其体貌特征差不多的旅客,民航服务人员B因没有及时跟民航服务人员A沟通,导致民航服务人员A供餐时误将特餐发错旅客,导致出现了较大的服务事故。

2.过于直接表达导致的沟通障碍

在民航服务工作中,不同的服务语言会得到不同的服务效果。有些民航服务人员,表达过于直接、生硬,不注重沟通的技巧、灵活性,往往一口拒绝旅客,给旅客带来不好的服务感受。如旅客提出身体不舒服,想喝粥,民航服务人员表示"我们飞机上没有粥,你下了飞机再去喝吧!"事后也未提供可替代的解决方案,让旅客感觉服务冷漠。

3.因选择性理解引起的倾听障碍

该障碍对应的是在民航沟通过程中解码的问题。每个人都以自己的喜好增删信息,以自己的方式诠释信息,因此当信息到达最终的目的地时,其内容往往与最初的含义存在极大的偏差。因为每个人都有自己的思维定式,所以会选择性地接受信息,不能够客观地就事论事,实事求是地去分析沟通信息,通常带着主观偏好武断地去评价对方,而不是客观、理性地去倾听对方。在我们客舱服务中也常产生这样的沟通障碍,这就使得我们直接丢掉了获取真实信息的机会。

(六)环境障碍

民航服务中常见的环境障碍包括航班延误、客舱温度过高、噪声过大、机组内部关系不佳等情况。民航服务人员需要做出相关预案处理,并及时协调相关人员解决。

案例1.6　做好航延服务,规范信息告知

航班延误,旅客向乘务长询问原因,乘务长态度生硬地回复:"你去问地面",旅客接着询问:"为什么机上不广播",乘务长不耐烦地回复:"我们还有程序呢",随即转身离开。随后,旅客对乘务长服务态度进行了投诉。

障碍分析

在该案例中,存在环境障碍、情绪障碍、沟通能力障碍、认知障碍。

1.在航班延误特定情境下,旅客产生了一些负面情绪。

2.旅客因情绪不佳或性格原因在沟通中故意"挑刺"。

3.乘务员的语言表达、非语言行为让旅客感受到了不礼貌或不尊重,加剧了矛盾的产生。

4.乘务员对不正常航班服务标准不熟悉,回避问题。

二、沟通障碍的形成反思

沟通障碍在开始时可能是有不定期的"心智趋离"或"心神孤立"的表现。"心智趋离"是指在沟通人群中,完全逃避现场,置身事外。"心神孤立"有时是阶段性的逃脱,有时是强烈防堵他人入侵。这两种情况都是深层的自我保护与防卫,长此以往,变成习惯性的超离,孤立而不自知,久而久之则产生沟通的障碍。轻微的沟通障碍,可借着本身的毅力,以"自我沟通"的方法去解决。然而,严重的沟通障碍,要加以分析,再配以有效的方法去解决。

以下是一个"自我沟通"的方法:

(1)问自己:"是什么原因使我产生这些障碍呢?"

(2)圈选出自己觉得确实是造成沟通障碍的因素。

(3)问自己:"这些因素,对我影响有多大? 我愿意再受影响吗?"

(4)问自己:"如果我要改变那些影响因素,我本身有多少资源可以利用?"

(5)问自己:"除自己的资源外,还有哪些外在资源可以帮助自己?"

(6)问自己:"如果我具备了第四项的自我资源及第五项外在可用资源,那么,我是否可以改变那些影响因素?"

(7)问自己:"如果我运用这些资源,改变了这些影响因素,对我会有什么影响?"

(8)问自己:"我如果要改变这些影响因素,我要做什么? 如何做? 在哪儿做? 何时做?"

为了实现有效沟通,民航服务人员需积极地去克服这些障碍,控制情绪,提高认知,

控制其能控制的,不能控制的则需要借助沟通技巧,去提高表达能力、倾听能力、观察能力来弱化情绪、环境这些障碍的影响。同时民航服务人员需明确沟通有这么多障碍存在,误会和矛盾也会客观存在,因此更需理解旅客。

第五节　民航服务有效沟通的六个原则

　　沟通过程中存在很多障碍,沟通不总是有效,你想说的未必是你所说的,他听到的未必是你所说的,误会也不可避免,重要的是如何去克服这些障碍,解开这些障碍,更好地去理解旅客的行为,并为此付出努力。民航服务人员应该怎么进行有效沟通呢?

　　有效的沟通是指在恰当的时候、恰当的场所,用得体的方式表达恰当的思想和感情,并能够被他人正确理解和执行。因此,沟通不仅是传达思想、情感沟通,最主要的目的还是达成共识。为了更好地和不同文化、不同习惯、不同地域的旅客打交道,更有效地实现沟通,从沟通障碍角度出发,需遵循以下六个原则:

一、培养良好态度,保持自洽心态

　　在民航服务沟通中,有强迫、回避、迁就、合作、折中五种态度,其中适用不同场合的有效态度包括强迫态度、迁就态度、合作态度。强迫态度适用于旅客扰乱秩序,不服从管理,涉及安全问题时使用;迁就态度适用于航班延误时,旅客情绪不好的一些小事上,注意涉及原则问题、安全问题切勿使用迁就态度。其中最有效最理想的态度是合作态度,旅客需要民航服务人员的帮助,而民航服务人员因为帮到旅客而感知工作的价值与成就感,其可形成服务者与旅客之间良性循环的状态。回避及折中则均为消极的态度,需尽量避免使用。

案例1.7　态度引发的服务失败

　　哈尔滨至北京的某航班,在旅客登机后由于航空管制、机翼除冰等原因推迟起飞。此时等待已久的旅客情绪开始激动,客舱中充满责问声。旅客王先生急于想知道飞机不能起飞的原因和具体的起飞时间,但乘务员生硬、简单地回答:"不太清楚、没有起飞时间"，导致王先生非常不满。王先生询问乘务员工号时，乘务员回答"没有工号"；当问其姓名时，乘务员用手托着服务牌回答"你自己看"。后双方矛盾升级，乘务员指着旅客说"有本事你到后服务间来……你少拿态度说事！"后被另外一名乘务员拉开。旅客到北京后向公司服务发展部投诉这名乘务员服务态度恶劣。

　　思考：该案例中乘务员的服务态度属于哪种？如果你是该乘务员，你会如何与旅客沟通？

　　明确了态度，还需要有好的心态，即大家通常所理解的好的情绪状态。你愿不愿意跟旅客交流，你愿不愿意帮助旅客，在很大程度上决定了你的沟通效果，即沟通是从一种意识开始的。每个人眼里，世界都不一样。感觉良好的人会创造好的结果。当然，在以后的工作中，有可能你尽了百分之百的努力，可是旅客、乘务长仍然觉得你没做好。这个时候也不要灰心，我们只是一个普通人，不可能事事做得完美，不可能所有事情都能像工作十多年的乘务长一样轻车熟路，不要给自己太大压力。我们也要去接受自己的不完美，给自己一些进步空间。

二、了解沟通对象，明确对方需求

　　服务的核心是让旅客满意，满足其需求，而不同的沟通对象特点不同、需求也不尽相同。因此，要实现有效沟通，还必须了解旅客的真实需求。需求包括显性的和隐性的。显性需求，包括通常人们所熟知的安全、位移、快捷、经济、舒适、安静等。但是在特定情境下，旅客可能还有其他需求，即隐性需求，那么民航服务人员要会进行挖掘，有些旅客并不会直接告知，很多时候需要民航服务人员去引导，去询问。比如壮汉让你帮忙放行李，比如旅客不想系安全带，那些你看上去不能理解的行为，可能背后都有原因。我们要思考一下，是否已经充分了解或找出对方行为背后的真正出发点？实际上，每一个人行为背后的出发点都是善意的。因此要让一个人改变行为，必须满足他行为背后真正的需求。

三、掌握专业知识，具备职业素养

　　从前面的案例中可以看到，沟通内容很多涉及专业知识。正如民航服务特征的灵活多样性给民航服务人员提出了诸多要求，学习很多课程、很多内容，实际上是为了民航服务人员能灵活地、弹性地解决旅客和飞机上发生的诸多问题。同时基于系统的思想，许多内容与旅客息息相关,它会在某一时刻或某一瞬间改变民航服务人员的认知和思维方式,甚至是价值观。

四、真诚灵活表达,正确使用非语言

具体内容将在后续章节进行阐述。

五、有效倾听,有效观察,有同理心

具体内容将在后续章节进行阐述。真诚而公正,做到"对事不对人",以客观开放的态度,避免"先入为主"的思维惯性。

六、积极反馈,迅速解决各类问题

当旅客进入我们的视野并渐渐接近,也就是服务的初始,我们应该本着真诚的态度,营造一种亲切温暖的氛围。这种亲切的职业形象,容易拉近与旅客的距离,给人留下美好的第一印象,也便于在服务过程中轻松自如,服务水平也能得到最大限度发挥。在活动区域之内,民航服务人员是否用心非常重要。积极、有效的服务沟通不仅能使民航服务工作避免误会、化解冲突,还能让旅客信服和满意。

案例1.8 提升需求响应,积极解决问题

登机后,旅客发现娱乐设备损坏,待平飞后旅客多次按呼唤铃均无人理会,航班后半程才有乘务员前来询问。乘务员只提出帮助重新启动设备,而当设备仍无法使用时,未给出服务补偿如调换座位等解决方案。此外,飞机临近下降前,小桌板上仍有未收走的水杯。

处置方法+沟通语言

1.提高需求响应速度与效果,如果因安全原因未能及时响应,在应答旅客时可致歉并合理解释。沟通语言可以为:"抱歉先生/女士,刚才飞机遇有强烈颠簸,乘务员需要在值勤座位就座,没办法回复您的呼唤铃,您有什么需要马上为您解决。"询问旅客需求后主动弥补并积极解决问题。

2.出现娱乐设备损坏问题,应第一时间进行重启并关注重启效果,并及时回复旅客。沟通语言可以为:"先生/女士,我们已将娱乐设备重启,您看一下现在可以使用

了吗?"如通过重启设备等方式未能解决,应根据航班情况询问旅客是否可以调换座位。沟通语言可以为:"抱歉先生/女士,这个座位的娱乐设备有些问题,您愿意换一个座位来连接一下娱乐设备吗?"航班无空座位时,应根据相应补偿标准,为旅客进行机上电子化赔付工作。

3.认真落实着陆前客舱整理工作,及时收取旅客用过的杯子等废弃物。

任务实训

一、实践应用

案例1.9　关于影响因素的案例分析

2019年6月,某航班由北京飞往温哥华,旅客们上机后被告知由于天气原因推迟起飞。当天北京天气炎热,机舱内温度较高,旅客中开始有抱怨之声,有些身体不太好的旅客有了中暑的症状。

一位旅客十分生气地对乘务员说:"你看别的飞机都走了,就我们还不走,你们肯定在骗人,天气这么好,怎么就不能飞了? 再等下去我就不坐你们航空公司的航班了。"这时一名刚刚从分公司调过来的对情况不是十分了解的乘务员想也没想就说:"如果您不想等下去的话,我可以叫商务来帮您办理手续。"她的话让旅客更加生气。此时其他旅客也议论纷纷,表达不满的情绪。

1.请将该情境演绎出来。

2.请分析案例中影响沟通的因素有哪些?

3.如果你是该乘务员,你将会如何与旅客进行有效沟通?

二、实践分析

案例1.10　餐饮提供,主动耐心

航班提供了两种餐食,旅客因带着儿童,故询问乘务员餐食是否是辣的,乘务员回答一个辣一个不辣。旅客询问具体是哪种不辣,乘务员让旅客自行打开查看。乘务员称应给儿童订儿童餐。

乘务员收餐时,不慎将斜前方其他旅客的筷子甩到旅客身上,但未对此表示任何歉意。

旅客对服务不满,乘务组人员没有积极处理的态度,反而让旅客找乘务长。乘务长虽事后向旅客致歉并解释,但给旅客带来了态度傲慢的感受。

1.请将该情境演绎出来。

2.请点评分析该案例中影响有效沟通的因素有哪些? 乘务长的责任是什么?

3.该情境应如何进行处置,对应沟通语言是什么?

三、情境演练

为提升大家的口头表达能力、辩论能力、说服能力,培养大家分析思维、逻辑思维及情绪稳定性、处理人际关系、团队协作的技巧,本章创新性地引入了无领导小组流程与项目实践。

1.无领导小组流程

(1)独立思考及准备:小组成员接到"讨论题"后,用2分钟时间独立思考及拟写发言提纲。

(2)个人发言:每人限1分钟发言阐明自己的基本观点。

(3)小组自由讨论:小组成员间自由交叉辩论。时间为5分钟。

(4)总结发言:小组达成一致意见并选派一名代表进行总结发言,其他成员可以补充,需列举至少3个支持本组观点的理由。时间控制在3分钟以内。

2.无领导小组议题

(1)上课用手机利大于弊还是弊大于利?

(2)沟通更重要还是行动更重要?

知 识 延 伸

一、案例阅读

案例1.11　产品内涵巧呈现,细节服务赢口碑

一次,某主任乘务长执行厦门至北京航班,头等舱的两名乘务员在厨房小声念叨着什么。乘务长听到后立即上前询问,乘务员反馈说旅客需要热水泡茶,送了两杯都说水温不够,感觉旅客不太高兴,所以两个人正在厨房商量,准备答复旅客:飞

机上的烧水壶就是这个温度,请旅客理解。乘务长听后问了乘务员两个问题:"你平时泡茶吗? 你喝过自己泡的茶吗?"得到的回答都是"没有"。乘务长笑着说:"所以你们不懂想要喝到一杯好茶的心情。"随后,乘务长让乘务员用烧杯烧水,亲自到客人面前进行了沟通。乘务长发现这位旅客是做茶叶生意的,上飞机前朋友送了一些茶给他,他突然兴起想要品尝一下在飞机上冲泡的口感,但是之前水温冲出的茶汤口感并不好。说到这里,勾起了乘务长作为茶爱好者的共鸣,她与旅客聊得非常投机。乘务长告诉旅客,由于飞机上机舱压力问题,水温达不到地面的温度,但乘务组尽量用烧水杯烧水帮他冲泡这杯茶。随后乘务长用茶壶、清新杯和茶杯帮客人准备了一个简易茶席套装,协助冲泡了茶叶,旅客非常高兴,他说真的没有想到国航乘务员这么懂茶,这杯茶是他这么多年在飞机上喝到的最香的茶。

处置方法+沟通语言

1.细节需从用心观察开始。用眼睛仔细看清楚人、事、物,只有认真观察,才能发现细节,通过和旅客的沟通才能真正了解旅客的意图。如询问一下旅客对茶的喜好。

2.做好细节需要经验的累积。通过不断学习,不断夯实业务技能,才能积累更多的服务经验,更好地抓住服务细节。

3.在每一杯水中传递真诚,将服务细节做到极致。细节往往因其"小"而容易被人忽视,因其"细"常常使人感到烦琐,但就是这些小事和细节,往往是事物发展的关键和突破口。

二、案例分析

案例1.12　小水滴引发大投诉

事件描述

某日某航班,旅客来电投诉:当天航班起飞阶段,座位上方大量滴水,旅客按了呼唤铃,乘务员就递给旅客两张纸巾擦干,并表示滴下来的水是干净的,没有道歉且态度恶劣,旅客对乘务员处理问题的态度表示不满。

事件调查

起飞关键阶段,26A的旅客按亮了呼唤铃。乘务长播报了暂停服务的广播,同时,2号乘务员刚好看见26A座位上方壁板接缝处有水滴落,随即让4号乘务员拿了纸巾通过后几排旅客传递给了26A旅客。该旅客头顶上方的呼唤铃一直处于明亮的状态,平飞后4号乘务员来到26排并询问旅客有何需要帮助的,旅客提出头顶上方漏水。4号乘务员向旅客解释:"这个是我们的空调制冷造成的,滴的水是干净的,刚才给您递了纸巾过来"并询问是否还有其他需要。旅客质疑不是水干不干净的问题,拿瓶矿泉水浇谁头上也不行啊,随后该旅客要求换座位,4号乘务员将该旅客安排到14D就座。由于在交流过程中,4号乘务员感受到旅客的态度不是很好,便向乘务长反映14D的旅客不是很好接触。乘务长询问4号乘务员什么情况,4号乘务员表示没事,就是不太好说话。乘务组未对该情况引起足够重视,同时未能发现旅客的不满情绪,错失了在机上对旅客进行弥补、安抚的机会,最终导致旅客投诉。

1.请分析该案例中乘务员哪些方面的服务意识有所欠缺?

2.结合民航服务有效沟通的六个原则,请分析该案例中乘务员在沟通中存在的问题?

3.请分析乘务长存在的问题?机组内部沟通是否通畅?

4.从该案例中,你可以总结出哪些经验或技巧?

本章小结

随着民航运输规模的不断扩大,旅客数量激增,随之产生了旅客希望获得高水准的服务与供给不足之间的矛盾愈发突出。而沟通的工作有利于民航服务人员服务工作的实施,有利于改善民航服务人员和旅客之间的关系,有利于促进民航服务人员与旅客之间建立深厚友谊。因此,掌握沟通的艺术非常重要。

沟通贯穿工作、生活的方方面面,但沟通并不总是有效。其存在很多的影响因素,总的来说可以归结为环境因素和个人因素。环境因素,则包括噪声干扰、环境氛围、人际关系。个人因素,包括旅客和民航服务人员,其均有可能受生理因素、情绪状态、性格、认识差异、文化差异、角色关系、沟通技能等因素的影响。我们要深刻掌握到底哪些因素会影响沟通,存在哪些障碍,从而进一步指导我们应该如何克服这些障碍以提高沟通的有效性。

思考与练习

一、填空题

1.沟通按照组织结构分类可分为_____、_____、_____。

2.沟通的特点包括_____、_____、_____、_____。

3.有效沟通的正确态度包括_____、_____、_____。

二、判断题

1.上课也是沟通,但如果上课时老师不允许学生发言,则不是沟通。 (　　)

2.民航服务人员主要的沟通对象包括一般旅客与特殊旅客。　　　　　（　　）

3.当我们在客舱内向旅客提供餐食时的沟通属于正式沟通。　　　　　（　　）

4.民航服务人员与乘务长的沟通属于平行沟通。　　　　　　　　　　（　　）

5.民航服务沟通的三个基本形态是听、说、看，其中说属于解码（译码）的过程。

（　　）

6.当旅客询问厕所在哪的时候，民航服务人员告诉他在1号门左边，结果旅客试图打开舱门。在这个情境中，影响有效沟通的因素主要是个人因素当中的情绪因素及生理因素。　　　　　　　　　　　　　　　　　　　　　　　　　　　　　　（　　）

三、选择题

1.我们通常所说的"小道消息"属于（　　　）。

A.下行沟通　　　　　　　　　　　　B.非正式沟通

C.双向沟通　　　　　　　　　　　　D.用含蓄形式进行沟通

2.在客舱沟通的过程中，常常会遇到噪声的干扰，达不到预想的沟通效果。以下各种情况，哪些可以认定为噪声？（　　　）

A.发布者语言表达不清晰

B.使用手机通话，信号出现外界干扰

C.信息接收者和信息发布者态度相互抵触

D.以上都是

3.关于沟通的叙述正确的是（　　　）。

A.沟通是双方的行为，是互动、理解和反馈的过程

B.沟通是一个完整的有反馈的过程

C.有效的沟通是双方准确理解信息的含义

D.沟通既是信息传递的过程，又是感情交流的过程

4.以下关于沟通说法正确的是（　　　）。

A.在沟通中，语言沟通所占比重更大

B.沟通的对象是两个或两个以上的人或群体

C.沟通是客舱服务的一部分，且贯穿整个服务流程

D.沟通按照组织系统分类，可分为正式沟通与非正式沟通

5.沟通与民航服务的关系是（　　　）。

A.沟通的工作有利于民航服务人员服务工作的实施

B.沟通有利于改善民航服务人员和旅客之间的关系

C.沟通有利于促进民航服务人员与旅客之间建立深厚友谊

6.有效沟通影响因素包括(　　　)。

A.文化水平　　　　　　　B.认知　　　　　　　　C.沟通能力

D.情绪　　　　　　　　　E.噪声　　　　　　　　F.环境氛围

四、案例分析

案例1.13

　　某航班从连云港飞往徐州,飞机滑行将要起飞,机长已经给了起飞的信号灯,坐在最后一排的旅客带着大概三岁的小孩儿,突然站在洗手间门口说要上洗手间。后舱两名乘务员再三请她回座位,向她解释:"现在洗手间停止使用,请起飞之后再过来(使用)。"旅客坚决要上洗手间,表示孩子很着急,2号乘务员说了一句:"你是不是喝酒了?快回去!"这位旅客听到后很生气并表示"我要投诉你"。起飞后乘务员向旅客解释了当时制止其使用洗手间的原因,但旅客依然表示要投诉,2号乘务员见解释无效,便说:"别跟她解释了,她投诉就投诉呗。"乘务长得知后,向旅客致歉,但旅客坚持要投诉。

　　请分析该案例中存在的沟通障碍有哪些?

思维导图

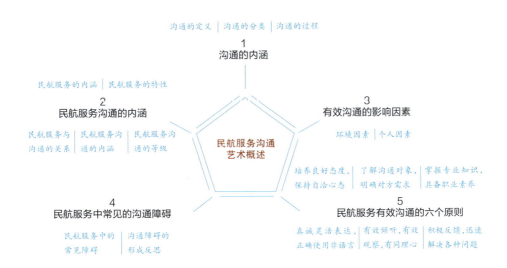

沟通的定义　沟通的分类　沟通的过程

1 沟通的内涵

民航服务的内涵　民航服务的特性

2 民航服务沟通的内涵

民航服务与沟通的关系　民航服务沟通的内涵　民航服务沟通的等级

民航服务沟通艺术概述

3 有效沟通的影响因素

环境因素　个人因素

4 民航服务中常见的沟通障碍

民航服务中的常见障碍　沟通障碍的形成反思

培养良好态度,保持自洽心态　了解沟通对象,明确对方需求　掌握专业知识,具备职业素养

5 民航服务有效沟通的六个原则

真诚灵活表达,正确使用非语言　有效倾听,有效观察,有同理心　积极反馈,迅速解决各种问题

>>> >>> 第二章

自我沟通艺术

学习目标

知识目标：

1.掌握自我沟通的定义。

2.明确自我沟通的意义。

3.明确自我沟通的过程与目的。

能力目标：

1.实现自我认知、自我反思。

2.平衡自我批评与自我鼓励,实现自我冲突管理,达成自我认同。

3.通过有效的自我沟通,驱动行为,达成外在目标。

素质目标：

1.帮助学生建立职业信心,培养其较强的抗压、抗挫折能力。

2.帮助学生建立辩证思维、批判思维、创新思维。

3.帮助学生正确认知自我,突破自我沟通限制关系,达成自我认同。

案例导入

案例2.1

　　某航空公司一名乘务员飞了一班国际航班。这次航班大家彼此都不认识,只是按自己号位完成工作,没有人主动跟她沟通。她从小就被家人宠着,以她为中心,在这个航班中没有人主动关注她,她心理产生了极大的落差,感觉一下子找不到人生的方向了,驻外几天就郁闷了几天,回家后就提出辞职。

　　思考:

　　1.大家平时会与自己沟通吗?

　　2.自我沟通时倾向于积极沟通还是消极沟通?

　　3.大家压力大时怎么开解自己?

　　4.大家有没有过"为什么倒霉的总是我"的想法?

　　5.你感觉幸福吗?(你的幸福指数)

　　6.工作和生活冲突多吗?(你的和谐指数)

　　7.你能掌控自己的生活吗?(你的安全指数)

相关知识

第一节　自我沟通的内涵

沟通是从一种意识开始,有效沟通源于"自我沟通",它在一定程度上决定了与他人沟通的有效性。自我沟通的实质是自我心态的调整能力。我们沟通的方式取决于我们看世界的方式。

赫伯特·布鲁诺在"自我互动"理论中说过:"人是拥有自我的社会存在,人在将外界事物和他人作为认识对象的同时,也把自己本身作为认识的对象。在这个过程中,人能够认识自己,拥有自己的观念,与自己进行沟通或传播,并能够对自己采取行动。"现阶段我国民航服务人员自我沟通、自我调整能力较弱,非常容易受到外界环境的干扰而导致服务工作质量下降。因此,学习自我沟通艺术,激发内在动力,对提升民航服务效率具有非常重要的意义。

一、自我沟通的定义

自我沟通,又称内向沟通,是指个人接受外部信息并自行发出信息,在人体内部自行传递、自我接收并自行理解的过程。"自我"可以分为作为意愿与行为主体的"主我"和作为他人社会评价和社会期待的"客我"。"主我"是通过个人围绕对象事物的行为和反应具体体现出来的,是形式,表现了行为反应。"客我"是自我意识的社会关系性的体现,是内容,体现了社会关系方方面面的影响。人的自我意识是在"主我"和"客我"的互动中形成、发展和变化的,同时又是这种互动关系的体现。

二、自我沟通的特征

自我沟通是一个生理过程,需要通过感官系统、神经系统、大脑等完成信息接收、传输、处理等过程。同时自我沟通也是一种社会心理过程,具有主观能动性,即思维能力,表现为自我暗示、自我反思、自我克制等。自我沟通主要包括五个特征:

(1)主体和客体为同一主体。"我"同时承担着信息编码和译码的功能。

(2)自我沟通的目的在于实现自我认同。在自我认知与现实外部信息存在矛盾冲突时,就会发生自我沟通。

(3)自我沟通反馈来自"我"本身,在内在形成沟通闭环。

(4)沟通媒体也是自"我"本身,沟通的渠道可以是语言文字,也可以是自我心理暗示。

(5)信息组织策略。信息可来自自身思考,也可来自他人经验和书本知识。

三、自我沟通的意义

1. 自我沟通是其他任何沟通的基础

良好的人际沟通是建立在良好的自我沟通基础上的,我们需要从心认同信息的价值并给出认同理由,其中"想要说服别人,首先要说服自己",就是对自我沟通重要性和必要性的现实概括。自我沟通不仅关系到我们能否认识自我,也关系着我们能否与他人建立有效的沟通。反过来,良好的人际沟通也能够使自我沟通更好地进行。在与人交往相处的过程中,可从中了解到侧面的自己又或是得到一种新的思想,亦或是在与他人的沟通中认清客观实际,帮助我们做出适当的自我调适。

2. 良好的自我沟通是个体自我发展和自我实现的基本前提和根本保证

现代心理学的发展也证明,自我认识影响人格发展,适当地进行自我沟通,有助于我们调整心态、改善情绪、实现自我释放、完成自我激励,完成自我认同。其实,在自我沟通的过程中,本质就是调整好人与人之间的关系,激发身体里的潜在能量。人们大都对自我沟通缺乏必要的了解和关注,消极情绪若不适时疏导,轻则败坏情绪,重则使人走向崩溃。若对内攻击,转向自己而不自知,其为抑郁的起源。若对外攻击,转向矛盾,则为冲突的缘起。人的一切力量均来自内心,即精神世界,自我沟通就显得尤为重要!良好的自我沟通,可使自己的情绪保持乐观,心态趋于理智,同时能够坚定自己的信念。

3. 成功的自我沟通是一切实践活动成功的前提

自我认识决定自我期望,并能够引导自我行为。实践活动目标是在外部,自我沟通是使内在和外在得到统一的联结点。因此,成功的自我沟通可以帮助我们了解自己的优势与不足,在工作中扬长避短,提高工作效率。

4. 不同自我沟通者的特征(表2.1)

表2.1 不同自我沟通者的特征

良好的自我沟通者特征	低自我沟通者特征
良好的环境适应能力	内心冲突多
良好的人际关系、行为规范	言行不一
具有自我控制能力	处事缺乏弹性
能承受压力和变化	常常身不由己
经常体验自我价值感	经常体验失败感

四、自我沟通的过程与目的

如图2.1所示,在自我沟通过程中,沟通者通过自身的独立思考、自我反省、自我知觉、自我激励、自我冲突以及自我批评,从而实现自我认同,进一步驱动行为,达成外在目标。从思想层面清晰地认知自我,到情绪层面接纳自我,再到驱动行为超越自我就是自我沟通的过程。虽然自我沟通是天生的,但有效的自我沟通则需要后天修炼。因此,自我沟通过程以及技能提升过程具有动态性。

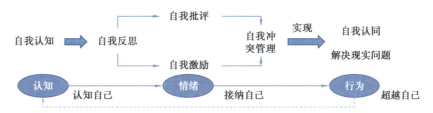

图2.1 自我沟通过程图示

1. 自我认知

有效的自我沟通是善于掌握自我,因此首先需要进行自我审视与沟通,明知自己之不足、限制、障碍及问题在何处。

2. 自我接纳

认知后,用心去感觉、去体悟,使自己的心开放,善于调节情绪,对生活中的矛盾和事件引起的反应能适可而止地排解,增加自我沟通的内心动力。

3. 自我超越

当自己内心的动力增强后,即刻就要付诸实践,以乐观的态度让行动发挥出自我沟通的充分效果。研究表明,出色的管理者都有良好的自我沟通习惯,在自我沟通中找到

自己的不足和长处,并不断提升自己。

自我沟通不是孤独,而是回归到自我的家园,体会着自我的价值、信念、理想以及自我的完整,并且在这种完整中清晰"照见"自我,感受自我的精神力量和道德坚守,然后用这份力量去追求自己的梦想,达成自己的心愿,对抗外部世界的挑战、压力以及尘世间的纷纷扰扰。

第二节　自我认知

人终其一生的命题,就是认识自己,你无须走向完美,而是先走向真实! 自我沟通的核心就是要做到自我认知。苏格拉底说:"认识你自己。"老子说:"知人者智也,自知者明也。"人最熟悉的是自己,最陌生的也莫过于自己;最亲近的是自己,最疏远的也莫过于自己。认识你自己,就能认识整个世界。

一、自我认知三要素

自我认知三要素包括物质自我、社会自我、精神自我。

(一)物质自我

物质自我是指主体对自己生理状况,如身高、体重、仪表,以及家庭、财产、衣物和装饰等的认识。

(二)社会自我

社会自我是指主体对自己在社会活动中的地位、名誉、财产,以及与他人相互关系的认识。

(三)精神自我

精神自我是自我认知中最核心的部分,是指主体对"我"的内部主观存在的认识,是对自身心理特征,如能力、气质、性格、需要、动机、价值观等的认识。

二、自我认知的方法

怎么认识自我？我们可以通过与别人的比较来认识自我，通过自我纵向比较来认识自我，通过分析他人对自己的评价来认识自我，通过内省来认识自我，也可通过自己的活动表现和成果来认识自我，还可通过职业测评法来认识自我，包括SWOT分析法、自我评估法等。

案例2.2　自我评估小游戏

如果要用一种动物来代表你自己：

1.你觉得你最像什么动物，为什么？

2.你最希望自己是什么动物，为什么？

3.小组分享并谈谈你会用什么动物来代表他或者她，并说明理由。

小组分享后，请大家对三个"我"做出检验，主要是看三个"我"是否协调和谐，若否则分析差异在哪里并找出原因。

通过自我评估，分析自身的优缺点，然后做出调整。大家可利用管理学上的SWOT分析法，针对自身的优势（Strengths）和劣势（Weaknesses）以及自己所处环境的机会（Opportunities）和威胁（Threats）进行态势分析，将其列举出来进行系统分析（图2.2）。

图2.2　SWOT自我分析——快速了解自己

三、自我审视

自我审视也称自我意识，是个体意识发展的高级阶段，是一个人对自己行为、能力或价值观的感受、态度及评价。接下来主要通过介绍自我沟通中常见的限制惯性来帮助大

家进一步了解自己、审视自我。

(一)自我心理防御

1. 自我心理防御的内涵

心理防御机制简称心理防御(也称自我防御机制),是指自我对本我的压抑,这种压抑是自我的一种全然潜意识的自我防御功能,为了避免精神上的紧张焦虑、痛苦、尴尬、罪恶感等,有意无意使用的各种心理上的调整,甚至通过对现实的歪曲来维持心理平衡,如案例2.3所示。在生理上,心理防御机制被认为可以防止因各种心理打击而引起的生理疾病或神经疾病,但过分或错误地应用心理防御机制可能带来心理疾病。

案例2.3　服务不当,自我防御

旅客登机就座后,一名乘务员不小心踩到旅客的脚,旅客反馈当时脚很疼且肿了,乘务员仅致歉,并无其他处理。后续另一名乘务员差点踩到旅客,旅客提醒"请小心一些,别再踩到我",乘务员未对旅客表示歉意,不高兴且声音很大地说:"我有踩到您吗?我没有踩到您啊。"旅客对此次航班服务表示不满。

2. 自我心理防御的分类

(1)逃避性防御。逃避性防御是指通过投射、退化、幻想、压制等方式,把意识所不能接受的观念、情感或冲动压抑到无意识中去,使人不能意识到其存在。这种被压抑的冲动和欲望并没有消失,反而一直在无意识中积极活跃,并通过其他心理机制的作用以伪装的形式出现。如对痛苦体验或创伤性事件的选择性遗忘就是压抑的表现。又比如当个体遇到挫折与应激时,心理活动退回到较早年龄阶段的水平,以原始、幼稚的方法应对当前的情境,这也是逃避性防御。

(2)自欺性防御。自欺性防御是指通过否定、歪曲、外射等方式,轻易地否定、抹杀或歪曲事实,也称为自恋心理机制。当自欺性防御产生时,一方面对某种痛苦的现实有意识或者无意识地加以否定,来缓解自己的焦虑和痛苦;另一方面无意识地通过用一种似乎有理的解释但实际上站不住脚的理由来为其难以接受的情感、行为或动机辩护以使其可以接受。这是一种保护性质的、正常的防御。只有在干扰了正常行为时才能算是病态的。

自欺性防御有两种表现形式:一是酸葡萄心理,即把得不到的东西说成是不好的;二是甜柠檬心理,即当得不到葡萄而只有柠檬时,就说柠檬是甜的。两者均是掩盖其错误或失败,以保持内心的安宁。

(3)攻击性防御。攻击性防御是指无意识地将指向某一对象的情绪、意图或幻想转移

到另一个对象或替代的象征物上,以减轻精神负担取得心理安宁。如一个孩子被妈妈打后,满腔愤怒,难以回敬,转而踢倒身边板凳,把对妈妈的怒气转移到身边的物体上(如"替罪羊"),类似于心理学当中的"踢猫效应"。这时虽然客体变了,但其冲动的性质及其目的仍然未改变。在心理治疗中,情感的无意识置换既是移情的基础,也是反移情的基础。

(二)自我效能感低——自我设限

自我效能感,是指人们对自身完成某项任务或工作行为能力的信念,它涉及的不仅仅是能力本身,还是自己能否利用所拥有的能力去完成工作行为的自信程度。在日常生活工作中,有部分群体容易出现习得性无助、自我设限,也就是怀有无论自己如何努力,也注定要失败的信念。这种失败信念将进一步引导行为,进而促使信念成真。负面的期望最终会变成现实,是因为期望可以诱导被期望者的行为,从而使期望者得以实现,如"我总是这么倒霉""我看他不太顺眼""我不是读书的料"等预期。这是因为自我觉知不仅决定了我们现在如何看待自己,也切实影响我们未来的言谈举止。从实际发展过程解释,人都是自恋的,常说一句话,就会把事情朝着这个方向推动。命运其实是内在意识花了很多年推动的结果。因此,你信什么,就会吸引什么(图2.3)。

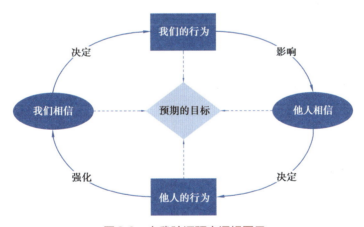

图2.3　自我验证预言逻辑图示

(三)焦点效应

大家在意别人的眼光吗?大家有没有这种体验?"站在演讲台上,或在聚会中,因为一次小失误,自己耿耿于怀,感觉大家都注意到了,从而越想越尴尬""在同学聚会时的合照中,总是第一时间找到自己,在意自己的形象、体态""发表讲话后,别人反馈不强烈,总是反思是不是自己表达得不正确""我们跟朋友聊天时,会很自然地将话题引到自己身上来,而且,每个人都希望成为众人关注的焦点,被众人评论"……这些均是焦点效应在生活中的真实体现。

焦点效应，是人们高估周围人对自己外表、情绪、行为关注度的一种表现。焦点效应与聚光灯效应一样，人们都习惯以自我为中心，易放大自己的小失误，总认为别人都在关注自己，从而产生羞愧、紧张的情感。久而久之，自己的行为感觉都受到监控，结果可能会让人产生社交恐惧。

人们总是觉得社会聚光灯对他们格外关注，而事实并非如此。研究发现，我们所受的折磨别人不太可能会注意到，还可能很快会忘记。别人并没有像我们自己那样注意我们。其实注意到你把饮料弄撒或其他尴尬场景的人并没有你想象的那么多，所以，不用那么紧张的。我们没有那么多观众，别让别人的眼光绑架你。因此，正确理解焦点效应有助于社交恐惧的消除。

反过来，在自我认识的过程中，也需警惕别人的夸奖和赞许。现代心理学研究中将对别人赞美的偏爱称为自我肯定的需要，但是过分地执迷其中会和认识自我产生冲突，让人辨不清自己的位置和方向。正所谓"不识庐山真面目，只缘身在此山中"。

（四）从众效应

1.从众效应的内涵

从众效应，是指当个体受到外界群体的影响（引导或施加的压力），会怀疑并改变自己的观点、判断和认识，表现出符合于公众舆论或多数人的行为方式。"从众"是一种比较普遍的社会心理和行为现象。通俗的解释就是"人云亦云""随大流""围观""看热闹""不管是否需要，都要去商场进行热门商品的抢购"等，是从众心理直接或间接的反应。大家都这么认为，我也就这么认为；大家都这么做，我也就跟着这么做；而且认为和做完后，没有任何别扭、不舒服或者负罪感。

2.从众效应的表现形式

（1）口服心服，表面内心均服从大众的决策与行动。

（2）口服心不服，出于无奈只得表面服从，违心从众。

（3）随大流，缺乏思考，别人怎么做，我也怎么做。

从众效应既有积极意义，也有消极意义，主要看从众行为的具体内容。"真从众"往往是所提出的意见或建议正合本人心意，或者自己原无固定意向，或者是"跟多数人在一起不会错"的随大流思想。"假从众"则往往是碍于情面或者免受群体的指责和惩罚。例如，有的同学不喝酒，也不想喝酒，但伙伴中许多人都喝酒，为使自己与大家协调一致也只得喝酒。靠外在力量而表现出的从众行为叫作顺从，是为了得到奖励或避免惩罚。而真诚的、内在的从众行为叫作接纳。

3. 从众心理的因素

（1）群体因素。一般地说，群体规模大、凝聚力强、群体意见的一致性等，都易于使个人产生从众行为。

（2）情境因素。情境因素主要有信息的模糊性与权威人士的影响力两个方面。即一个人处在这两种情况下，易产生从众心理。

（3）个人因素。个人因素主要反映在人格特征、性别差异与文化差异等三个方面。一般地说，智力低下、自信心不足、性格软弱者，较易从众。不同文化背景的人，其从众表现有一定差别。就个人从众的发生看，从众可能是盲目的，也可能是自觉的；可能是表面的顺从，也可能是内心的接受。

4. 正确看待从众心理

在生活中，每个人都有不同程度的从众倾向，总是倾向于跟随大多数人的想法或态度，以证明自己并不孤立。在我们学校生活中，存在"学习从众""恋爱从众""消费从众""作弊从众"等从众现象。《乌合之众》一书中谈到"个体一旦融入集体，智商就会严重降低"。为了融入群体，人们放弃独立思考，会用智商去换取那份让人倍感安全的归属感。群众的眼光有的时候也没有那么雪亮。

但从众不是一无是处。在很多榜样的树立、规则的制订和执行、文化的继承和发扬等方面常起到很多积极的作用。其实它具有两重性：消极的一面是抑制个性发展，束缚思维，扼杀创造力，使人变得无主见和墨守成规；但也有积极的一面，即有助于学习他人的智慧经验，扩大视野，克服固执己见、盲目自信，修正自己的思维方式，减少不必要的烦恼和误会等。

因此，在学习、工作、生活中，我们要扬"从众"的积极面，避"从众"的消极面，努力培养和提高自己独立思考和明辨是非的能力。遇事和看待问题，既要慎重考虑多数人的意见和做法，也要有自己的思考和分析，从而使判断能够正确，并以此来决定自己的行动。凡事都"从众"或都"反从众"，都是要不得的。从众与否其实就是群体与个体的心态处理问题，这里没有对与错之分，只是随着环境的不同而产生的不同反应而已。

（五）归因偏差

案例2.4　如何有效沟通？

一名乘务员执勤南昌飞往广州的航班。飞机停稳后，该乘务员按规定隔开两舱旅客，保障头等舱旅客优先下机。这时，普通舱的一名旅客拿着行李匆匆地来到前舱，想第一时间下飞机。乘务员此时说道："不要急，慌什么慌，门都没有开，你也下不去。"旅客说："我一个小时后的航班转机到重庆，我怎么不着急？"这个时候乘务员说："你就是再着急，也要等头等舱旅客下机之后才能下。"两人你一句我一句，互不相让。事后，旅客致电投诉该乘务员。

思考：

1.该案例中为什么旅客会致电投诉该乘务员？

2.导致该乘务员在服务沟通中出现差错最本质的原因是什么？

由于对事情的前因后果了解得不够全面深刻，人们容易根据表面现象或虚假不全面的信息做出主观判断，从而出现判断失误的情况。其中，常见的认知偏差有归因偏差与自利偏差。

1.归因偏差

归因偏差是指人们在对他人行为进行归因时，无意地高估其内在因素的影响，如能力、努力程度、智力，而低估情境因素。例如，一位男士在地铁上没有给老人让座而遭受众人的非议，他不得不跟大家说明原因：他腿部受伤了，身体实在不舒服，所以才没给老人让座。他这么一解释，众人也就觉得他不给老人让座是情有可原的。那么在该案例中，众人最开始的行为就是归因偏差，因为他们只看见了事情的一部分，而不是全貌，就根据这一部分，非常主观、草率地下了结论。如案例2.4所示，该乘务员并未站在旅客的角度深入思考旅客的需求，而是较为冷漠地看待问题，沟通之前，就将旅客放在了对立面，最后导致服务沟通失败。

2.自利因素

出于情感上的需要，人们倾向于把成功留给自己，把成功归因为自身内部因素，如自己的能力、自己的努力等，而将不良的行为或失败归因于外部情境或他人。比如，员工喜欢将自己受奖励归因于自己的努力，而将受到的扣分处理归因于他人对自己有偏见甚至社会不公平。同时出于维护自尊心和良好形象的需要，如失恋者为了避免他人因为恋爱失败而对自己产生偏见，往往做出将错误归因于对方的解释。我们的部分情绪也是通过将与其相关的经验带入头脑来给我们的所见所闻着色。

（六）目的颤抖

大家生活中有没有这样一种体验，越紧张越做不好？有心理学家做过这样一个实验：让人给小小的绣花针引线，事先激发他们不同强度的目的性——设置价值不同的奖品。结果发现，目的性越强，越全神贯注地努力，手越颤抖得厉害，线越不容易引入。在科学界，这种现象被称为"目的颤抖"，也称为"穿针心理"。

"目的颤抖"四个字很形象，即一个人做事的目的性过强，反而不容易成功，而且超过一定程度，越不容易成功。生活中常常会出现目的颤抖：太想打好球的手在颤抖，太想赢的心在颤抖，太想做好一件事，就会日夜被折磨。考试时越想考好越考不好，越怕考不出来越考不出来。你小心翼翼地端着一个杯子，这个杯子里盛着信心满满的目标，可是，当你所有的心思都在那儿时，心里就会紧张，而一紧张，就会出现心跳加速、焦虑、精力分散等不良反应。这时目标不会变得很强大，反而会变得很脆弱。脆弱到你的手一抖，目标就"粉身碎骨"了。其实，它本可以安然无恙地待在某个角落，等待时机成熟时"瓜熟蒂落"。在现代心理学中，"外重者内拙"也许是对产生目的颤抖根本原因的最好解释。

那么，我们该怎样战胜"目的颤抖"？一个人不能没有目的，它是引领你前行的探照灯，借着它你可以看得更远。但是，如果把目的绑在自己身上，它只会变成一个沙袋，把你压得喘不过气来。因此，在考场上，在赛场上，在职场上，在商场上，在人生的每一个名利场上，把"目的"看淡一些，多一份感恩少一份计较，多一份勤奋少一份贪求，多一份踏实少一点浮躁，别让目的占据你全部的内心，尽量用平常心去做事，然后在做每一件事情时放松心态，尽心尽力就可以，不要太去关注事情的结果是什么。当你忘掉结果时，才容易进入最佳状态。如同孩童的求知与探索，无止境，不知疲倦，因为对于无目的行为来说，行为就是快乐本身。

出于生理、心理、环境多方面的原因，自我意识偏差、过分地自我接纳与自我拒绝、自尊与自卑、缺少个人主见与从众，对行为与结果的关系缺乏正确认识都是客观存在的。我们要能够正视它们，对自己有正确的认识，这样在别人或自己进行评判时，能够辨别所评判的是不是真实的自己，同时有意识地改进一些问题，尽力达观，保持中道，不要失去人生的平衡，进而修炼自己不断改进。

第三节　自我接纳

认知自我，审视自我后，你满意自己的现状吗？

你喜欢现在的自己吗？包括你的优点、缺点？

小互动

自我接纳你能做到多少？

- 你能接纳自己的体貌：如自己的身高、长相、体重？
- 你能接纳自己的正性或负性情绪吗？
- 你能接纳自己的优点和弱点？
- 你能接纳自己的现状：如家庭状况、经济状况、学校、班级状况、学习情况等？
- 你能接纳自己的亲戚、同学、朋友、室友吗？

一、自我接纳的内涵

自我接纳，是指自我通过各种输入信息调节自身的心理活动，从而欣然正视、接受现实的一种积极态度，包括对自我形象、情感、态度、信仰、价值观、身边的人及自己所处环境的接受与适应。

（1）能确认和悦纳自己身体、能力和性格等方面的正面价值，也能欣然正视和接受自己现实的一切，不因自身的优点、特长和成绩而骄傲，也不因存在某种缺点、失误而自卑。

（2）能接纳他人，不会为他人所困扰或感到内疚与不安，能坦然地接受自己的现状，能宽容地对待他人的弱点和问题，从容地生活，很少使用防御机制。

（3）自发、坦率、真实地接纳客观的世界与环境。自我接纳是一个人的自我认可和自我价值感，涵盖了自我满足、自我悦纳和自我价值等。

二、自我接纳的艺术

（一）悦纳不完美的自己——自洽、自我接纳、自我满足

一个人之所以没有核心自我，是因为在成长过程中，其从教育和周遭环境当中得到的大多是消极负面的反馈，慢慢形成了我是不好的，我是不值得被爱的这种低自我认知。那么该怎么去做呢？不要总把自己与别人比较，这样会越看自己越不值钱。如同指纹一样，世界上的每一个人都是独一无二的。不要根据别人认为重要的东西来制订自己追求的目标，而应当努力去争取自己觉得最好的东西。

做自己，认同自己，而不是去解释自己！减少内耗，放下批判，不自我攻击，接纳自己

本来的样子,不指望获得他人对我的认可。因此,请大家无条件地面对和接受自己的一切,正确地看待自己的优缺点。用心去发现自身的优点和长处,学会以己为荣,找出自身与众不同的地方,为自己所取得的成就而欢欣鼓舞。如果只盯着缺点,优点会消失,如知识链接中的"疤痕实验"。

同时要接收自己的不完美,给自己一些进步空间。我们只是一个普通人,不可能事事做得完美,不可能所有事情能像工作十多年的民航服务人员一样轻车熟路,所以不要给自己太大压力。允许自己试错,允许自己做不到,找到接纳的力量!

疤痕实验

在一次心理科学实验活动中,心理学家们征集了10位志愿者,请他们参加一个名为"疤痕实验"的心理研究活动。10名志愿者被分别安排在10个没有任何镜子的房间里,并被详细告知了此次研究的方法:他们将被通过以假乱真的化妆技术,变成一个面部有疤痕的丑陋的人,然后在指定的地方观察和感受不同的陌生人对自己产生怎样的反应。

实验步骤

1.先给试验者照镜子,随后将镜子、手机等拿走并不允许相互交流。

2.假装给试验者擦粉末,让疤痕逼真,实际是把疤痕擦掉。

3.带到公众场合,进行实验。

4.分享感受。

测试者反应

志愿者们滔滔不绝,义愤填膺地诉说了诸多令自己愤慨的感受。他们普遍认为,众多的陌生人,对面目可憎的自己都非常厌恶、缺乏善意,而且眼睛总是很无礼地盯着自己的伤疤。

A说:"候诊室里那个胖女人最讨厌,一进门就对我露出鄙夷的目光。"

B说:"现在的人真是缺乏同情心。一个中年男子和我坐一会儿,他就赶紧拍屁股走开了,像躲避瘟神一样躲着我。"

C说:"我见到的陌生人中,有两个年轻女人给我的印象特别深。她们穿着非常讲究,像个有知识、有修养的白领,可是我却发现,她们俩一直在私下嘲笑我! 如果换成两个小伙子,我一定将他们痛揍一顿!"

你认为别人会怎么对待你,别人就会怎么对待你。你认为世界会怎么对待你,世界就会怎么对待你。

(二)非暴力沟通,获取积极的自我体验

在每个人眼里,世界都不一样。我们沟通的方式取决于我们看世界的方式。马歇尔·卢森堡认为,我们有所感受的根源不在于别人的行为刺激,而在于自己本身的需求是否得到满足。如果我们通过批评来提出自己的主张,别人的反应往往是申辩和反击,反之,如果我们直接说出自己的需要,并能体会到别人的需要,那么对方就可能做出积极的回应。

在遇到困难的时候,我们难免会产生消极情绪,而情绪不会消失!弗洛伊德说:"未被表达的情绪永远不会消失,他们只不过是被活埋了,有朝一日会以更丑陋的方式爆发出来。"因此,我们要尝试通过观察、感受、需要、请求的方式来进行非暴力自我沟通,我们要感受自己当下的情绪,正确觉察自己的情绪,停止否认或逃避自己的负性情绪,看到自己,觉察自己,允许自己,找一个让情绪安放的地方!若我们能察觉到情绪的产生并认知情绪的种类,可以延缓情绪瞬间的爆发,并有针对性地进行管理。

好心境是自己创造的,我们常常无法去改变别人的看法,能改变的恰恰只有我们自己。那么,如何通过非暴力沟通突破不想要的生活模式,进行自我接纳呢?

(1)要找到绑架自己的感受——不被爱、不被尊重、需要有用、自卑、没钱、我就是不值得。

(2)认清这些感受的模式、情节不是真实的,并下定决心不再被它愚弄绑架。

(3)每当它出现的时候,一定要立刻看到它,要觉察到它,然后带着理解跟它说:我看到你了,我接受你的存在,但是我不会让你来干扰我看待事物和人的方式,更不会听你发号施令去影响我的行为。

(4)如此反复练习,不让这种感觉掌控你,不被自己的旧有模式奴役和掌控。

不给自己贴标签,不对号入座。静心思考自我,敞开胸怀,接纳一切。懂得反思自身,并在反思中保持清醒的头脑和明辨是非的能力,在反省的过程中不断激励自我,从而实现自我认同。

(三)多元视角,逆向思维

逆向思维,也称反向思维,是指人们为达到一定目标,从相反的角度来思考问题,从中引导、启发思维的方法。世界上的事物都有正反两个方面,人们也应该从正反两个方面认识事物。但是长期的思维习惯往往使人们只看到其中一面,这使思维的过程和结果越来越雷同,没有新意。利用事物的另一面,逆向思维可以获得意想不到的效果。逆向思维具有反向性、普遍性、批判性、新颖性四个特性。

逆向沟通中,苏格拉底法比较典型,其关键四个步骤囊括:讥讽、助产术、归纳和下定义。这是经历从现象、个别到普遍、一般的过程。

(1)"讥讽",即在沟通中让对方说出自己对某一问题的看法,然后揭露出对方谈话中的自相矛盾,使对方承认自己对这一问题实际上信息不完全。

(2)"助产术",则是用谈话法帮助对方将相关信息回忆联系起来,就像助产婆帮助产妇产出婴儿一样。

(3)"归纳",是通过问答使对方的认知能逐步排除事物的个性内容,揭示出事物本质的普遍联系。

(4)"下定义",基于上述过程,从而得出事物的"定义"。

每个人都是独一无二,换个角度,缺点也可以变成优点。自我接纳是人天生就拥有的权利,人无完人。

第四节　自我超越

你希望做更好、更理想的自己吗? 有些人似乎一直感觉发生在自己身上的事是"被外部力量支配的",还有一些人则感觉发生的事在很大程度上是"受自己的努力和技巧所支配的"。为什么要进行自我管理,实现自我超越? 研究证明,促进自我管理确实可以真正地增强个体的健康和幸福。

案例2.5　情绪管理

某航班由浦东至东京,到达东京时飞机晚到一小时,为抓紧时间组织上客,避免进一步的延误,地面人员告知乘务组不要下机购物,但乘务组不听劝阻,有4名女乘务员在旅客下机前先行下机,去候机楼购物。由于很快就组织上客了,去候机楼购物的几名乘务员晚于旅客登机。这一事件导致东京办事处提出投诉。

处理:在了解过程中,乘务员们强调没有听到地面人员的告知,或已向乘务长请了假,或不是先于旅客下机、不是晚于旅客登机等理由,而带班乘务长、区域乘务长都说没有乘务员向他们请假下机,并表示不知道她们下机等情况。

思考：

1.乘务员与乘务长在工作中存在哪些问题？

2.乘务员应如何进行自我沟通，实现自我管理？

一、自我管理与自我超越

自我管理与自我超越包括三层内涵：自控、自励、共情。

自控：管理自己情绪和冲动的能力。

自励：面对挫折和失败依然坚持不懈的能力。

共情：接纳别人，接纳环境的能力。

二、自我情绪管理——自控

情绪能不能被管理？很多人认为不能管理，认为我就是这个脾气，我也没有办法，想改就是改不了。其实情绪不但可以管理，而且相比其他的事情你的自主性更高，因为我们是自己情绪的真正主宰，它完全是我们自己在决定。

（一）自我情绪

《礼记》中把人的情绪称为"七情"：喜、怒、哀、惧、爱、恶、欲。每个人一出生就有了喜怒哀乐等基本情绪，随着年龄的增长，人们在不同经历中就会自然流露出这些情绪。情绪有积极情绪和消极情绪两类。积极情绪，会带来正面的体验，会给人一种积极的态度，如开心、乐观、自信、欣赏、放松等。消极情绪，会带来负面的不愉快甚至是引发人痛苦、愤怒的情绪体验，如压抑、生气、委屈、难过、苦恼、沮丧等。随着社会节奏的日益加快，人际关系的处理、工作和家庭的平衡，以及现实与理想的差距困扰着人们。不管是孩子还是大人，有时候我们会把多种情绪，特别是负面情绪混杂在一起，自己感觉非常糟糕，但是却不知道自己是怎么了，自然也不知道自己该怎么办。而情绪本身不是问题，如何认知和管控自己的情绪才是问题。

在情绪管理中有一个冰山理论，其是由美国心理学家麦克利兰于1973年提出，他将人员个体素质的不同表现划分为表面的"冰山以上部分"和深藏的"冰山以下部分"。如表2.2所示，挖掘到深层次情绪产生的需求，我们就能更好地理解和应对别人的情绪，同时能适当地进行自我释压。

表2.2　情绪冰山的4个层次

情绪冰山的4个层次	解读	举例
(1)观察到的事件	来自冰面的上面,现象是可以被看见的人、事、物及情绪等。	你第一次执行航班飞行任务。登机口,你看到不同的旅客匆匆忙忙登机,有面带笑容的,有紧锁眉头的,有深沉不语的。
(2)对事件的感受	感受是复杂的,一个事件对于不同的人甚至是同一个人,都可以导致多种感受产生。	第一次执飞航班,你的心情你的感受可能是兴奋、激动、愉悦,也可能是失望、感叹、烦躁等。
(3)对事件的想法	情绪的来源:对事情或者人的看法与评价。	你可能很担心飞航班时会出错;你可能因为能够实现工作价值而感到激动;抑或能够真心地为旅客提供帮助而感到快乐。
(4)产生的需求	当你的需求未被满足时,情绪就产生了。	我希望自己能够表现得好一些,得到乘务长和旅客的认可。

(二)情绪管理——共情

情绪本无好坏之分,但是由情绪引发的行为或后果有好坏之分,情绪的失控容易导致行为的冲动,控制不了情绪,会造成不可挽回的后果。因此,认知和管控自己的情绪就十分必要。正如学者曾仕强所说:"我们有情绪是正常的,因为外界环境是不断变化的。我们要去适应它,不断地调整自己的心态,面对任何情绪不要去压制它,让它自然适度发展。只要不过分,做好事前预防和事后的补救措施,就好了。"其中,管理情绪五部曲如下。

(1)感知情绪状态:先梳理情绪,分析这个冰山里面包含哪些情绪,然后再挖掘情绪背后的想法。清楚自己处于怎样的情绪状态,这是自我内心觉醒的能力。

(2)理解情绪状态:明白情绪的来源不是外界的人或事物,而是自己的内心世界。

(3)接纳情绪状态:从内心认可自己,允许自己的多种情绪。

(4)思考情绪状态:认识负面情绪的正面价值和意义,从另一个角度去理解、运用它,使其发挥正面的作用。

(5)宣泄情绪:当某种负面情绪不能帮助自己获得成功和快乐时,要尽量使自己从这种情绪中摆脱出来,进入另外一种更有帮助的情绪状态。在调节自身的时候,我们还可掌握一些适当的方式,如重视自身心理调节,发展兴趣,放松身心,掌握科学的时间管理方法,培养健康科学的生活方式等。

请正视自己的负面情绪,与之好好相处,并及时管理负面的情绪。当工作压力陡然增加,或者承受了委屈、不满时,不妨通过专注地做其他的事情来转移注意力,比如来一场酣畅淋漓的运动,享受一顿口齿留香的美食,看一部捧腹大笑的喜剧,或者向他人倾诉,合理宣泄情绪。心灵成长需要一个过程,长时间积压的纠结和问题不要想一下子就走出来,需要给自己时间也是给自己一个心理空间来缓冲。当面对情绪和纠结时,要的不是排斥和回避,而是敢于面对和接纳。

三、自我激励

(一)以自我为目标,跨越自我设障

人往往根据一般的规则来判定事情的可能与否,而事实上,这种判断往往是错误的。心理学家赫伯特·奥托估测,一个人所发挥出来的能力,最多只是他全部潜力的4%,人的潜力是巨大的。实际上,人发展的最大障碍,是每个人在自己的头脑里给自己设定的界限。它限制了很多可能,妨碍了我们人生的精彩。比如,盲人无法成为跳伞运动员、人不可能举起一吨重的重物等。因此我们要大胆打破自我设限,以自我为目标,超越目标和愿景。

(1)有目标就集中精力去做。

(2)不说"不可能"。

(3)不给自己上枷锁。

(4)不给自己贴标签。

(二)注重精神颜值,自信、沉稳而后爱人

你的脸上,你的气质,你的气场,里面写着你走过的路,看过的书,交往的朋友,爱过的人,甚至你的人生观和价值观,都可以一览无遗地被读出来。请注重精神颜值,做自己喜欢的事,去品尝温暖的食物,去靠近心仪的人,去追寻美好的风景,别把无关的人请进生命里,努力保持住内心的柔软和善意。

自信、沉稳而后爱人,别把存在感和安全感刷在我们爱的人身上。现实生活中也有很多人是这样的,把安全感或者说存在感依附于自己的父母和孩子身上。大家仔细去想想,你们的情绪波动和情感需求是不是来自亲密关系的另外一半?我们美其名曰爱别人,其实是一种缺乏安全感的表现。我希望你让我快乐,我希望你怎么对我,我对你投以期待,这样就把自己人生的掌握权交到了别人手中,当爱成了索取,这也不是真正的爱。

(三)推动自我发展

做"实干者",而不是"旁观者"或"评论家"。当你遇到困难,可能真的很难,告诉自己

正在走上坡路,请享受这个无法回避的过程。上坡路势必难走,但你感觉最难的时候一定也是让你成长最快、收获最多的时候。从来没有什么懒洋洋的自由,真正的自由,是通过勤奋和努力实现更广阔的人生。

(1)学会说"不"。

(2)提升人际关系与情商。

(3)视问题为机会,而非威胁。

(4)进行压力管理,正确平衡,提升逆商。

(5)正视自己的缺点,客观评估并改进。

(6)树立权变思想。

小练习

　　接受批评法:接受批评是实现自我管理非常好的方法。自愿组织5~6人为一组,围成圆圈,轮换做主角,其他人依次发言,指出对方的一个缺点,并说出改正缺点能带来的成功。注意事项:必须自愿组合,不许人身攻击。

四、接纳他人与环境——共情

(一)接纳别人,感知认知偏差的存在

　　太在意别人的想法就会受苦。别人脑袋里面想什么,你永远无法清楚。有的人对你皱眉,并不表示他不喜欢你,有人看到你不打招呼,可能他没有戴眼镜,或者只是兀自沉溺在自己的世界,根本就没有注意你。有人看到你脸色不好,可能因为她就是不舒服、肚子痛。此时,我们就会感觉自己不被爱,不受重视,被批判,于是就会思考对方的言行是针对我的吗?我做错了什么吗?上次见到他的时候,我的举止有什么不妥之处吗?还是他听朋友说过什么?然后,就开始反思,自我怀疑,各种猜疑,而这些都是一种高度内耗的形式。

(二)接纳环境,改变觉察

　　不接纳环境的主要表现,就是自动地想要去改变,觉得"问题"是可以改变的,改变是容易的,这完全是基于对改变的"盲目"追求,以及对改变过程的不了解。所以在环境中,首先要考虑的是是否一定要去改变,考虑改变是否容易,改变需要的时间,改变付出的代价,而不是改变的方法。

　　事实证明,对改变过程的觉察,对提升自我接纳与接纳他人是非常有效的。在工作

中，我们主动接纳环境，提前去布局、谋划、思考和准备，就能避免可能的意外或突发情况，做到胸有成竹。如在航班中，为了避免旅客因为设备故障而不满，民航服务人员在航前检查中就需要更加仔细和做好预案。若问题发生了，则以积极的情绪快速响应，立即行动处理工作中面对的各类问题的挑战。

一、实践应用

请试着全面分析自己，并谈谈你该如何和自己沟通？

二、案例分析

案例2.6

某日执行乌鲁木齐至上海的航班，一名乘务员在乘务组全部工作结束后（约21：10）巡视客舱。24F的一名旅客问正在巡视客舱的男乘务员："现在飞到哪了？"乘务员回答："我也不知道。"旅客听后对乘务员的回答非常不满，于是张口说："你是、是……啥饭的！"乘务员因为没听清就回头问了一下，旅客当时正看着窗户外面没有理会乘务员说什么，于是乘务员就拉了一下旅客的袖子，继续询问旅客："先生您刚才说什么？有什么事吗？"于是旅客就说："你是……饭的？你白干这工作？"乘务员听后有些生气，没有很好地控制情绪，与旅客发生了争执，最后该旅客要投诉该乘务员，乘务长努力调解，但旅客仍表示不接受道歉。

思考：

1.该案例中为什么旅客与乘务员发生争执？

2.乘务员在处理问题之前，自我沟通出现了哪些问题？

3.乘务员应该如何进行情绪管理？

三、无领导小组讨论

为提升大家的口头表达能力、辩论能力、说服能力，培养大家分析思维、逻辑思维及情绪稳定性、处理人际关系、团队协作的技巧,本章创新引入了无领导小组流程与项目实践。

1.无领导小组流程

(1)独立思考及准备:小组成员接到"讨论题"后,用2分钟独立思考及拟写发言提纲。

(2)个人发言:每人限1分钟发言阐明自己的基本观点。

(3)小组自由讨论:小组成员间自由交叉辩论。时间为5分钟。

(4)总结发言:小组达成一致意见并选派一名代表进行总结发言,其他成员可以补充,需列举至少3个支持本组一致观点的理由。时间控制在3分钟以内。

2.无领导小组议题

(1)爱人更重要还是被爱更重要?

(2)航空公司该不该设立"员工委屈奖励"?

知识延伸

C919幕后｜这位空姐为何一直在飞没旅客的新飞机?

2022年12月27日,是C919国产大飞机首飞成都天府机场进行常规验证飞行的日子。毛文婷作为首批获得C919飞行资质的乘务员之一,跟随机组往返沪蓉。正巧第二天就是她的生日,在27日的回程航班上,乘务组的小伙伴们为她提前送上了的生日惊喜,在小小生日蛋糕上代表蓉城的熊猫也格外有纪念意义。

毛文婷说,根据东航的员工关怀政策,乘务员生日当天一般是不安排航班任务的,所以这也是她第一次在空中过生日,也因此成为首个在C919上迎接生日的乘务员。"过去这段时间我们一直在为C919并肩努力,积累了很好的情感。这次飞机首次落地成都本身也要过水门,有献花仪式,大家就借着这样的仪式感给我提前庆生了,是很特别、很温暖的体验。"

验证飞行阶段,民航服务人员都在做什么?

从2022年12月26日开始,交付东航的首架C919国产大飞机就正式开启了100小时空机不载客的验证飞行,以检验航司安全运行新机型的能力。

过去两周,毛文婷从上海虹桥机场出发,分别飞抵过北京首都机场、成都天府机场、西安咸阳机场、北京大兴机场和海口美兰机场,见证了这架国产飞机的不少首飞航线。

过程中,飞机需要模拟完整的航班运行过程。对于乘务员来说,她们仍然会经历正常航班飞行前、中、后的各项流程,包括航前准备、机上各项安全设备确认操作以及航后的讲评总结。有时候毛文婷需要早上5点就起床准备,开启清晨的飞行。

在航班上,她会细致入微地确认各处细节,检查相关流程操作是否顺利,确保安全飞行。

"因为不载客,我们会在机上代替旅客进行乘坐体验。C919飞机的座椅靠背看起来比较薄,但其实我们坐下后发现座椅设计很符合人体工学,舒适度很高。我们也会检查行李架推拉是否方便、氧气瓶救生衣等应急设备是否准备妥当、舱内通信设备功能是否正常,甚至细致到卫生间的垃圾箱盖板是否有毛边,是否可以保证旅客操作时不伤手等这类细节都会亲自体验和检查。"

如果在操作中发现有任何不便,或者有可以改进的建议,乘务组就会妥善记录并反馈给相关部门。

新机型的内部设备相较此前很多机型会有部分改变,如不同型号灭火瓶的使用、前舱操作设备新增的中文界面等,"设备的使用方法虽然大致相同,但具体的应用范围会有差异,我们也需要熟悉和确认。"此外,首批获得C919飞行资格并拥有教员资质的5位乘务员还需要带教其他学员进行不低于6个航段、15小时的飞行带教以及不低于5个小时的航班检查。毛文婷作为拥有教员资质的乘务员,也在同步进行"学姐的老带新"工作。

"验证飞行航班和普通航班最大的区别就是不载客,但自豪和激动的心情并没有减少分毫。能够在我们自己的飞机上工作,也是我一直以来的梦想。"

放弃熟悉的机型,改飞C919,民航服务人员要经历哪些大考?

每一位东航的乘务员,最多只能拥有4个机型的飞行资质。在此之前,毛文婷已经拥有了空客320、330、350和波音777这四种机型多年的飞行经验。飞C919,意味着她必须放弃此前熟悉的一种机型,开启一场全新的学习考核。

毛文婷没有太多犹豫,她选择主动放弃了空客320的飞行资质,从2021年11月起便投入了C919的乘务员选拔培训中。"放弃一个机型对我来说并不是艰难的决定,我们同期的小伙伴也有不少是放弃了自己以前常飞的机型,选择加入C919的。大家参与意愿都很强烈,除了有对新机型的好奇,更多的是出于一种自豪感,这是民航人共同的梦想。"

2021年11月14日至18日,是首批24名乘务员进行理论和模拟培训的日子。大家全部住在中国商飞的培训中心,进行早9晚5的全天候封闭式学习。

其间,除了理论知识外,乘务员还需要进行舱门及翼上出口操作、撤离滑梯演练、灭火演练以及包括救生筏操作在内的应急程序处置等模拟操作,考核合格之后才能真正上机。

随后的12月9日,首架C919正式交付东航。毛文婷跟随飞机从浦东机场飞抵虹桥机场,短短20分钟的飞行,她却体验到了前所未有的心潮澎湃。"在后舱我都能清楚地听见前面传来的阵阵歌声。每个人挥舞着五星红旗，脸上洋溢着笑容。那种场面带给你的震撼是以前很多有仪式感的时刻都不能比拟的。"

交付一周后的12月17日起，毛文婷和伙伴们被抽中，在交付后的C919真机上参与为期一周的撤离验证封闭培训并接受考核。毛文婷抽中的考题是陆上撤离，这也是她第一次在真实的飞机上体验放出充气滑梯这一应急操作。

"在真实的日常飞行中，机门必须是待命位，开机门需要乘务员操作解除待命，否则就是我们工作上严重的失误。但在考核中操作释放滑梯疏散旅客时，并不需要解除待命，而是要直接放出的，这是我从来没有在真实飞行中经历过的。结束之后还跟同事们感慨地说，有这一次，飞行生涯也算是圆满了。"

这段时间经历的层层考核在毛文婷眼里并不是难关，反而都是意义非凡的体验。带着对C919的向往，她顺利通过撤离验证阶段的考核，和其他5位同事一起，作为首批乘务员，开启了如今验证飞行阶段的工作。

13载翱翔蓝天，也尝体味过光鲜和艰难

虽然还是90后的年轻力量，但从2009年12月的那个冬天算起，毛文婷已经飞了13个年头。这些年来，她慢慢地从普通乘务员成长为乘务长，作为东航重点保障航班梯队的一员，参与过多次特别包机、航线首航、疫情期间护送医疗队等重要飞行任务。

2021年，她曾在浦东和虹桥两机场连续驻场66天，参与了多次国内外客运和货运航班飞行。

"那个时候我会好奇，这个时候还要坚持坐飞机的都是哪些人呢？后来跟旅客聊天，了解到他们生活的诸多不易。有的从国外回国，刚解除酒店隔离上海就封控了，他们需要通过有限的航班辗转多次才能回到老家；有的是着急去国外探亲照顾自己的小孩，硬是在机场熬了一晚等待第二天白天的航班。我们只能拿着飞机上的毛毯给他们保暖，尽量给他们塞一些吃的，因为到处也买不到东西。现在回想起来，那段艰难的岁月是我们共同走过的。"

这些年来，毛文婷对乘务工作的理解也与以往不同。最初她更多只觉得这个职业可以让自己周游世界、打卡名胜古迹，看起来光鲜亮丽的。

而随着时间的推移，她深知这份工作的意义不止于此。当航班中有旅客身体不适需要帮助时，当疫情来袭需要护送医疗队援助生病的同胞时，她都感受到了生命的重量以及自己职责之重大。

所以或许13年来总是缺席家人朋友的重要聚会，节假日的概念也日渐模糊，还要经历不少大大小小的考核，但毛文婷从来都不曾后悔自己的选择。

本章小结

　　沟通是从一种意识开始,有效沟通源于"自我沟通"。现阶段我国民航服务人员自我沟通、自我调整能力较弱,非常容易受到外界环境的干扰而导致服务工作质量下降。因此,学习自我沟通艺术,激发内在动力,对提升民航服务效率具有非常重要的意义。

　　自我沟通,又称为内向沟通,是指个人接受外部信息并自行发出信息,在人体内部自行传递、自我接收并自行理解的过程。在自我沟通过程中,沟通者通过自身的独立思考、自我反省、自我知觉、自我激励、自我冲突以及自我批评,从而实现自我认同,进一步驱动行为,达成外在目标。从思想层面清晰地认知自我,到情绪层面接纳自我,再到驱动行为超越自我就是自我沟通的过程。虽然自我沟通是天生的,但有效的自我沟通则需要后天修炼。因此,自我沟通以及技能提升过程具有动态性。在开展自我对话的时候,一定要注意对话的方式方法,不能让负向自我对话占据了对话的主要内容,而是要采用积极性的谈话态度、选择那些鼓励性的语言来引导对话的走向,而不是让自我一味地沉迷在负面情绪当中而不能自拔。

思考与练习

一、案例分析

案例2.7

　　11月21日,王小姐一行30多人的商务代表团乘坐某航班由三亚回北京。上机后,一行人非常兴奋,互相拍照留念。其中一名外籍男旅客将站在此区域工作的乘务员张某拍进照片。张某发现后,极其不满,态度生硬地命令旅客将照片删除。而后,旅客将照片删除并就此事向其道歉,但乘务员张某不但未做任何反应,反而傲慢地对旁边的乘务员说:"这人怎么这么贱啊,有病!"张某的话令外籍男旅客和其同行旅客非常气愤,对其提出投诉。

　　思考:

　　1.该乘务员存在哪些问题?

　　2.在自我沟通过程中应如何控制自己的情绪?

二、思考题

1.怎么做好情绪管理?

2.是及时行乐还是先苦后甜?

思 维 导 图

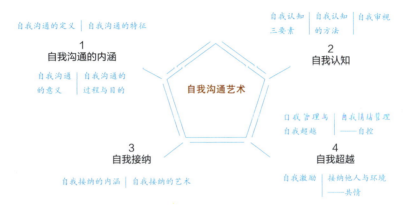

自我沟通的定义 ｜ 自我沟通的特征

1
自我沟通的内涵

自我沟通 ｜ 自我沟通的
的意义 ｜ 过程与目的

自我认知 ｜ 自我认知 ｜ 自我审视
三要素 ｜ 的方法

2
自我认知

自我沟通艺术

自我管理与 ｜ 自我情绪管理
自我超越 ｜ ——自控

3
自我接纳

自我接纳的内涵 ｜ 自我接纳的艺术

4
自我超越

自我激励 ｜ 接纳他人与环境
｜ ——共情

>>> >>> 第三章

民航服务沟通表达

学习目标

知识目标：

1. 了解有效表达的概念及重要意义。

2. 理解有效表述的方法。

3. 掌握有效语言沟通的特点、规律与沟通技巧。

能力目标：

1. 掌握有效语言的表达艺术，养成清晰表达的语言习惯。

2. 灵活运用清晰表达的技巧，提高沟通能力。

3. 通过案例拓展、情境演绎，提升积极沟通与有效沟通的意识。

素质目标：

1. 培养合作共赢的职业精神。

2. 建立职业信心，提升与民航旅客沟通的能力。

3. 通过案例分析、项目导引建立辩证思维，创新思维。

案例导入

案例3.1　一封投诉信

3月18日乘坐××138航班的刘女士反映：

1. 整个航班乘务员没有笑脸；

2. 制服不整洁，全都是油亮亮的；

3. 乘务员的妆容不好，好像是前一天化的妆；

4. 男乘务员的服务用语很简单，送餐就是"你吃什么"；

5. 后舱左边一名女乘务员，一路上都不高兴；

6. 航班上有一个韩国老年团，年纪大都在七十岁左右，乘务员没有对他们给予更多的帮助。当他们使用卫生间时，没有一名乘务员帮助他们（老人们都不会从里面打开卫生间的门）。

刘女士认为，乘务员不尊重自己的形象，也就是不尊重旅客，人长得如何没关系，但应有最起码的温柔。对于服务无法评论，虽然本人得到了最基本的服务：有水喝，有饭吃，但没有享受到任何有品质的服务，其他的体会没有。难道这就是你们提供给旅客的服务吗?

思考:

1.从这封投诉信来看,乘务员在表达方面存在哪些问题?

2.大家从这个案例当中有哪些思考?

相关知识

事实上,每个人都会表达,但是不见得每个人的表达都是有效的,也不是每个旅客能正确且愿意解读你的表达。彼德·德鲁克认为,人们喜欢听他们想听的话。他们排斥不熟悉和具有威胁性的语言。因此,语言的艺术非常重要。说话,不仅在于你说什么,而更在于你是怎样说的。

表达包括语言表达与非语言表达。其中,语言表达,是以语言符号实现的表达,包括口语和书面语实现的表达,是内心情感和自身素质的外在反映。而非语言表达是通过人们的动作、表情、穿着等实现的表达。

第一节　表达概述

表达是一切活动的基础。有效表达能够帮助我们更好地理解对方,传达自己的思想,发现更多的想法,更有效地完成工作。在民航服务中,民航服务人员为客户提供服务,尤其在前台接待、值机、乘务服务、纠纷与不满处理、商务中心购物等工作中,必须与旅客面对面交流,根据旅客需求提供有效信息,从而提供给旅客满足需求的服务。

一、有效表达的意义

(一)有效表达可推进服务工作的开展

优质的服务很大程度上取决于民航服务人员的有效表述。每位旅客都有服务需求,如办理值机手续、托运行李、需要毛毯、杂志、要求升舱、改签等,旅客非常期望能够听到

契合自己需求的信息。有效表达可帮助民航服务人员及时了解旅客需求,更加有效地传递想法、观点和信息,有助于在某些情况下减少矛盾和冲突,进一步推进服务工作运行,并为旅客提供更好的服务。

(二)有效表达让旅客体会到被尊重

在与旅客进行表达时,若能认真听取旅客需求并充分尊重旅客意愿,可充分显示对旅客的重视和尊重,体现对旅客的由衷关怀与关注。

(三)有效表达让旅客有宾至如归的感受

民航服务人员的有效表达可向旅客传达思想、情感、价值观,改进人际交流和建立信任,让旅客更好地理解其想法,感受民航服务人员的素质与涵养,进而让旅客体验到航空公司的企业文化与整体实力,从而增强旅客对所属航空公司的信任度和好感。好的表达可让旅客产生一种宾至如归的感受,其所产生的效果往往要大于企业和产品的知名度对客户的影响。

案例3.2　适时沟通、收获认可

值机台工作人员小孙正在为一位身材高大的男士办理值机。小孙按照惯例询问他对座位的要求,男士回答要一个靠窗的座位。小孙看他身材高大,于是主动询问:"先生,我看您个子很高,需要我帮您安排应急出口的座位吗?这个位置空间比较大,您的腿可以最大限度地伸展开。"男士一听,连忙道谢。

思考:

1.有效表达在沟通中处于什么地位?

2.你的口头以及书面表述能力如何?

二、表达的概念

表达是将思维所得的成果用语言等方式反映出来的一种行为。表达以交流、传播为目的,以物、事、情、理为内容,以语言为工具,以听者、读者为接收对象。有效表达就是有效组织语言(文字、肢体语言、声音等)信息传递给对方,让对方感受到需求得到满足、感觉到目标达成的能力。因此有效表达涉及形式、效用与效果,而非简单的说话。

三、有效表达的原则

(一)表达应清晰准确

"清晰""准确"是表达的基础,其体现了沟通者的思想、情感、需要和观察。民航服务人员在服务时应避免使用含糊不清的语言,否则容易引起歧义。例如,有些民航服务人员在交接工作时可能将"无成人陪伴儿童"简称为"无人陪",引发旅客投诉。询问餐食也出现类似情况:"女士,请问您要饭还是要面? 鸡饭还是鸭饭?"导致旅客提出不满:"我就不能要点人吃的东西吗?"因此在传递信息时,需清晰,少讲些模棱两可的话,多讲些语意明确的话,确保无信息遗漏,内容不含糊、不抽象。此外,也应避免使用过多的专业术语,如旅客询问厕所位置时,若告知在一号门附近,旅客则很难理解。

(二)表达应及时有效

沟通者在接收信息后,表达应及时有效,延误沟通可能会降低旅客的体验感,因为未知的信息、未回馈的问题最能引发旅客的焦虑,导致沟通受限。尤其是航班延误情况或旅客提出比较着急的诉求,旅客的情绪容易从萌芽状态爆发至不可控的状态。因此,在民航服务沟通过程中,及时有效的表达可以在短时间内解决问题,进一步提高服务效率。

(三)表达应真诚尊重

真诚尊重的信息表达是指以诚待人,思想和言行保持一致,以从心底感动他人而最终获得他人的信任。真诚表达具体表现为时刻为旅客的利益着想,思旅客之所思,想旅客之所想,站在他们的角度感知、体会、思考服务中的问题和不足,采取平等、商量的口气和旅客沟通交流,学会体谅旅客、感激旅客,洞察先机,将最优质的服务呈现在旅客面前。

民航服务人员呈现良好的礼貌、积极的表情,语言上表现出热情、亲切、尊重和耐心,这将在服务沟通中能给予旅客良好的感受,有利于沟通目标的实现。同时,表达时应克服急躁、生硬等不良情绪,切忌使用伤害性语言、讽刺挖苦旅客的语言、冷漠的语言,避免出现"这你都不知道?""你去投诉吧!""这不是我们部门负责的!"等忌语。

(四)表达应具有建设性

有建设性的表达是指表达时切中要点,以沟通目标为导向,充分考虑信息接收者的态度与接受程度,具有激励性,能让对方能听下去,并进一步接近、理解、反馈,达成沟通意图,而不是制造冲突和疏远。例如,飞机即将起飞,旅客不配合系好安全带,民航服务人员应耐心地向旅客解释这些安全规定背后的原因,摆事实、讲道理,以获得旅客的支持与理解。

四、有效的表达方式

目前,沟通表达的形式手段多种多样。在民航服务中,最主要的沟通表达就是语言表达和非语言表达。

(一)语言表达

语言表达是指以语言符号实现的表达,是最直接的表达方式。语言表达的能力是民航服务人员应该具备的基本能力之一。

(二)非语言表达

非语言表达是指人们在沟通过程当中,不采用语言作为表达的直接工具,而运用其他语言方式进行信息传递。通过非语言表达能够改变或增加信息的表达方式。非语言表达是一个涵盖宽泛的概念,它通过人们的动作、形体、表情、穿着等表现出来。

第二节　民航服务有效语言表达艺术

案例3.3　语言表达刻板,激怒旅客显然有错

某日,地面登机阶段,王女士发现自己放在行李架上的背包不见了,告知周围的一名男乘务员帮忙查找,该乘务员表示不方便,建议旅客自己找一下,随后王女士发现背包是被其他旅客行李挤到行李架里面,告知该乘务员自己背包怕挤压,让其把行李挪一下,乘务员未第一时间协助,片刻后才前来调整。乘务员寻找到其他行李主人后大声说:"这位女士嫌你的行李挤到她的背包了。"令王女士非常尴尬。旅客投诉。

思考:

1.该乘务员的表达存在哪些问题?

2.如果你是该乘务员,你会怎么进行表达?

一、语言表达内涵

语言表达是服务的工具,是沟通的最基本的手段,是一切活动的基础。语言表达具有迅速、准确、能即刻得到信息接收者反馈的信息,能有效地帮助旅客形成对企业的信任。但不当的语言表达可能导致分歧、误解和破坏信任等不利影响。民航服务人员每天会遇到不同类型的旅客,如何通过有效表达,与旅客建立良好的人际关系,形成和谐的服务氛围,非常重要。

二、民航服务语言表达技巧

民航服务语言表达的技巧主要包括以下五个方面。

(一)有情感的表达——关心

情感是语言的核心支柱,情感性的语言具有较强的感染力与鼓动力。为表达赋予情感,用"心"表达,能极大提升沟通的效率。其实,贴心地为旅客着想,是民航服务人员一直不变的初心。当看到一位老人,不能只是微笑着站在那里,用标准的职业式的语言跟他讲:"您好,欢迎登机!"而要上前去,帮他拿好行李,告诉他"慢慢来,不着急,小心台阶";当看到一个儿童穿得很少,要去关心他是不是需要毛毯;当有旅客说话声音沙哑,有可能不舒服,需要考虑他是不是需要喝水;当看到一名孕妇旅客挺着大肚子进入客舱的时候,需要去关心她是不是需要靠枕。因此,民航服务人员应真诚地去关心旅客,尤其是特殊旅客和需要帮助的旅客,让表达直达旅客的内心,把服务表达做在旅客开口之前,进一步拉近与旅客相处的距离,用细心、耐心、爱心来换取旅客的暖心,舒心。以情动人,关怀沟通。

案例3.4　主动帮助特殊旅客,为表达赋予情感

上海到广州的航班正在登机,迎面走来一位超胖的旅客。

乘务员:"您好,欢迎登机,我来为您确认一下座位。"

旅客:"哦,好的,谢谢。"

乘务员:"您的座位56L,在客舱的最后一排,左手靠窗座位,如果需要的话,我一会儿为您送一条加长安全带,您可以先试一下座位上的安全带是否合适。"

旅客:"好的,非常感谢!"

点评分析

这位乘务员在旅客登机中,不仅做到主动热情问候旅客,还及时关注到旅客特殊身体给出行带来的不便之处,预判其可能更换安全带的需求。此外,为旅客提供帮助时,率先遵循旅客本人的意见,通过旅客的反馈了解意愿倾向,没有将自己的想法强行安排给旅客,体现了该乘务员细微的服务态度和意识,在表达中赋予情感的魅力。

(二)灵活性的表达——转变

语言有很大的艺术性,若说话方式不对,同样的意思,不同的表达,结果可能完全不一样。因此民航服务人员需学会有技巧地说话,说好听的话,说让人更能接受的话。那么如何不改变自己的本意,也能让旅客接受我们的想法呢? 我如何换一个定义来诠释这件事或这句话呢? 可运用委婉法、积极法、幽默法等进行转换。

案例3.5 旅客多要餐食,灵活表达赢理解

某航班上,有名旅客没吃饱,提出还要一份餐食,此时乘务员回答:"不好意思,先生,由于我们的疏忽,今天的午餐少准备了一份,正好头等舱还剩了一份,请您慢用。"这样说旅客会觉得很不满,觉得是吃别人剩下的。而如果乘务员说:"真对不起,先生,让您久等了,这是我特地去头等舱为您拿的餐食,您看是否合口味?"可能旅客甚至会比较感动。同样一份餐食,不同的语言表达,就带来了不同的效果。

1.委婉法

在客舱服务沟通中,可用委婉法进行转变,多使用委婉的词语,如表3.1所示。表达同样的意思,稍微转个弯,说得委婉一些,往往就能让旅客接受。在航班中进行餐饮服务时,民航服务人员会向旅客介绍:"先生/女士,您好,今天我们为您准备了牛肉饭、鸡肉饭,您要什么?"虽然字面意思明确,但是相对简单、直白、生硬。如果把"要什么"变成"喜欢什么",就能使语言变得感觉更好、更积极、更尊重旅客。同样,客舱呼唤铃响了,一般民航服务人员如果说"您有事吗?"旅客肯定想"没事我按铃干什么"。这种问话会闹得双方都不愉快。那么若转换成"我可以帮您做什么",换位思考一下就会发现,这种问话更客气、更亲切、更体现你想帮助旅客的态度。同样是提供服务,因为一句问话让旅客心中不悦就得不偿失了。若旅客将行李放在安全出口通道,如从安全角度说服旅客:"先生/女士,按照安全规定,请您把行李放在行李架上。"听到这句话的旅客会有些反感,"什么安全规定,行李放地上怎么了?"而如果我们换成"先生/女士,我帮您把东西放在行李架上好吗?"这样委婉表达,显得更加热情,同时也能巧妙解决旅客问题。

表3.1　客舱语言转换

沟通场景	表达语言	转变后的表达
1.航班在进行餐饮服务时,乘务员向旅客介绍餐食。	"先生/女士,您好,今天我们为您准备了牛肉饭、鸡肉饭,您要什么?"	"先生/女士,您好,今天我们为您准备了牛肉饭、鸡肉饭,您喜欢什么?"
2.客舱呼唤铃响了。	"您有事吗?"	"我可以帮您做什么?"
3.多位旅客同时要求服务时。	"请等一下。"	"好的,马上来。"
4.旅客将行李放在安全出口过道,你想从安全角度说服旅客。	"先生/女士,按照安全规定,请您把行李放在行李架上。"	"先生/女士,我帮您把东西放在行李架上好吗?"

总而言之,我们要将"我很乐意帮助您"的信号传达给对方,若因公司的相关规定而与旅客的意愿相悖,此时的说话就要表现出"爱莫能助"的意思,因为"爱莫能助"的听觉效果远比"我也没办法"要好得多。所以要掌握委婉的艺术,包括在拒绝旅客要求之前,一定要先真诚地进行解释。否定之前先肯定,这是非常重要的原则,一定不要去伤了对方的面子,更不能伤了对方的自尊。

案例3.6　当旅客质疑航空公司规定时的沟通话术

当旅客质疑航空公司规定并提出建议时(如认为航班延误处理不够人性化),通常表达:"这是公司的规定,我也没办法!"容易引起旅客的不满。而通过积极法转变:"非常抱歉,先生/女士,给您带来这么不好的乘机体验,相关程序在未修订之前,目前我们是这样做的,同时也非常感谢您对我们公司提出这么宝贵的建议,我会反馈到相关部门。"

2.积极法

当民航服务人员把负面的定义转换成正面的定义的时候,旅客的感觉就会好多了。如某航班延误后,民航服务人员在候机期间主动为旅客服务。在发饮品时,一位年轻人大声嚷道:"这样的破飞机,你们公司还能挣到钱吗?"民航服务人员告诉他:"先生,首先感谢您对我们公司效益的关心,效益对于一个航空公司来说真的很重要,但是比这更重要的是您的安全,正因为我们的公司向每位旅客承诺了安全,所以在安全的问题上我们不能有一丝马虎。"积极表达,不卑不亢,往往可以收到意想不到的效果。

案例3.7　巧用语言,灵活婉拒旅客需求

某航班收餐时,一位老奶奶给的餐盘少了一个碗。因为是精品航线,所以是法国盘餐、餐具,精致小巧,许多客人爱不释手,都想把它带走,而公司规定所有餐盘要如数回收。看到这种情况,乘务员猜想应该是老奶奶将其收起来了,便微笑着俯身跟她

说："奶奶，您这个盘里还少了一个碗，您再帮我找一下好吗？"看见老奶奶不理会，乘务员又接着说："奶奶，不着急，您什么时候找到了，交还给我们就行了。"随后乘务员继续去收其他旅客的餐具。巡舱的时候，看老奶奶没有反应，乘务员又走到她身边，蹲下来说："奶奶，那个碗您找到了吗？"老奶奶将头靠近乘务员，小声地说："我很喜欢那个碗，你就送给我吧，小姑娘，我带回去给我孙子玩。"听到这儿，乘务员微笑着告诉她："奶奶，我非常想送给您，可这套餐具不是一次性的，回收消毒后还要重复使用。"老奶奶见说不动，又哀求着："那上次坐飞机，她们都送给我了，你就送我一个吧！"看老奶奶这样，乘务员想到或许客舱里还有其他的礼品可以送给这位老奶奶。于是，经过乘务长同意，乘务员将印有航空公司标志的圆珠笔送给了老奶奶。尽管是不一样的礼物，但老奶奶也很开心，连声说"谢谢"。

3. 幽默法

美国西南航空公司在广播时，语言开朗，风趣幽默，更能为旅客所接受。幽默对于表达要求比较高，可慢慢积累、锻炼。

(三)精准的表达——匹配需求

旅客只关注与其相关的事，语言只有适合旅客，才能同向引发，表达内容才能被旅客接收。因此需从旅客需求点出发，精准地进行表达，否则，可能会影响服务质量。如金卡旅客上来就要报纸，则这个旅客很可能是高自尊旅客，想要有与众不同的服务，民航服务人员可能要比较高调地去服务这位旅客，还有一类则是低调的、不动声色的，那么该类旅客可能需要注意保护其隐私。

除了因需求而异，还要因时、因地、因事、因人调整语言，必须考虑场合、时机等因素，避免用机械化的语言来回答旅客。例如，旅客问："航班什么时候能起飞？我后续要中转到巴黎，还能来得及吗？"民航服务人员："先生/女士，您稍等片刻，我给您倒杯水吧？"在该情境下，旅客没有得到他想要的答案，民航服务人员的问候表达这时是无效的。正确的处理应是直面旅客的问题，如可再询问一下旅客中转的时间，运用专业知识判断一下是否赶得上，若赶不上则建议其后续改签。

具体问题需具体分析，偶尔可向其解释相关的业务规定，但是解释时一定要有分寸，千万不可错误引导及过度引导。

案例3.8　错误引导旅客

某航班因公司原因临时取消，其中有几个因公务出差的旅客认为航空公司打乱了他们的计划，他们生气地质问乘务员："你们航空公司说取消就取消，影响了我的行程,你说我该怎么办?"

乘务员回复:"请问您想退票还是想赔偿?"

旅客说:"请你们赔偿机票价格的两倍,你们耽误了我不少事呢。"

思考:

1.当该乘务员回复旅客"请问您想退票还是想赔偿?"容易出现什么问题?

2.如果你是该乘务员,你会如何与旅客进行沟通?

(四)恰当的表达——说对的话

案例3.9　航班延误,都是省长的错?

某航班正常起飞时间是20:05,但19:46才抵达机场,晚点近30分钟。据悉,该航班延误为前段航班流量控制所致,与其他旅客(包括头等舱旅客)没有任何关系。所谓当事人副省长一行在当天的19:15就已到达了机场贵宾室候机,并未迟到。

然而这事却在网上闹得沸沸扬扬,公众感到愤怒,矛头直指副省长公然践踏民众的权利,也纷纷对我们的这位省长同志进行口诛笔伐。但事实上发生这种误会,是因为机场方面在飞机晚点时说"头等舱旅客没有登机,飞机不会起飞"。正是因为这个解释,导游旅客误认为是因为头等舱旅客没有及时登机导致延误,所以部分旅客情绪激动。

实际上航班延误并不是这位副省长造成的,但是因为机场方面说"头等舱旅客没有登机,飞机不会起飞",让民众产生了较大的误会。

民航服务人员要学会灵活转换语言,但同时也要把握尺度。首先要保证方向是正确的,说正确的话比正确的说话更重要。如案例3.10所示,虽然民航服务人员是从安全的角度出发,但处理方式不当,语言简单、冷淡,理由不恰当,没有进行充分沟通,导致旅客不满。在客舱中,没有做任何的有效沟通就拒绝旅客,这不是我们的服务宗旨。因此,民航服务人员应注意服务细节,从旅客角度出发,体会旅客的感受,保护好旅客的隐私,避免类似事件发生。不准确的事,不符合规定的事不应该对外宣扬。

案例3.10　想喝杯酒遭拒绝,语言冷淡招投诉

一位旅客投诉:我想喝杯红酒调节一下睡眠,遭到乘务员的拒绝,理由是非用餐时间不提供,但此时是下午两点多,还有很多旅客在用餐,之后我提出愿意付费,也被拒绝。

情况了解:当该旅客要求乘务员再提供一杯红酒时,该乘务员认为这位旅客在用餐时已饮过酒,当时已面色通红,看起来不能再喝了,就拒绝了提供。

思考:

1.该乘务员在沟通中存在什么问题?

2.如果你是该乘务员,你会如何与旅客进行沟通?

(五)有理有据的表达——科学

沟通的最终目的就是说服他人采取积极正确的行动,而说服别人最重要的就是有理有据。很多时候我们的话总是显得没那么有力量,实际上就是表达的说服力不够,那么通常涉及安全问题的时候,相匹配的语言也应有理有据,原则中不失灵活,灵活中不失去原则。在进行沟通时,民航服务人员可通过故事、案例、数字或引用名言表达来达到说服的目的,如案例3.11所示。

案例3.11 手机游戏影响安全,有理有据才能服人

××979航班上,乘务员在客舱巡视时,发现12排A座的旅客正在玩手机中的游戏,乘务员见状,立即上前制止,并解释在飞行全程中不能使用手机,劝旅客关掉手机。而这位旅客不以为意地说:"我知道飞机上不能使用手机,但我并没有通话,只不过在玩游戏,没关系的,何必大惊小怪的。"

乘务员听后并没有据理声高,而是耐心解释:"先生,我想您对这个规定可能有些误解,在飞机上,手机电源一旦被打开,便会开始搜索信号,这就会严重影响机上导航系统和通信系统的正常工作,有可能导致航空事故。因此,为了您和机上旅客的安全,还是请您现在关闭手机电源。"旅客听完后若有所思地说:"听了你的一番话,我才知道这个道理,真是太感谢您了。"并立即关掉了手机电源。乘务员也欣慰地说了声:"多谢您的合作!"

随着人们工作的需要和生活水平的提高,第一次乘坐飞机的旅客越来越多,团队游客也日益增多,民航服务人员可以适时地在飞行中介绍一些飞行安全小常识,以避免一些旅客不清楚安全规定而引起安全隐患。民航服务人员必须对有关安全规定的知识真正了解掌握,才能在关键时派上用场。若旅客表明根本不了解机上飞行安全知识和规定时,民航服务人员必须给予耐心解释,不可以讥讽旅客。遇到难缠旅客,或故意不合作的旅客,不要流露鄙视的神情,还应以礼相待,运用良好的语言技巧争取周围旅客的支持、认同并说服旅客。如确有不听劝告或置之不理者,民航服务人员可加重语气,告诫他必须予以配合,在必要时可请机上安全员协助处理。

第三节　民航服务有效的非语言表达艺术

人无法靠一句话来沟通，总是得靠整个人来沟通。民航服务人员对表达技巧的运用，不仅仅体现在语言表达上，还体现在其他以身体辅助和加强表达的种种行为（如微笑、形体等）表达上。非语言表达不仅能体现出民航服务人员的服务水准，还能决定旅客对民航服务的印象。那么，如何将非语言表达运用在民航服务过程中，以进一步提高与旅客的服务沟通水平？以下将对非语言表达相关内容进行详细介绍。

一、非语言表达的概念

非语言表达是表述者运用表情、手势、眼神、触摸、穿着、空间距离等为载体进行的信息传递与交流，是一种不使用任何词语的信息表达。美国心理学家艾伯特·梅拉比安说过："人的感情表达由三个方面组成：55%的体态语，38%的语气及7%的语言。"这说明了非语言表达的重要性及其地位。

二、非语言表达的功能

非语言表达早在人类文字发明之前就已经有记载，并且作为重要的交际手段而被广泛使用。它具有以下几个重要的功能，包括暗示补充语言信息、表达情感、加强所说的内容。

（一）暗示补充或代替语言信息

非语言表达对语言表达具有支持、补充、修正或否定的作用，可以代替部分口头语言表达特定的含义，并且可以修饰语言表达，如微笑、点头、摇头、注视等使语言信息传达有声、有色、有形象，富有表现力和感染力，使语言的表达更加准确、更深刻。

（二）表达情感

实际上非语言行为是一个人真实感情更准确地流露和表达，往往比语言性信息更富有感染力。人的姿态、表情、手势经不同的组合后，能表达出近70万种不同的信息，比任何一种语言所能表达的意思都要丰富。因此非语言表达在有声语言过程中是不可或缺的辅助工具。由于一个人的思想情感深藏于心中,必须借助非语言沟通的独特表达渠道才能将其复杂、丰富的感情(如快乐、忧愁、兴奋、软弱、愤怒等)显露出来。

(三)加强所说的内容

非语言沟通不仅可以在特定情况下替代语言表达,发挥信息载体的作用,还可以填补、增加、充实语言沟通时的某些不足,在许多场合起到强化有声语言的效果。如在服务沟通中,借助手势动作来辅助一下,以加深听众印象,强化表达效果。如在非语言表达中,适当的语气、语调使得表达更加准确、优雅,使沟通过程达到声情并茂的效果。

三、非语言表达的分类与艺术

案例3.12 第一印象很重要

事件描述

近期某航班,旅客来电反馈,三号客舱乘务员全程无微笑,但是与乘务长却有说有笑,与对待旅客差别很大,导致旅客乘机体验不好。对于此种情况乘务长未能及时察觉,最终引发旅客投诉。

经验与技巧

1.微笑是服务行业待人时的基本要求,每名客舱乘务员必须锻炼自己要有微笑的意识,并且通过自我练习让微笑更自然、更亲切、更真诚、更持久,避免僵硬。

2.在执行航班过程中,旅客之间虽有差别,但是却无高低贵贱之分,要一视同仁。

3.乘务长在航班中需向旅客了解乘机感受,及时发现旅客不满,及时弥补,避免造成旅客投诉。

4.组员之间的非工作性质交流应避开旅客视线,并控制音量,不得影响旅客正常休息。

(一)表情语言——心灵的窗户

面部表情是人无法完全控制的传情达意的途径之一。人的面部表情丰富多彩,主要包括喜、怒、哀、乐等,是人的内心思想感情在面部上最直观的显示,能够极其微妙、准确、生动地表达人们复杂而精细的内心感情,与语言之间有一种同步效应。而其中眼神和笑容是最能表达情绪、情感的表情。

1.眼神

1)眼神的内涵

眼睛是心灵的窗户。在面部表情中,最生动、最复杂、最微妙,也最富有表现力的莫过于眼神了。眼神,又称目光语,是运用眼的神态和神采来表达感情、传递信息的无声语言,表露了人们丰富多彩的内心世界。据研究,人的眼睛有上百条神经连接大脑,这些神经从大脑获取多种多样的信息,并与大脑的中枢神经保持同步的信息交流与传递,因此眼神能自如地表达心灵的真实情感,能够灵活地表达内心的喜怒哀乐。在有声语言过程中,有声语言者借助眼神所传递的信息是复杂多样的,如坚定的眼神表达坦荡、善良的心情,左顾右盼可能是心慌意乱或有所期待、寻求帮助的意思,翘首仰视不仅是一种高傲的表现,更加显示了目中无人或不屑一顾的内心。眼神等面部表情不仅可以辅助有声语言表达思想感情,而且还能直接替代语言。

2)眼神接触范围

有行为科学家断言,只有当你同他人对视时,也就是说,只有相互注视对方的眼睛时,彼此的沟通才能建立。这代表我看到你了,我的眼里有你。民航服务人员与旅客沟通时,需看着旅客说话,以展示关注和尊重。尤其是容易冒犯旅客的问题,如曾经某航客舱部反映有些新民航服务人员比较害羞,收餐盒时,直接对着盘子说:"先生/女士,我可以收走了吗?"致使旅客服务体验感较差。合理的眼神接触范围是30%~60%,长时间的注视可能也不太礼貌。

3)眼神注视区域

眼神注视区域有公务注视、社交注视、亲密注视、无效注视。其中客舱服务眼神注视区域应该是公务注视,其适合正式社交场合。而社交注视适合与朋友、同事谈话场合,亲密注视仅用于亲人、情侣之间。

4)眼神角度

此外,不同的眼神角度也可以表达不同的思想感情。其中平视,也是正视,视线呈现水平状态,表示庄重、平等、客观。斜视则是看着对方的侧面,是一种不礼貌的行为,有蔑视、不重视、不平等的感觉。仰视(图3.1)指位于低处,抬头向上注视他人,一般适合面向尊者,长者适用,比如与VIP/CIP旅客、老年旅客交谈时。俯视则是抬眼向下注视他人,可表示对晚辈的宽容、怜爱,但有时也会让对方产生轻视和受歧视的感觉,所以在客舱中一般不采用这种角度。环视是指眼神有意识地自然流转,照顾全视野内交流对象的感受。通常民航服务人员在进行安全检查及巡舱的时候可以用这种眼神角度。注视则是指较为集中的一种眼神交流方式,如民航服务人员在客舱服务中为某个旅客提供服务时使

用。虚视(图3.2)是一种似看非看的感觉,适用于进行安全演示环节。

图3.1　仰视　　　　　　　　　　　　图3.2　虚视

5)眼神表达注意事项

民航服务人员在与旅客交流时,一方面,要注意旅客不同的眼神所传达的不同信息;另一方面,要注意自己的眼神,使其准确传达自身意见,同时注意眼神变化与语言、动作等的配合。此外,切勿用眼神随便打量旅客,注意眨眼频率,谨言慎行。

案例3.13　未做好"末轮效应",眼神不妥引旅客投诉

旅客下机前取行李架上的行李时,因不会打开行李架,请求乘务员协助打开。乘务员用质疑的眼神看旅客,虽协助打开行李架,但白了旅客一眼。旅客表示该乘务员当时表现出质疑旅客"这都不会开"的神态,让旅客感受非常不好,提出投诉。

思考:

1.该乘务员在沟通中存在什么问题?

2.如果你是该乘务员,你会如何与旅客进行沟通?

2.笑容

笑容是一种令人愉快的面部表情,它能够拉近人与人之间的距离,有比较强的感染力,为民航服务沟通创造轻松和谐的氛围。笑容有多种,有微笑、欢笑、嘲笑、偷笑、冷笑、讥笑等。其中微笑是民航服务中最常见也是最有效的笑容。微笑自然大方,真诚友善,能充分体现一个人的热情、修养、魅力,最能赋予人好感。中国古语:伸手不打笑脸人!旅客们往往依据你的微笑来获取对你的印象,从而决定对你的态度。真诚的微笑会使民航服务人员成为沟通中的常胜将军。

在沟通和服务过程中,邻座如果有其他旅客,记得与邻座的旅客有一定的目光交流,体现专业统一的服务,并微笑点头示意,避免出现同排旅客服务感受度差别较大而出现旅客投诉的事件。同时,在巡舱过程中,当与旅客目光交流的时候,民航服务人员应点头微笑作出回应。

并非任何场合都应该微笑,以下场合需要注意微笑程度。

(1)避免职业性微笑。在服务沟通过程中,微笑要真实自然,避免职业性微笑。旅客能分辨出真笑假笑,是因为真心的笑容脸颊会鼓起,扯动眼窝周围的肌肉,会有皱纹。有些民航服务人员面对旅客时微笑,转过头,便耷着脸,其他旅客若看到,会感觉该服务人员微笑不真诚,因此民航服务人员需保持微笑的一致性、真诚性。

(2)旅客不愉快时,需注意微笑程度。如发生航班延误,旅客抱怨时要注意微笑程度。例如,东航某航班从太原飞往上海,降落时有名旅客想去洗手间,被民航服务人员阻止,民航服务人员以飞机下降阶段不安全为由阻止旅客上卫生间,但告知期间,该民航服务人员与其他机组人员聊天说笑。旅客认为既然是以安全为由,民航服务人员尚且闲聊且说笑,不以身作则怎么谈得上安全,因此认为民航服务人员不负责。因此,民航服务人员在要求旅客的同时,应首先以身作则,当拒绝旅客时,要注意自己的言行。

案例3.14

某日太原至上海的航班,旅客投诉:"原定20:40起飞的航班因航空公司原因延误到零点以后才起飞,登机时看到迎客的两名乘务员有说有笑且在调侃旅客。"旅客认为被冒犯。

(3)旅客遇到尴尬的事情时,注意微笑程度。例如,某航班上,有位旅客带着登机箱上了机,由于身高不够高,看不到行李架上有什么,踮着脚尖非常吃力地把行李箱往上托,当时民航服务人员就站在这位旅客旁边,也没有帮这位旅客的想法。这时行李架内有些软性物品,箱子被弹了出来,眼看就要砸到坐在正下方的旅客,旅客赶紧扑上去一把抱住箱子,然后摔倒了。这时一直站在旅客旁边的民航服务人员竟然发出了笑声,最后导致旅客投诉。

(4)旅客身体残障,注意微笑程度。残障旅客行动不便、内心敏感,民航服务人员需随时注意旅客的感受,避免过度微笑,引发旅客不满。

(5)发生紧急情况时,不宜微笑。当遇到紧急情况,如紧急撤离时,不宜对着旅客微笑表达,因为微笑表达实际产生的语言效果不佳,无紧迫感。

(二)手势语言——传情达意最为有力的工具

1.手势的内涵

"手是人的第二张脸",手的动作是非语言表达的核心。在所有的非语言表达中,手势的使用率最高、作用最明显,其不仅能传情,还能达意。在交谈中,手势可以加强语气,使我们的表达更加有声有色,甚至还能独立地表达某种意义。一般来说手势语有在肩部以上、肩部和腹部之间、腹部以下三个区域。每个区域的手势语都表达不同的含义,肩部以上的手势多表达积极、宏大、激昂的内容或感情,如坚定的信念、殷切的希望、胜利的欢呼或愤怒的抗议等。肩部到腹部区域的手势多表达叙述或说理,一般比较平静。腹部以下的手势多表示否定、不悦、厌弃、鄙视等内容和情感。更具体一些:双手外推表示拒绝;双手外摊表示无可奈何;双臂外展表示阻拦;搔头皮或脖颈表示困惑;搓手和拽衣领表示紧张;拍脑袋表示自责;耸肩表示不以为然或无可奈何;摆手表示制止或否定。

2.手势的使用原则

(1)忌多——多则乱。有手舞足蹈之嫌,令人眼花缭乱,喧宾夺主,干扰语言表达。

(2)忌指——有"颐指气使"之嫌。如果一定要指,规范的礼仪姿势是手心向上,平铺掌心,五指伸直,不可四指弯曲,单伸一食指。

图3.3 民航服务中的手势语言

(3)忌掌心向下——有侮辱之意。国际礼仪中,只有在招呼宠物时,掌心才会向下。为表达自己君子坦荡荡,掌心一般都是向上或向外的。如果掌心向内,则意味有可能居心叵测。

(4)注意手语的文化差异——在不同的国家,由于历史传统及文化背景等不同,手势的含义也有所不同,甚至意义相反。所以大家也应该适当了解一些手势语言的文化差异(图3.3)。

(三)形体语言

1.形体语言内涵

形体语言,是一种空间语言。人际沟通中,人们的体态动作往往反映着他对别人所持的态度,具有一定的指示性。当民航服务人员与旅客沟通时,需采用适当的姿态,得体的肢体语言,以传递良好的沟通意愿。一方面可向旅客展示好的职业状态,另一方面对民航服务人员也是一种保护。由于较长时间的站立,民航服务人员帮旅客放置行李,腰椎、手部肌肉常常容易受损,而保持较好的形态在一定程度上能帮助其减弱伤害。

2.形体语言表达技巧

由于客舱环境嘈杂,在保持适当距离的时候,民航服务人员的身体可以稍微倾向旅客,以表示对旅客比较尊重或者对旅客的话比较感兴趣,让旅客感受到我们在积极地倾听。在与某些特殊旅客沟通时,如要客、老人、孩子,需采取蹲姿,保持和旅客的平视,这样更能凸显敬意。此外,与旅客沟通时,注意不要背对着旅客。包括当我们致意离开时,微笑欠身,后退一步再转身离开,以示尊重。

案例3.15　扔枕头给旅客引发的投诉

旅客乘坐北京至沈阳的航班,座位被安排在靠窗户的位置。旅客称登机后向乘务员要一个枕头,结果是乘务员把枕头扔给旅客,旅客认为乘务员的举动给自己的心理和情绪上造成了伤害,也问过当事乘务员为何用扔的方式,该乘务员称是手滑了。旅客对此不接受也把此事告知乘务长,但乘务长未做任何处理,旅客问过此乘务员的名字,但乘务员用手遮挡了工牌。最终旅客投诉扔枕头的乘务员。

民航服务人员在进行沟通时,尤需注意自己的动作、肢体语言优雅得体,保持良好的职业形象,从而体现高尚的职业素养。若为旅客递取东西时手不能及,可以请旅客稍等自己再走近些,切不可将物品抛来抛去,不仅降低了整体的服务品质,还给旅客带来了不愉快的乘机感受。同时,机上如有旅客向乘务长反馈或投诉,乘务长也应认真听取旅客意见,及时教导责任民航服务人员,如有明显过失马上向旅客致歉,并尽可能地寻求解决方案,尽量不让旅客带有遗憾和不满下飞机。

(四)物体语言——服饰仪表

物体语言,包括服饰、实物。服饰穿着可为沟通者传达身份、地位、经济条件、职业线索等信息,同时可以体现人的个性。其是人的精神风貌和文化素质的反映。俗话说:"人要衣装马要鞍。"因此,民航服务人员的服饰是根据特定工作场合、氛围性进行的合理搭配。得体的服装可以增强个人亲和力和个人魅力,给人留下美好的印象。深色给人以深沉、庄重之感,浅色让人觉得清爽舒服,白色使人感到安静和纯洁。

(五)空间语言

空间语言是可以表达某种思想信息的社会语言。人类学家爱德华·霍尔将人际距离分为四类:亲密距离、个人距离、社会距离、公众距离。其中亲密距离在0.46米以内,个人距离为0.46~1.1米,社会距离处于1.2~3.7米,公众距离在3.8~4.6米。每个人或多或少都有自己的社交空间,家人、朋友、同事之间的亲密度不同,对应空间距离也不同,传达的信息量也会因人而异。

民航服务人员表达的对象是旅客,由于环境局限性,空间距离有时会小于1.2米。面

对不同层次的旅客,需要民航服务人员掌握好跟旅客之间的空间距离,不要让旅客觉得不舒服。

(六)副语言

1.副语言的内涵

副语言也属于非语言表达,包括语调、语气、语速、语音。副语言是在交流沟通活动中传递信息和表达思想的重要表达手段,是表述者思想感情的载体,运载着表达者的主张、态度和感情色彩。通过正确的语调、语气、语速、语音,可以使语言表达得准确清晰,充满真情实意,富有感染力和说服力,显示出知识素养和文明服务水平,也使旅客感到轻松自在。

2.副语言的艺术

民航服务人员在进行服务沟通时,语调要柔和,语气要委婉,讲话时语音高低、轻重、快慢要适宜,语速要适中,遵循匹配原则,如与老年旅客说话时可适当放缓,声音清脆,富有亲和力。具体表达艺术可参考如下内容:

1)音调柔和,富于变化

与旅客说话时要保持语调清晰,声音平缓柔和。柔和的声音会令旅客感到舒适。若对旅客的遭遇表示理解,则可用较为缓慢和低沉的语调,来配合谈话的内容。同时根据谈话的内容来采取抑扬顿挫的语调,富有感情色彩变化的语调能帮助民航服务人员与旅客产生默契,拉近彼此之间的关系。若涉及重要通知播报或者机上销售则适当地提高语调来表示你对旅客的关注;若旅客无理取闹、咄咄逼人时,可尽量调整呼吸,放松声带,用平和的语调来缓和气氛。

2)控制音量,切勿过大

在民航服务沟通中,注意使用大小适中并适合环境的音量来与旅客交谈,让旅客能清楚地听见声音。若旅客很生气,并大声地讲话,切勿以同样的音量做出回应。相反,民航服务人员声音要比旅客低,并逐渐让旅客把音量降下来。有些老年旅客听力下降,与其交流时,声音可以适度大一些,但是不要过大,超过一定分贝会让旅客误会为表达态度问题。

3)声情并茂,注意停顿

在民航服务沟通中,民航服务人员要语调优美、起伏有致、灵活多变,并富有节奏感,达到声情并茂的效果。同时,语速不宜过快,适当的停顿可以起到控制节奏、强调重点的作用,同时也给旅客一个思考、理解和接受的时间,使听者更好地理解语义。在语言交流中的语句或词语间声音上的间歇有多种性质,包括语法停顿、层次停顿、音节性停顿、强调性停顿。

4）语言流畅无干扰

民航服务人员在对客服务的过程中，不仅需要声音热情、自然，而且需要语言流畅，没有其他语音干扰。在日常生活中，很多人在交流中会犯语音干扰的毛病，这也就是所谓的无关声音，如"啊""嗯""这个""那个"等无实际意义词。这些干扰过多时就会影响旅客对语言内容的注意和理解。

良好的语言表达是长期严格训练的结果，通过改变音高、音量、语速等，可使声音与语言内容思想情感相吻合，使旅客更加理解。要想成为一个出色的表达者，就必须进行有意识的研究与训练，娴熟地掌握副语言的特点和规律，使自己的声音达到清脆、圆润、悦耳、舒心的境界。古希腊的德摩西尼为矫正自己发音含混不清的毛病，口含鹅卵石、面对大海进行发音训练。

总之，非语言表达是通过表情举止、神态姿势等象征性体态来表达意义的一种沟通手段。在服务过程中，民航服务人员要注意微笑、目光交流、手势姿势等细节。因为温和的表情、适当的目光交流、得体的举止和姿态会增加对方的信任感和亲切感，而微笑和认真倾听的神态则会让对方感到受重视和关怀。表情是内心的流露，和蔼亲切的表情向他人传递了相互友好的信号。而体态语言对于沟通双方好感、亲密感和信任感的形成具有重要影响，物体语言揭露了职业线索，空间语言表达了服务关系，副语言丰富了表达的感情色彩。

第四节　民航服务常用语言

案例3.16　精益求精，礼貌用语

某日某航班第一排的金卡旅客（当天系统未显示）来电投诉：有一名客舱乘务员将安全须知卡不小心掉到地上，捡起来后直接递给旅客说："拿一下。"后续另一名乘务员在第一排进行安全演示时直接对旅客说："（安全须知卡）现在可以给我了。"两位乘务员全程没有说礼貌用语，也没有表达对旅客应有的尊重，使旅客乘机体验很差。旅客表示其乘坐某航司航班已有七年，这是第一次投诉，希望也是最后一次，要求予以重视。

思考：该乘务员在语言表达中存在什么问题？

一、民航服务常用语言

民航服务常用语主要是指民航客舱服务中蕴含对旅客尊重、礼让、客气的表达用语（表3.2），是展示风度和魅力必不可少的基础，更是民航服务人员与旅客之间和谐融洽的因素。

表3.2　民航服务常用语

(1)欢迎您提出宝贵意见。
(2)这是您的权利。
(3)如果您现在不需用餐，我们将在您需要的时候提供，到时候请您按下呼唤铃。
(4)我们将随时为您服务，请您稍等。
(5)我们的客舱温度有点低，请问是否需要帮您拿条毛毯呢？
(6)我刚才没有考虑到您的感受，请您原谅。
(7)对不起，这里是紧急出口，我帮您把它放在行李架上好吗？
(8)您久等了，这是您的苹果汁，请慢用。
(9)对不起，请您收起小桌板，飞机就要降落啦。
(10)感谢您乘坐本次航班，希望再次见到您。
(11)祝您旅途愉快，再见！

二、民航服务中敬语的使用

敬语是表示尊敬和礼貌的词语。在民航服务沟通中，运用敬语不仅能体现良好的个人修养和素养，还能营造良好和谐的交谈氛围，促使沟通更好地进行。若不使用敬语给人感觉平常而随意，服务面貌显得不规范，且容易造成服务规格低下之感。此种状况虽无伤害，但有可能使之反射性地呈现出拒绝的态度，甚至会导致服务无法继续。

在民航服务工作情境中服务对象多元，民航服务人员需根据情况，采用合适的称呼进行沟通交流，让服务对象在舒心顺耳中感受到对旅客的尊重和关注。

（一）问候型服务用语

问候型服务用语是指与旅客相见时相互问候使用的表达用语。它可以表示尊重，体现出教养、风度和礼貌。标准问候语由人称、时间、问候词组成。如："先生/女士，您好，欢迎登机。"若未使用人称和时间的问候语是不专业的。此外，可注意时空感，比如特定的节日，中秋节、春节，可以说："先生，您好，中秋节快乐，欢迎登机！""女士，您好，春节快乐！"这样旅客会觉得比较温馨。

(二)请托型服务用语

请托型服务用语一般在以下两种情境下用到:其一,当不能及时为旅客提供服务时可以说"请稍候";其二,当打扰旅客或者请求旅客帮忙时,可以说:"劳驾您了!""拜托您了!""对不起打扰下。""麻烦您帮我递下杯子?""请"是万能用语。有了"请",委婉有礼貌,旅客也更愿意提供帮助。

(三)致谢型服务用语

致谢型服务用语是指当得到他人的帮助、支持、关照、尊敬、夸奖后表达的用语。包括标准式致谢语,如"谢谢您";加强式致谢语,如"万分感谢""感激不尽""非常感谢";具体式致谢语,如"有劳您为这事费心了""感谢您的协助,麻烦您了!""谢谢您的理解和支持,我们将不断改进服务,让您满意!""感谢您的批评指正,有您这样的旅客是我们公司的荣幸!""谢谢"是很有魅力的词语。

(四)赞美型服务用语

赞美型服务用语是赞美他人时使用的表达用语,能够迅速增进旅客的好感。当旅客对某事提出了独特的建议时,民航服务人员可以通过评价式赞赏语、认可式赞赏语或回应式赞赏语进行反馈,如"您的观点是正确的""这个建议太好了""十分恰当""您真在行"。但民航服务人员需把握分寸,真诚表达,发自内心赞美,而非假意逢迎。

(五)道歉型服务用语

道歉型服务用语是当服务行为给对方带来不便、打扰或者产生消极影响时的一种表达用语。如:"对不起,给您带来这么不好的乘机体验""非常抱歉"。这些语言看起来简单,却是调和双方紧张关系的一剂灵药。

(六)迎送类服务用语

迎送类服务用语适用于欢迎旅客或送别旅客的表达用语,如"欢迎乘坐本次航班""欢迎您的到来""光临本公司,不胜荣幸""见到您很高兴""欢迎再次光临""祝您旅途愉快"等。注意在说话的同时,应恰当地辅以动作,如注目点头微笑、握手和鞠躬等。

图3.4　征询类服务用语场景

(七)征询类服务用语

当旅客举棋不定或者在思考某个问题时,民航服务人员可把握好时机及时征询客户的意见(图3.4)。包括主动式征询语,如"您需要帮忙吗";封闭式征询语。如"您需要这种还是那种";开放式征询语,如"您觉得这个计划怎么样"。

在使用礼貌用语时,语意要明确,表达的意思要准确,文明用语,力求谦和、恭谨、高雅,禁止使用"不知道""不清楚""这不是我们部门负责的"等忌语。与旅客交谈时,一定要在语言上表现出热情、亲切、和蔼和耐心,要尽力克服急躁、生硬等不良情绪。此外,礼貌用语不可滥用,需分清场合与对象。

延伸阅读

得人帮助说"谢谢",祝人健康说"保重",向人祝贺说"恭喜";
老人年龄说"高寿",身体不适说"欠安",看望别人说"拜访";
请人接受说"笑纳",送人照片说"惠存",欢迎购买说"惠顾";
希望照顾说"关照",赞人见解说"高见",归还物品说"奉还";
请人赴约说"赏光",对方来信说"惠书",自己住家说"寒舍";
需要考虑说"斟酌",无法满足说"抱歉",请人谅解说"包涵";
言行不妥"对不起",慰问他人说"辛苦",迎接客人说"欢迎";
宾客来到说"光临",等候别人说"恭候",没能迎接说"失迎";
客人入座说"请坐",陪伴朋友说"奉陪",临分别时说"再见";
中途先走说"失陪",请人勿送说"留步",送人远行说"平安"。

(八)客舱服务中不同场合敬语的使用

迎接旅客时	"您好(早上好、上午好、晚上好)" "欢迎登机,欢迎光临。" "请您坐这儿。"
告别送客时	"欢迎您再次乘坐我们的航班。" "祝您旅途愉快。"
打扰客人时	"您""您好",表达对旅客的尊重。
"请"字打头阵	"请稍等,我来帮您解决"等。 "请问,您有什么需要吗?"
得到理解与支持时	"谢谢"不离口,应及时向服务对象诚挚道谢。
服务若存在不到位的情况或觉得自己的行为有碍于别人时	用"对不起""请原谅""真抱歉""打扰您了"等有助于弥补感情上的裂缝,修复双方关系。如"对不起,请问餐盒可以收起了吗?""真对不起,我可以帮您再催一下""对不起,我这就为您广播寻求帮助"等。

续表

服务若遭遇误会、误解时	用"没关系、没事"等词表示原谅别人、宽容大度、不计前嫌。"没关系,谢谢您理解我,我重新拿张帮您填""没事没事,大家注意就没事了,谢谢您能这样想"。

与旅客对话的注意事项

1.说话不东张西望,看着对方的"三角区",即鼻子和双眼之间。

2.音量适度。不大声喧哗,语惊四座,也不要凑到旅客身边小声嘀咕。

3.注意必须面向旅客,笑容可掬。

4.要垂手恭立,距离适当,不要倚靠其他物品。

5.举止温文尔雅,态度和蔼可亲。

6.能用语言讲清楚的,尽量不用手势,若必须用手势,动作幅度不要太大。更不要用手指人。

7.要进退有序,事毕要先退一步,然后再转身离开,不要扭头就走。

8.讲话吐字清楚,声音悦耳。

9.不议论时政,不随便谈论宗教问题或其他社会敏感问题。

10.察言观色,若对方已流露出倦意,要尽快结束谈话。

11.谈话时若遇到急事需要离开或及时处理,应向对方打招呼表示歉意。

12.不要轻易打断别人谈话。自己说话时也不要滔滔不绝,旁若无人,要给旅客发表意见的机会。

13.与旅客谈话要专心倾听,不要表现出不耐烦的样子,如东张西望、似听非听、答非所问,或是出现伸懒腰、打哈欠、看手表,玩东西等漫不经心的动作。

14.称赞对方不要过分,谦虚也要适度。

15.不能在背后指手画脚,议论旅客。

16.如果与旅客有不同意见,不要固执己见,蔑视旅客,而要保持协商的口吻与其沟通。

三、服务对象的称呼

称呼是指人们在日常交往应酬中所采用的称谓语。在人际交往中,人们往往会根据与他人关系发展所达到的程度和社会风尚选择对对方的称呼。姓名代表一个人的自身,自身受到尊重,人才会感觉到快乐。称呼是否得当直接影响到交际双方心理能否相容。

民航服务人员称呼旅客时，也需显示出尊重。服务沟通中不能没有称呼语，比如说"那个穿红大衣的过来！""那个背包的别走！"也不能用"嗨、喂"称呼，更不能背后称对方"老头""秃头"。面对旅客，我们可以根据其具体年龄、性别、职业情况等选择泛称、尊称等称呼对方。一般情况下，开口用"您"不用"你"："您"是用"心"呼唤他人的尊称，感情色彩深厚；而"你"则仅仅是一个十分平淡的人称代词，是中性词。另外，用"先生您""女士您"比单用"您"也更显敬重；用量词"位"也可表示尊重，如说"这位先生"比说"这个先生"要妥当。其中男士一般用"先生"或直接称为"男士"；对待女性，可选择"小姐""女士""太太"等词语，但面对无法判断未婚与已婚的情况时，用"女士"这一称呼最保险；对于重要的旅客我们要记住姓名，"张先生/女士，您好，这是您的红烧牛肉饭，请慢用！"

四、有效语言表达的禁忌

民航服务人员应注意避免使用下面六种语言（表3.3）。

表3.3 避免用语

抱怨、烦躁语	"不是告诉您了吗？""怎么还不明白！" "早干什么去了？怎么现在才说！" "有完没完，真是麻烦。"
否定语	"不可能，绝不可能有这种事发生！" "我绝对没有说过那种话。" "我有什么办法？"
蔑视语	"你没坐过飞机啊？" "这个都不懂？" "我这么说你到底懂不懂啊！"
冷漠忽视语	"这不在这里吗？" "哎呀，你出门开车还堵车呢，飞机排队是一个道理！"
斗气语	"您到底想怎么样呢？" "我就这服务态度，您能怎么样呢？"
暧昧语	"总会有办法的，应该没问题。"

任务实训

一、案例分析

案例3.17 客舱民航服务人员服务态度引发的航班投诉事件

事件描述

某日某航段，两位旅客分别来电投诉，站在紧急出口的乘务员在给旅客安放行李时态度表现极不耐烦；在地面等待期间，旅客听到广播洗手间可以使用，便起身询问该乘务员洗手间的位置，乘务员未理会而直接走掉。旅客针对以上问题进行投诉。

事件调查

1.4号乘务员在帮助旅客安排行李时，未注意自己的言行及面部表情，旅客认为乘务员表现为不耐烦。

2.乘务长在进行延误广播后，4号乘务员巡舱期间未能关注到旅客需求忽略旅客询问，旅客对其态度产生怀疑。

思考：

1.该乘务员在沟通过程中存在哪些表达问题？

2.如果你是该乘务员，你会如何沟通处理该问题？

3.从以上案例中你能得到哪些感悟？

二、情境演练

项目1：小组通过抽签进行模拟表演：小组合作设置具体场景、人物关系、台词等。

场景：起飞前，一位旅客站起身提出要找机长签名并参观驾驶舱，当民航服务人员告诉他机长正忙着与塔台联系，不方便签名，旅客仍坚持要并往驾驶舱走。民航服务人员应怎样处理这种情况？

项目2：两人一组，情景模拟下列服务规范用语。请注意语音，并随时注意身体语言的配合。

1.航班变更通知旅客规范用语如下

您好，请问是×××先生/女士吗？我们非常抱歉地通知您，由于××××原因，您原来购买的从××地到××地、航班号为×××的航班，起飞时间已经提前（推迟）××小时，现在的登机

时间是×××,您看可以吗？请您按照变更后的时间提早到达机场办理乘机手续。

2.航班取消通知旅客规范用语如下

您好,请问是×××先生／女士吗？我们非常抱歉地通知您,由于××××原因,您原来购买地从××地到××地、日期为××、航班号为××××的航班已经取消。现改乘的日期为××、航班号为××××、起飞时间为××,请您接到我们的通知后,按规定时间前往××机场办理乘机手续。

知识延伸

一、材料阅读

与人交谈时的"七不问"

1.不问年龄

不要当面问客户的年龄,尤其是女性。也不要绕着弯想从别处打听他的年龄。

2.不问婚姻

婚姻纯属个人隐私,向别人打听这方面的信息是不礼貌的。若是向异性打听,更不恰当。

3.不问收入

收入在某种程度上与个人能力和地位有关,是一个人的脸面。与收入有关的住宅、财产等也不宜谈论。

4.不问地址

除非你想上他家做客,一般不要问客户的住址。

5.不问经历

个人经历是一个人的底牌甚至会有隐私,所以不要问客户的经历。

6.不问信仰

宗教信仰和政治见解是非常严肃的事,不能信口开河。

7.不问身体

对有体重问题的人,不要问他的体重,不能随便说他比别人胖。不能问别人是否做过整容手术,是否戴假发或假牙。

二、案例解析

案例3.18 过度承诺引致投诉

　　某日安顺至西安的航段延误1小时30分钟,机上9A旅客提出转机需求并向乘务组寻求帮助。乘务员查询旅客转机航班动态得知后续航班同样延误1小时30分钟,遂向该旅客承诺机组已联系西安机场地服人员,落地后可以协助其保障后续航班。但航班落地后地服人员告知其转机航班已截载,旅客未赶上后续航班,最终导致投诉。

　　思考:

　　1.请问该乘务员在沟通过程中存在哪些表达问题?

　　2.该案例带给大家哪些经验与启示?

案例3.19 航班延误情境下机长组织投票的表达是否恰当?

　　×××9958次航班因为无法正常启动发动机,机长判定双发引擎只有50%的概率正常工作,继而让旅客们举手表决是继续起飞还是原地延误。机长还不忘信誓旦旦地补了一句:"要知道极有可能只有一架引擎可以工作。"150多名旅客本应该在6月8日飞抵英国布里斯托尔。但是到了10号机长发现连一台发动机也启动不了了,他仍不忘提议旅客举手表决的执念。匿名的旅客代表说,飞行员虽然飞了37年,但是也没遇到过类似的情况,他让我们举手表决,有几位旅客表示可以尝试起飞,因为他们着急回家,但大部分旅客不同意。有旅客说,他们已经在马拉加待了两个晚上,机长还没决定能否起飞。旅客最终在10号搭上了备机,安全飞抵英国目的地。

　　这位拥有37年驾龄的机长,在发动机有故障的情况下,提议让旅客投票决定是否起飞,这并不符合规定!最后航司发言人确认了此次事件系飞机故障,并向旅客表示了深深的歉意。但航空公司否定了投票的言论,因为有现场目击者称投票只是误解。

　　思考:

　　1.你认为以上事件中飞行员的表述是否恰当?

　　2.如果你认为会引发理解分歧,那么原因在哪儿?为什么?

本章小结

　　对于每个民航服务人员来说,每天的工作将面对不同的旅客,而懂得表达才能懂得如何更好地进行服务。一个优秀的民航服务人员,必须知道对谁说?旅客的需求是什么?说什么?什么时候说?以及怎样说?应学会在繁杂的工作中灵活地运用有效表达技巧来进行服务。本章节结合客舱案例重点讲解了表达的内涵、有效语言沟通技巧、非语言沟通技巧及民航服务常用语言的表达艺术相关内容,引导学生灵活转变,试着把语言变得更积极、更尊重旅客,进一步提升沟通效果。比如:巧用语言,灵活婉拒旅客需求。同时,课程也引导学生用心、用情沟通。在这个浮躁的世界,旅客越是需要回归内心的服务。同时,人无法靠一句话来沟通,总是得靠整个人来沟通。所以课程还结合当前民航服务人员容易出现的错误案例,介绍了非语言表达技巧,包括眼神、妆容、表情、音色、语调、手势、形体和衣着等。

本章内容实践性较强,也是本教材的一个重点内容。希望大家能够掌握有效表述技巧,具备良好的语言表达能力和对客服务的沟通技巧,将所学习的理论知识应用于机上服务与沟通,培养良好的职业态度及良好的团队协作能力。表达是一门艺术,只有在反复实践的过程中,才能不断掌握人的需要以及新的服务技巧,形成新的沟通形式,从而较好地运用沟通技巧打开感情的关系之门。

思考与练习

一、单选题

1.民航服务人员与旅客进行客舱沟通注视时是采用(　　　)。

A.公务注视　　　B.社交注视　　　　C.亲密注视　　　　　　　　D.无效注视

2.仰视表达的含义是(　　　)。

A.尊重、敬畏　　B.平等、客观　　　C.较为集中的眼神交流　　D.对晚辈的怜爱或轻视

二、多选题

1.以下关于非语言表达说法正确的是(　　　)。

A.语音、语调、语气属于非语言表达

B.巡舱过程中,与旅客目光交汇时,民航服务人员应点头微笑作回应

C.沟通过程中,适当降低高度,保持目光平视,弯腰倾听

D.为给旅客提供更好的服务,应与旅客保持亲密距离

E.职业形象代表职业精神,民航服务人员在客舱中要时刻注意仪容仪表

F.服务过程中,邻座如有其他旅客,需与邻座旅客有目光交流

2.非语言表达包括(　　　)。

A.手势语言　　　B.形体语言　　　C.副语言　　　D.物体语言

E.空间语言　　　F.表情语言

三、简答题

1.民航语言表达的艺术有哪些？

2.非语言表达包括哪些内容？有什么注意事项？

3.民航服务常用语言有哪些？

四、情境应用题

1.当你询问金卡旅客更喜欢哪种餐食时,他拒绝用餐,从关心角度,你该如何表达？

2.航班延误,旅客A担心赶不上去纽约的中转航班,问你怎么办？你怎么回复旅客？

3.客舱中有孕妇时,你可以有哪些服务表达？

4.当旅客抱怨餐食不好吃并提出建议时,你怎么回复旅客？

思维导图

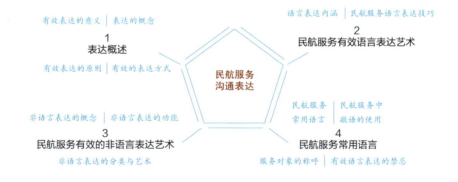

>>> >>> 第四章

民航服务有效
倾听艺术

学习目标

知识目标：

1.掌握倾听的含义。

2.理解有效倾听的过程。

3.明确倾听障碍的处理步骤与原则。

能力目标：

1.有效掌握民航服务倾听的艺术。

2.培养学生在沟通中有效倾听的意识。

3.通过情境分析，提升学生解决问题的能力。

素质目标：

1.强化责任意识，培养"旅客至上"的服务理念。

2.在压力条件下，具有较强的自我调节能力和抗挫折能力。

3.培养学生思辨及批判的能力，建立辩证思维，创新思维。

案例导入

案例4.1　积极倾听，用温情服务感动滞留旅客

　　某日，小杨执行××9695天津至珠海的航班，原计划14:10起飞，由于航空管制，航班延误了，20:20才起飞。收到延误的通知后，小杨听从机组的安排，让旅客在机上等待，为旅客提供饮料、播放娱乐节目，同时也一直实时更新航班信息。等待期间正好赶上晚餐时间，小杨通过多方协调，为旅客配置了正餐。虽然乘务组一直忙得脚不沾地，但随着等待时间的流逝，还是有一位旅客情绪爆发了，大声说她要投诉。

　　小杨知道，在这个时候，很多旅客都存在类似的焦躁情绪，如果不及时安抚该旅客的情绪，客舱就可能出现混乱。于是，小杨先将该旅客请到前舱服务间，为她倒了一杯热水，然后说："我和您一样着急，您能把着急的理由说给我们听听吗？"在小杨的安抚下，该旅客渐渐平息了怒气。

　　小杨送该旅客回座位时对她承诺："我有航班起飞的消息后一定第一时间告诉您。"后来，小杨在得到航班起飞的准确时间后，信守承诺，提前将这一消息告诉了这位旅客。就是这个看似不经意的举动，感动了旅客。当航班深夜到达珠海后，这位旅

客最后才下机。她走到小杨跟前,主动和小杨握手拥抱,还对小杨说:"对不起,刚才的火气大了些,我也看到了你们的不容易。"

　　的确,小杨和整个乘务组的忙碌,被旅客看在了眼里,并打动了旅客。小杨说:"航班延误的时候,我们和旅客的心情是一样的,所以,我们不能苛求旅客。相反,需要用更细致的服务、更友善的态度,让旅客感到舒服。"小杨通过真诚倾听、及时沟通和真情服务,有效化解了工作中遇到的难题,一次又一次让旅客收获了宾至如归的体验,赢得了旅客的好评。

　　思考:

　　1.为什么一开始想要投诉的旅客最后会和乘务员说"对不起"?

　　2.在民航服务工作中,如何成为一名优秀的倾听者?

相关知识

第一节　倾听概述

　　"倾听"是一门非常重要的人际沟通技能。在生活中,能说会道的人很多,但善于倾听的人却少之又少。沟通的基础,不是口若悬河、妙语连珠,而是通过倾听,理解对方的处境和需求。

一、倾听的含义与目的

(一)倾听的含义

　　听和倾听是一回事吗?大家有没有觉得我们周围充斥着这样一种现象:左耳朵进右耳朵出的听众,好像在听别人讲,对别人的话也饶有兴趣,但实际上一句话也没有听进去,这只能说是听,而不是倾听。实际上,听是一种生理过程,除了疾病外伤造成失聪外,一个人无论想不想听,都会听到大量的信息,并传递给大脑。医学研究表明,婴儿的耳朵在出生前就发挥功用了,属于生理范畴。

倾听则是一个心理过程,是主动选择性地接收。我们经常听到一个声音,但不意味着正在倾听。倾听是需要有意识地参与才能听到,从中不仅获得信息,而且了解情感,包括理解与反馈的过程,是需要后天学习才会具备。因此,听是倾听的基础,倾听是听的延伸,不仅包括听,还有理解与反馈,目的是求得思想达成一致和感情的通畅。

(二)倾听的目的

沟通是一种感知,沟通的意义在于对方的回应,对方收到你想表达的信息才是沟通的目的。而倾听不仅是一种沟通的手段,更是一种尊重说话者的表现,一种无声胜有声的回答。戴尔·卡耐基说过这样一句话:如果希望做一个善于谈话的人,那就先做一个致意倾听的人。

对于民航服务人员而言,学会倾听尤其重要。著名的企业家松下幸之助说:"通过努力倾听,可以更深入地了解旅客需求。"积极主动的倾听有助于民航服务人员了解情况,识别信息要素,捕捉关键要素,了解旅客言语背后的真正意图,做出正确决策。同时,还能让旅客感受到重视、鼓舞、被尊重、被理解,愿意放下心中的戒备,有助于避免偏见,从而快速拉近彼此的距离,营造一个融洽的沟通氛围,进而解决问题,促进民航服务工作的顺利开展。

此外,在人际沟通中,成为一个受欢迎的人的前提就是要学会倾听。不仅要表达自己的意见、想法,更重要的是要用心听对方所传达的信息,才能真正达到沟通的目的。这种倾听的能力,既是一种尊重人的态度,也是一种可以训练的、十分有效的人际沟通的方法和技巧。在人际交往中灵活运用倾听的技巧,将会拥有更多的朋友,赢得好人缘。

二、有效倾听的过程

民航服务人员倾听是一个在旅客服务工作中的能动性的过程,是民航服务人员在旅客服务工作中对感知到的信息经过加工处理后能动地反映自己思想的过程。它包含了四层意思,即听到、注意、理解、记住。民航服务人员倾听的过程大致可分为准确感知、正确选择、有序组织、合理解释或理解四个阶段,包括接收旅客发出的信息、选择性地注意、赋予信息正确的含义、记忆信息环节。这四个阶段相互联系、相互影响,任何一个阶段出现问题,民航服务人员的倾听都可能是无效的。

第二节　倾听的方式

沟通学研究者认为有四种不同的倾听层次。按照倾听的专心程度,民航服务人员倾听可分为:被动倾听、选择倾听、专注倾听、同理倾听。

一、被动倾听

假装在听,对话语充耳不闻,左耳进右耳出,脑子根本没有听对方所说。该层次的倾听效率最低,更多的是表面上在倾听,在貌似关心的外表之下,其实一句话没听进去,心猿意马、思绪缥缈,不重视你说的话,所谓应答虚与委蛇。

二、选择倾听

聚焦于某一点,只选择爱听的、中意的、有利的、无害的听,其余当作耳边风,听而不进。比如说有些音乐如果我们不喜欢,就算听见了,也会尽量忽略掉,而有些符合自己偏好的歌曲,会竖起耳朵听,甚至还会听好几遍,这和选择性知觉类似,只听自己在意的想关注的信息。该层次的倾听有的时候可能会让我们漏掉关键信息。

三、专注倾听

保持专注的姿态去听,集中心念,注意细节,听得清楚,与说话者有目光接触,表现出感兴趣的表情,有的时候会点头表示理解,也会提出问题延伸信息。作为一个专注的听众,会比被动倾听或选择倾听的听众有效率得多,但专注倾听更注重信息本身,偏向于从自己的角度出发去理解对方的话语,而忽略情感。

四、同理倾听

同理倾听指连贯地听,有理解、有反馈地听,以"同理心",同其心同其情地感受,去体会对方的需求、了解感觉,有心灵之触动。不仅是听,且努力在理解讲话者所说的内容,跟着对方的思维,用心和脑,站在对方的利益上去听,情绪和其保持一致。处于这个层次的倾听者能够设身处地倾听,即放下自己的成见或观点,站在他人的立场和角度倾听,去了解别人的观念、感受和需求。

实际上,倾听是一种情感活动,需要通过面部表情、肢体语言和话语的回应,向对方传递一种信息:我很想听你说话,我尊重和关注你。要给对方一种感觉,即倾听中给予对方好的感觉比听清楚他讲什么更重要。

小互动

一位旅客觉得客舱内温度有些低,向乘务员提出毛毯申请,结果被乘务员告知毛毯已经发放完毕。后来,该旅客又向乘务员提出需要一杯水,不久后乘务员端上一杯冰水。该旅客不悦道:"飞了这么久,飞机上的冰还没化吗?"乘务员愣了一下,对旅客微微一笑,回答道:"飞机上的冰没有化,先生。"该旅客叹了一口气,没有继续说下去。

思考:

1.上述情景中的乘务员处于哪个倾听层次?

2.回想你最近一次沟通时的情景,并思考你当时处于哪个倾听层次,有没有做到有效倾听。

第三节　民航服务中常见的倾听障碍

倾听是最普遍但也是最常被人忽略的沟通方式,虽然我们花在倾听上的时间不少,但效果却往往不尽如人意。你今天有没有认真去倾听别人和你说的每一句话?据统计,只有10%的人能在沟通过程中注意倾听。为什么效率如此低下,原因在于诸多障碍。

一、客观环境障碍

(一)超负荷信息

人们每天所听到的信息非常多,不可能每一个信息都仔细倾听,在大量信息的不断冲击下,人的注意力自然难以一直集中。比如当多位旅客同时要求服务或航班延误时,此类情况最为明显,民航服务人员很难时时刻刻保持高度注意力。信息超载导致理解难度加大,使得倾听效率降低。

(二)环境及自我的干扰

环境对人的听觉和心理活动有重要影响。物理噪声与心理噪声都会对我们产生影响,很难保证倾听的品质。即使我们特别想听,也很难把握所有的信息内涵。其中物理噪声包括喧闹声、手机铃声、意外事件、交谈环境、说话者的谈吐举止、说话者的发音特点等客观因素,而心理噪声主要有情绪低落、疲惫等主观因素,其均会导致注意力不集中。

小互动

1.平时与人沟通时,你的注意力会分散吗?
2.通常是什么因素导致你注意力分散的?
3.你是如何应对注意力分散的?

二、倾听者本身产生的障碍

(一)错误的假定

每个人心里都有根深蒂固的定势,且都会选择自己喜欢的来听。很多时候沟通还没开始,就对对方的话做出了预判,也就是先入为主。情感起到了听觉过滤的作用,带着主观偏好武断地去评价对方,而不是客观、理性地评价。

(二)防备的心理

沟通时出于自我保护机制,人们常常认为别人所说都在攻击自己、评论自己或者不怀好意,这种情况往往反映的是倾听者本身比较缺乏安全感,对很多事情反应过度,太过敏感。但事实上,难缠的旅客不一定真的难缠,就算是难缠的旅客也可能表达合理的意见或诉求。

(三)不当的举止

表情、动作会出卖一个人的心。若听话者一边听,一边飘忽不定,眉头紧皱,坐立不安,姿势慵懒,表现得不耐烦,对方会马上察觉出来,感到自己没有被尊重,这样的交流将面临失败。因为这些消极的身体语言都在表明不想听,使说话者感到思路被打断,使信

息表达效果难以保证。

(四)急于表达自己的观点

当听到敏感词、关键词时,听话者很想马上辩解一番,中断倾听,急于把话题拉到自己感兴趣的话题中。"哎,你听我说,这个事情如何如何",这样匆忙下结论常常会使沟通中断,忽略重要信息,且容易给旅客造成非常不好的印象。

(五)思想迟钝,理解力差

在我们中国的文化当中,很多语言说得比较含蓄和委婉,并不鼓励双方之间直来直去。若只会从字面意思理解信息,听不出话里有话,听不出弦外之音,也容易造成倾听障碍。例如乘务长说去看下客舱,乘务员只是伸着脖子看,而未充分领会乘务长意图进行巡舱。

案例4.2

某日某航班,安全演示期间旅客向客舱乘务员索要一条毛毯,乘务员告知毛毯已发放完毕。飞机平飞后,该乘务员在客舱添加茶水期间,该旅客表示需要添加茶水,在为该旅客服务后,旅客表示想再要一杯茶水,由于乘务员当时没有明白旅客的意图是现在需要一杯茶水,该乘务员回复旅客:"如果您有需要的话可以按呼唤铃。"旅客表示:"你现在就站在这,我还按什么呼唤铃啊。"由于该乘务员倾听技巧及沟通不当,导致旅客乘机体验不佳,落地后该旅客进行了投诉。

思考:

1.上述情景中的乘务员出现哪些倾听障碍?

2.如果你是该乘务员,你会采取哪些处置措施?

第四节 民航服务有效倾听的艺术

倾听不是简单的用耳朵来听,它也是一门艺术。倾听不仅要用耳朵来听说话者的言辞,还需全身心地去感受对方在谈话过程中表达的语言信息和非语言信息。在听语言文字的基础上,结合倾听当中常见的障碍,要达成有效的倾听,须做到耳到、眼到、心到、脑到、嘴到、形到、手到。

一、耳到

苏格拉底曾说:人之所以有一张嘴,而有两只耳朵,原因是听的要比说的多一倍。不善聆听的人,要讲好话是不可能的,其实就是让我们少说、多听。

首先,避免自己滔滔不绝,说起话来没完没了,不给别人发言的机会。如果说太多,会让旅客失去耐心或被我们转移注意力。

为确保旅客顺利出行,民航服务人员每天都需要应对各种状况,难免出现分心、不耐烦等情况。在沟通时,民航服务人员要有意识地克服主观情绪或规避客观因素的影响,全身心地倾听旅客心声,关注旅客需求,不要轻易打断旅客的话,要让旅客把事情叙述完整,感情表达清楚,不满发泄出来。

其次,要避免抢话,在旅客没讲完之前,我们不要急于发言。在倾听过程中,哪怕因一时失去理智的旅客对你出言不逊,有多么焦急地想向对方解释和表达清楚,也得先暂时忍着,因为"小不忍则乱大谋"。一定要等待机会,让对方先讲完,再向他娓娓道来,营造解释的氛围,直到弄清楚问题所在。让旅客多说,让旅客说完整,并且让旅客感觉良好。

二、眼到

眼睛是心灵的窗户,有了目光接触,就有了心理联系和感情交流。在沟通过程中,注视是体现倾听的最好方式。每个人都需要被关注,目光注视旅客能够让旅客感受到重视和鼓励。同时也有助于自己了解旅客,从而更好地为旅客服务。

(一)眼观六路,耳听八方

眼睛所在,耳朵会相随。特别要注意的是,要想做到有效倾听,我们还要及时观察对方的表情、肢体等非语言信息,积极倾听,这会帮助我们捕捉到更有价值的信息。比如当旅客东张西望的时候,从座位上站起来的时候,或招手的时候,行李放不上去的时候,他们都是在用自己的形体语言表达他有想法或者有要求了。这时候你要立即走过去说:"先生/女士,请问我能帮您做点什么吗?"我们要做到眼观六路,耳听八方。

(二)心中有客、眼中有活

案例4.3　未充分观察非语言信息，致使左臂残疾旅客坐在安全出口

　　某航班起飞后，乘务员发现22A座应急出口旅客习惯性用右手接递物品，未见其使用左手。经多次巡舱观察后发现，该旅客为没有左臂的残疾旅客。乘务员未能在地面评估时及时发现。

　　思考：

　　1.该案例中乘务员存在哪些问题？

　　2.从该案例中大家能得到哪些启示？

　　民航服务中，工作人员要发挥细腻的观察能力，善于通过旅客举止、言行发现哪些旅客正在寻求帮助，哪些属于特殊旅客，他们有什么特殊的服务需要，做到心中有客、眼中有活(图4.1)。例如，当看到旅客东张西望、招手示意或者从座位站起来的时候，需做好征询或者询问的服务工作，进一步了解到他们的服务需求，进而提供服务，最大限度满足旅客的服务需求，让旅客感受到服务的温暖。"先生/女士您好，请问需要我帮您做点什么吗？""先生/女士您好，请问您还有什么吩咐吗？""先生/女士，您是有些不舒服吗？需要我帮您拿一条毛毯吗？"

图4.1　巡舱中的"倾听"

案例4.4　旅客生病

　　某航司北京至三亚航班迎客期间，乘务员发现一位女性旅客站在过道中迟迟未就座，便主动前往引导入座，沟通间观察到旅客神情慌张，进一步询问后得知旅客因首次乘机非常紧张，引发腹痛。乘务员立即为其提供热水和靠枕，安抚旅客紧张情绪，旅客表示感谢。餐饮服务结束后，乘务员发现该名旅客并没有休息，便主动送上温水并询问身体状况，旅客对于乘务员全程给予的关照再次表示感谢。

三、心到

（一）避免过早下判断——空杯心态

为了实现有效倾听，我们要避免过早下判断，在对方说完前不急于发表观点，不先入为主，也不要提前在心中做出预判。努力让自己关注信息本身，暂时放弃自己的好恶，尽量"放空"自己，持空杯心态，放低假设，放下标签，永远不要假设你知道旅客要说什么。积极克服习惯性思维——首因效应和社会刻板印象，尽量避免把对方的事情染上自己的主观色彩，耐心听完。

（二）尊重旅客的观点——接纳对方

旅客有抱怨、投诉的权利。无论旅客说的事情看起来多可笑幼稚，诉说都是表示信任，所以，不要嘲笑旅客，也不要带着高姿态评点旅客的事。即使不赞同旅客的想法，都要给予旅客想要的理解和安慰，在困境中支撑对方是作为倾听者的义务。

（三）运用情感反应——有同理心

为了更好地读懂情绪，读懂内容，我们要学会换位思考，学会共情，多从"假如我是旅客，如果这件事发生在我身上时"的角度去考虑问题。如果你是这个旅客，你会怎么感受；如果你是这个旅客，你希望得到民航服务人员的什么服务，尝试理解旅客情绪、态度、行为背后的真正诉求，情感同理，呼应旅客的感受。将自己置于他人的位置，体会他人的情绪和想法，理解他人的立场和感受，并站在他人的角度思考和处理问题。只有真正走进了旅客的内心，才会知道旅客要的是什么，这将有效增进双方关系与情感。

如何与他人共情？

第一步：关注对方的情绪，用询问的语气向对方求证。

第二步：通过倾听尝试理解对方为什么会有情绪。

第三步：认可对方情绪产生的原因，而不是纠结在这件事情中双方的对与错。

第四步：通过提问的方式启发对方思考，理清思路，从而找到问题的解决方案。

案例4.5　我感受到的真诚

某日下午，我乘坐××6666航班由哈尔滨飞往海口，由于空管原因，飞机晚点将近一小时，旅客只能在飞机上等待。个别旅客很不耐烦，一直在发牢骚，我也等得很烦躁。这时,一位满面笑容的空姐来到了旅客中间,她先是耐心地讲解了航班晚点的原因,然后诚恳地表达了歉意,希望大家能够耐心等待。她真诚亲切的解释和抱歉打动了我们,客舱里抱怨的声音渐渐小了。

下午4时20分,飞机起飞了,可平飞不久,有一位旅客突发心脏病,身上出了很多冷汗,气氛一下子紧张起来。只见那位空姐马上广播寻求医生帮助。幸好当天航班上有一位医生赶来帮忙,她先是把发病旅客的座位尽量放平,随后又找来了药物和毛毯,像照顾自己的亲人一样照顾旅客。大约半小时后,这名旅客病情终于稳定了下来,大家都松了一口气。

无奈的是,到杭州中转又遇到空中流量管制,飞机晚点。她幽默耐心的话语,安抚了旅客的情绪,我也感到很温暖,一时竟把晚点的事忘记了。她给每位旅客倒一杯饮料时,都会加上一句:"谢谢您对我们工作的理解和支持。"到了海口美兰机场后,旅客都在准备下机时,她又一次走到客舱中间,向旅客对他们工作的支持和理解表示了感谢:"谢谢你们!"她的这最后一句话,让所有旅客都感受到了我们空姐的真诚,因为航班延误产生的怨气全都消散了。

处理类似事件时,要特别注意说话语气、语调,不要伤及旅客的自尊心,即使旅客无理,也要用诚意打动他。

四、脑到

在听的同时,亦需积极地思考,会心地听,不要匆忙下任何结论,重点是抓住关键信息,捕捉关键词,以更全面更准确地理解旅客的意思。同时,由于旅客的表达有直接或间接之分,民航服务人员要善于揣摩旅客的动机、意图,学会"善解人意",要注意思考旅客给出的话里是否有话。

因此,民航服务人员要认真聆听旅客问题,关注旅客表达出来的含义,而不仅仅是言辞。当旅客询问能否多给他一盒餐食时,应该思考餐食合旅客口味吗,餐食分量足够吗,还是餐食有异物吗;当旅客提出多要一条毛毯时,要考虑是客舱温度太低,还是旅客身体不适。基于不同的需求,采取不同策略来传递温暖,为旅客创造良好的乘机体验。即使不能满足旅客,但依旧能够赢得旅客好感。

五、嘴到

有效的倾听不是没有回馈的倾听,而是需要给对方给予积极的回应,以适当的反应让对方知道,你正在专注地听,让对方感受到被尊重,同时为其营造更大的表达空间。如表达赞同时,可以轻声地说"嗯""是""对"。同时适当复述,如"你刚刚说的某建议都很棒,值得我们学习"。其可以表明我们的态度,明确共识。

除此之外,相比被动的聆听,嘴到是一种主动探寻。民航服务人员可以采用关怀式询问方式来探寻旅客需求,积极回应,以示关怀。因为善于询问是了解旅客真实想法的最好途径,尤其在旅客默不作声或欲言又止的时候,可用询问引出对方真正的想法,了解对方的立场以及对方的需求、意见与感受,并运用积极倾听的方式来诱导对方发表意见。一般先用简洁的语言提一些容易回答的问题,培养对方的情绪,引导对方说出内心的真实想法。通过提问促进倾听,以便于我们掌握更完整的信息。

其中开放式问题是收集正确信息的最好方式。以开放性的话语问问题包括为什么、怎么样、如何、请谈谈等,比如"您能不能说说具体情况?您是不是有什么着急的事?我有什么能帮您做的吗?"鼓励旅客说出他们的真实需求。还有探讨式提问:"您看下一步该怎样处置更好。"反射式提问:"请教一下,国外客舱中类似情况如何处理呢?"因此,客舱服务中使用哪种提问方式应视具体情形而定。

总之,根据对象的不同、环境的不同,巧妙地向对方发问,既要表达对对方的理解,还要体现目的,既要控制说话的语气,还要注意提问的时机。

六、形到

在人际沟通中,人的习惯动作很容易引起他人的注意,不同的身体动作有着不同的含义。首先在倾听时,应保持"姿势"正确,做到形式到,即遵循一定的礼仪,用简单的肢体语言响应——如点头、身体向前倾、向说话者适当微笑,让对方感觉到被倾听的诚意。其次,民航服务人员要注重自己的仪容仪表、言谈举止和精神面貌等,从而给旅客留下良好的第一印象。在与旅客进行交流时,民航服务人员的表情与行为等应当符合自身的角色与当下的情境,能够表现出让旅客愿意接受与接近的外部形象。

七、手到

在客舱中,时常会出现多名旅客同时要求服务的情况,面对那么多旅客提出的各种需求,民航服务人员需要借助记录,逐一落实。记录可以极大提高倾听效率,也让对方感受到重视,通常可记要点、抓主干、把握关键词,如及时记录旅客询问时间、所在位置、具体需求等。

任 务 实 训

一、实践应用

案例4.6　倾听不深入引发的两个旅客投诉

事件描述

某航班,客舱乘务员L在未仔细观察客舱情况,没有给旅客提供任何帮助的情况下,不断要求两名在客舱过道中站立的旅客尽快就座,且语气生硬,充满催促感,并掺杂不礼貌的手势,最终导致旅客对其服务提出不满并投诉。

事件调查

经调查,该航班中的乘务员L在前两日执行航班中因为没有及时疏导客舱中的旅客就座,从而被乘务长批评,乘务日志的评价为"需改进"。而在当日讲评过程中,L没有真正认识到自己的问题。在旅客登机阶段,未能使用正确的方法和技巧引导旅客入座,片面地认为只要尽快让旅客坐下就好,忙乱中未能发现这两名旅客无法就座的原因是座椅下方被一个大纸箱子占据了,无法侧身坐下。

思考:

1.请一组同学将以上案例中的情境演绎出来。

2.该案例中乘务员在倾听过程中存在哪些障碍?

3.请大家结合实际案例简单分析相关倾听艺术与服务注意事项。

二、实践分析

案例4.7　未充分关注客舱情况,引发白金卡旅客投诉

白金卡旅客乘坐国际航班公务舱,对客舱服务提出不满:

1.乘务员给旅客倒茶水时,踩到旅客的脚,茶倒在旅客身上。

2.旅客喝茶时,乘务员询问是否需要收茶杯,旅客说稍等,又喝了几口,但直到起飞乘务员也没收回,存在杯子倾倒的风险。

3.未询问旅客是否需要叫醒服务,后乘务员直接将旅客喊醒,询问是否用餐,旅客看了时间,说已经过了饭点了吧,乘务员道歉说还有15分钟就要做降落广播了。

4.旅客向另一位乘务员提出了服务问题,乘务员去找乘务长反映,但是一直到下

飞机,乘务长也没有找旅客做任何解释。旅客表示本次航班服务体验不佳,航班乘务长管理不到位。

思考:如果你是该乘务员,你应该如何沟通处理? 倾听时应掌握哪些技巧?

一、案例阅读

案例4.8　同理倾听、换位思考赢理解

某航司大兴至二业航班,迎客期间乘务员看到一名已入座的旅客想将自己浅粉色的长款羽绒服放置在行李架内,乘务员第一时间上前协助,细心建议旅客可先安放背包等行李之后再放置衣物,避免衣物被压,同时可将羽绒服装进袋子内以防止污染,旅客对该乘务员做法表示赞同。迎客结束后,乘务员看到旅客把羽绒服放在腰后垫着,便立即送上靠枕。旅客对乘务员的服务提出表扬,认为将细微服务做到了极致。

点评分析

1.乘务员在迎客阶段,有效落实行李架的监控工作,合理安放行李,避免安全隐患。

2.与旅客沟通时,乘务员做到了换位思考,使用旅客接受的方式进行语言劝解。

二、案例分析

案例4.9　旅客不慎被烫伤、服务冷漠不应该

乘务员提供饮料时,旅客王女士想要一杯茶水和一杯橙汁,乘务员说:"只能二选一",她感觉很奇怪,以前乘飞机从来没有碰到这样的服务。王女士只好要了一杯茶水,在饮用时不慎洒到身上,起身到卫生间更换衣服时,该乘务员正推着餐车在过道中,王女士对乘务员说:"让我过去一下",乘务员头也没抬地说:"你等一下。"下机时她对该乘务员说:"你们的茶水太烫了,烫着我了。"乘务员回答说:"你是还要一杯吗?"事后王女士本人及其哥哥认为是由于乘务员的服务态度不好导致了她的烫伤,要求航空公司对其进行赔偿。

思考：

1.该案例中乘务员听到的信息是什么？其存在的倾听障碍有哪些？

2.在乘坐飞机出行的过程中，旅客往往对民航服务抱有不同程度的期待。旅客在自身期待未被满足时，就很容易滋生负面情绪，因此民航服务工作中应如何倾听？

本章小结

倾听，不仅用耳朵听，还要调动全身的感觉器官，用耳朵、眼睛、心灵、大脑、形体等一起去"倾听"。倾听是赢得信任和尊重最行之有效的方法。通过倾听，可以迅速拉近与对方的心理距离，获得对方的信任。在倾听的过程中，民航服务人员一定要神情专注、仔细观察、认真理解、同理倾听，中途不要打断对方的说话或插话，继而有针对性地提出好的建议和解决方法。例如，航班延误或取消，有时确实是客观原因造成的，但在现实中有些旅客情绪很难克制，将怨气、怒气发泄到服务者身上。这种时候作为服务者就一定要冷静，切忌冲动，要站在旅客的角度换位思考，充分理解旅客的心情和疑问，对旅客集中反映的矛盾点重复、真诚、清楚地进行解释并加以说服引导，以获得旅客的谅解。

思考与练习

一、多选题

1.以下关于倾听说法正确的是（　　　　）。

A.有效倾听可获得信息，增进对旅客需求的了解

B.倾听是一个完整的过程，包括7个阶段

C.倾听过程中有很多障碍，其都来源于倾听者自身的障碍

D.倾听最有效的方式是专注倾听

E.倾听是一个生理过程

F.倾听不仅有助于获得信息，而且有助于了解情感

2.以下障碍属于环境障碍的有（　　　　）。

A.超负荷信息　　　　B.飞快的思想　　　　C.环境的干扰　　　　D.不当的举止

二、简答题

1.常见的倾听障碍有哪些？

2.民航服务沟通服务倾听艺术包括哪些内容?

三、案例分析

案例4.10

某天津飞往昆明的航班,空中提供餐饮服务后,乘务员推餐车开始收餐盘,第一车收完后乘务员欲将餐车推回后厨房,餐车上因收了一些旅客剩下的水杯,在飞机微有颠簸情况下,该乘务员一只手推餐车一只手护着餐车上的水杯,嘴里还招呼着"两边旅客往里坐,当心餐车经过"。由于餐车满载,往前推的方向不太好掌控,不小心碰撞了C座旅客的膝盖。乘务员赶紧停下,并说"我一直在喊着两边旅客往里坐,请当心,你没听到吗?"旅客捂着膝盖不耐烦地挥手让乘务员走开。随后乘务长多次关注该旅客状况并进行安抚,但旅客明确告知乘务长必须要投诉那名乘务员。

思考:请结合所学客舱服务表达技巧及倾听技巧,具体分析乘务员在沟通中存在什么问题。

思维导图

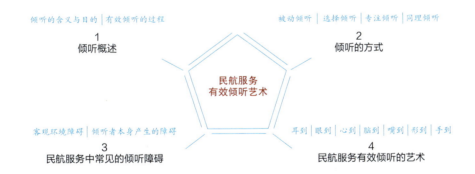

倾听的含义与目的 ｜ 有效倾听的过程
1
倾听概述

被动倾听 ｜ 选择倾听 ｜ 专注倾听 ｜ 同理倾听
2
倾听的方式

民航服务
有效倾听艺术

客观环境障碍 ｜ 倾听者本身产生的障碍
3
民航服务中常见的倾听障碍

耳到 ｜ 眼到 ｜ 心到 ｜ 脑到 ｜ 嘴到 ｜ 形到 ｜ 手到
4
民航服务有效倾听的艺术

>>> >>> 第五章

常见沟通情境
处置艺术

学习目标

知识目标：

1. 识别不同情境，培养主动沟通意识。

2. 掌握民航服务常见沟通情境处置艺术。

能力目标：

1. 面对不同的客舱服务情境，能够正确地运用沟通艺术。

2. 能与旅客建立和谐的关系，提高服务质量。

3. 通过任务实训，提升学生分析问题、创新问题解决方式的高阶能力。

素质目标：

1. 帮助学生建立民航服务工作信心，提升应对民航服务各类常见情境的能力。

2. 建立权变思想，帮助学生将所学知识动态地运用到其他同类场景中。

3. 通过案例阅读、情景分析、项目研学，提升职业认同。

案例导入

案例5.1　主动延伸传统服务，挖掘潜在的服务机会

一趟由悉尼飞往上海的航班，乘务员站在舱门前主动问候每一位旅客，并快速为旅客指引座位。一对夫妇来到登机口，将登机牌递给乘务员，乘务员细心地发现这对夫妇的座位是分开的，随后，乘务员快速查阅工作平板中的座位情况，发现后舱中间有两个连续的空座。于是该乘务员主动询问这对夫妇是否需要为他们将座位调换到一块，旅客欣然答应。不仅如此，乘务员担心旅客找不到座位的准确位置，热情地把他们带到座位处，协助安排了行李，该夫妇感觉到这次飞行体验非常棒，并主动向航司递交了表扬信。

客舱服务还有很多问题需要沟通，请大家思考以下问题：

1. 旅客中有人觉得系安全带不舒服坚持不系，你怎么和他沟通？

2. 因航空管制，地面已经等待了一个小时，仍没有具体起飞时间，旅客非常焦躁，你如何安抚他们？

3. 发餐过程中，旅客想选择的牛肉饭已经发完了，但旅客看见前后排旅客均有吃牛肉饭，为什么到他这里没有了，你如何沟通？

4.旅客因座位问题,发生争执,如前面旅客调了座椅靠背,但是后面旅客想要用餐,你如何去协调旅客的冲突?

相 关 知 识

　　民航服务环境相对密闭、噪声很大,座位、行李等空间不够充分,飞机上的餐食、毛毯、饮料、杂志这些资源也是有限的,我们很难同时满足旅客的各类需求。此外,航空运输更容易受天气影响发生航班延误。再加上民航运输中安全规定非常多,不可避免会和旅客发生一些摩擦、矛盾。在民航服务中,常常会面对旅客的各种询问:"为什么还不起飞?""让我们这么早上来干吗?""为什么不起飞?让机长出来解释。""为什么没有毛毯了,真的就配那么几条吗?""为什么还没有到目的地?""为什么就送这么点吃的,这能让人吃饱吗?""为什么还不回答我,装着没听见?"……含糊其词地解释,或沉默加以逃避,往往并不能解决问题,甚至激起对方的不满和愤怒。如何有效地化解这些难题呢?

　　基于前面相关知识,本章内容为机上实用场景话术,详细列举了六类极具实用性的主题场景——客舱常见座位问题、行李问题、服务用品和设施问题、餐食问题、航班延误问题、安全问题(图5.1)。这里为大家提供了良好沟通的方法,但要真正掌握,本源是需要大家把每一位旅客放在"心"上,路径是有针对性地强化练习,并在以后的实际工作中加以实践应用,不断提高技巧掌握的熟练程度。

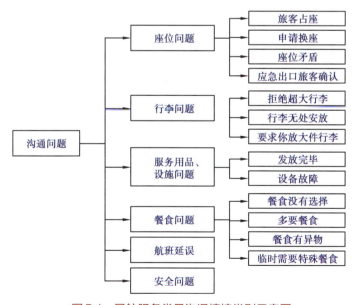

图5.1　民航服务常见沟通情境类别示意图

第一节　座位问题沟通艺术

一、旅客占座

情景：在天津至上海的航班上，有位旅客坐错了位置，坐在了31排C座，对应该座位的旅客上机后发现座位有人，请民航服务人员帮忙协调解决，请问应如何沟通？

> 先生/女士，您好，我可以看下您的登机牌吗？今天可能会有座位重号的情况（缓解尴尬），谢谢您！

> 先生/女士，您好，我确认过了，您的座位是36排C座，这里是31排C座，我带您过去好吗？您有行李吗？我帮您把行李拿过去！请跟我来。

注意：沟通时，面带微笑，热情有礼，不要给旅客质疑或者居高临下的感觉。

二、旅客申请换座

情景：在昆明飞往杭州的航班上，有一名旅客提出要换座，而此时飞机上旅客较少，出于安全角度考虑，应该如何与旅客进行沟通？

> 今天确实有很多空座位，地面在安排座位的时候可能有配载平衡的原因，基于安全因素，如果您想坐到前排，我在飞机平飞以后为您更换座位好吗？

> 我非常理解您的心情，如果是我，我也想和爱人坐在一起，我先帮您去确认一下，看看系统还有没有相邻的空座位，如果没有我会尽量和边上的旅客商量一下，看是否能够调整一下座位。您不用着急，稍等我一下。

三、旅客因座位空间发生矛盾

情景：你刚派发完餐时，旅客A摁响了服务铃，你到了A身边时，A指着自己的前排高声地说道:"小姐,你看我这没法吃,你看看这靠背靠得我的杯子都没法儿放。"你注意到前排旅客 B 的椅背放得很斜,正闭着眼睛好像在睡觉的样子,请问你怎么跟这两位旅客进行沟通?

> 乘务员,我还没吃完饭,前面这个旅客把座椅调整得这么靠后,我怎么吃啊?

> 很抱歉,我来帮您协调一下。

> 先生/女士,打扰您了,后面的旅客还没用完餐,能否麻烦您调直一下座椅? 感谢您的配合!

> 先生/女士,十分抱歉,前面那位旅客在休息,我也不方便叫醒他,我刚刚帮您确认过了,31 排 A 座有空座,且前面旅客座椅靠背是调直的,请问方便让我帮您换到那儿用餐吗?

四、应急出口旅客确认

情景:旅客坐在安全出口位置,民航服务人员应和旅客沟通哪些内容?

> 先生/女士,您好! 欢迎乘坐我们的航班,您现在坐的是应急出口的位置,在正常情况下,请您不要触碰这个应急开启手柄(动作);在紧急情况下,您愿意协助我们打开这个应急出口(动作)并帮助其他旅客撤离吗? 谢谢!《应急出口安全须知》在您前方座椅靠背的口袋里,里面有应急出口的开启方法和相关注意事项,请您仔细阅读,如果有任何疑问,请随时联系我。

情景:特殊旅客就座于安全出口位置,协调换座时,民航服务人员应如何与旅客沟通?

> 老人:您好,这里是应急出口,在紧急情况下需要迅速地打开这个很重的门,并带领旅客快速地逃离飞机。要不我帮您换个座位吧,既离出口近,又方便您活动的位置,您看好不好?

> 儿童:小朋友,你好,我为你换个靠窗的位置吧,可以看到外面的景色哟。

案例5.2 紧急出口，你会介绍吗？

　　某航班客舱乘务员在执行航班期间，介绍紧急出口不及时、内容不完整，且遗漏一名旅客未进行介绍；服务期间微笑保持较差；整组在安全演示过程中动作不统一；组员间缺乏沟通，导致两名乘务员重复打扰休息旅客。该事件已构成严重安全差错，且造成极大投诉隐患。

　　经验与技巧

　　1.全体客舱乘务员需认真落实安全规定，在进行紧急出口介绍时实行一人次一介绍，内容完整准确，严禁缺项漏项或介绍时遗漏旅客的情况发生。

　　2.严禁客舱乘务员出现不尊重旅客，与旅客接触期间态度冷漠、无礼貌用语、无眼神交流或不正视旅客的情况。

　　3.乘务员须按照新下发的业务通告标准完成演示动作，在进行安全演示时注意保持动作的一致性，展现专业素养。

　　4.乘务组应加强组员之间的沟通，第一时间汇报乘务长，由乘务长负责协调，避免缺乏信息传递造成旅客乘机感受不佳。

第二节　餐食问题沟通艺术

一、餐食没有选择

乘客想选的
餐食没有了

　　情景：民航服务人员为旅客提供正餐服务时，机上的正餐有两种热食供旅客选择，但供应到这位旅客时他所需餐食品种刚好没有了。请问应如何进行沟通？

> 　　我知道您没选择到您喜欢的餐食有些失望，真是抱歉，我马上回服务台再去确认一下。我先为您准备点饮料，请问您喜欢牛奶、果汁还是咖啡、茶水？

> 　　很抱歉，红烧牛肉饭已经没有了，要不您今天试试看狮子头饭，这也是我们主厨极力推荐的，也很美味哦！（后期持续关注这位旅客）

二、旅客多要餐食

情景：天津飞往乌鲁木齐的航班上，有名旅客觉得一份餐食吃不饱，于是提出多要一份（图5.2）。请问应如何进行沟通？

图5.2　民航服务人员发放餐食

我可以多要一份吗？

先生/女士，很高兴您喜欢我们的餐食，是不是味道不错啊？这是我们最新推出的狮子头饭，麻烦您稍等一下，我去确认一下，有多的餐食我马上为您送来。

三、旅客对配餐提出意见

情景：客舱优化程序，好多航线不提供正餐，旅客提出意见，如何沟通？

先生/女士您好，出于安全原因，该短途航线暂不提供正餐，给您带来的不便我们深表歉意，您是不是有些饿，我们先给您提供一些小面包可以吗？同时非常感谢您提出的宝贵建议，航后我们也会及时向公司反馈，期待下次您再乘坐航班时会有更好的体验，感谢您的理解！

四、餐食有异物

情景：在北京飞往杭州的航班上，你在为旅客提供正餐服务时，突然一位旅客站起身来，看起来非常紧张和着急。他走过来对你说："乘务员，你能过来一下吗？你看看你们这个饭是怎么回事儿。"你看到餐食里有一条看似虫子的东西，你该如何与旅客沟通？

> 先生/女士,实在非常抱歉,影响了您的用餐感受。餐食里有虫,换成是我也会觉得接受不了。很感谢您让我知道,我立刻为您处理。我先为您倒杯热茶好吗?

> 实在抱歉,我为您换一份头等舱的牛排配土豆,同时再为您准备一些水果和面包,您看可以吗? 您放心,餐食我们会带回去向有关部门反应。

五、临时需要特殊餐食

情景:旅客临时提出需要特餐(图5.3),你该如何与旅客沟通?

图5.3 旅客临时提出需要特餐

> 好的先生/女士,我先回服务间确认一下特殊餐食的预定情况,请您稍等片刻。

> 回服务台确认一下特殊餐食配备情况,再回复旅客,若没有多余特殊餐食,可寻求补偿性餐食。

> 非常抱歉,由于您没有提前预订,我们今天没有富余的特殊餐食,如果您愿意的话我们可以提供一些面包、饼干、素菜及水果,您看可以吗? 是否符合您的用餐要求?

案例5.3 充分利用机上资源

某航司成都航班,迎客阶段一名年轻女旅客气喘吁吁地登机,乘务员第一时间上前协助,通过沟通知晓该女士因前往星巴克购买咖啡差点晚登机,更遗憾的是旅客想要的"冰美式咖啡"也没有购买成功。乘务员一边协助旅客安放行李,一边安抚旅客情绪,为提升旅客满意度,在未恢复冰块配备的情况下利用冰水为旅客精心冲调了一杯冰咖啡,旅客特别感动。

第三节　行李问题沟通艺术

一、旅客携带超大行李

情景：旅客将大件行李拿上飞机，机上无法安排，你该如何与旅客沟通？

> 非常抱歉，先生/女士，您的行李已经超过了标准尺寸，飞机上没有合适的地方存放，且可能会对飞行安全造成一定的影响。我们可以联系地服人员协助您免费办理托运手续，请确认您的行李内有无锂电池、电脑、易碎物品和贵重物品。有的话麻烦您拿出来。感谢您对我们工作的支持。

二、旅客行李无处安放

情景：航班上有旅客抢占了行李架（图5.4），后续旅客表示行李无处安放，作为民航服务人员应该如何与旅客进行沟通（图5.5）？

图5.4　旅客抢占行李架情境　　　　图5.5　旅客抢占行李架沟通处理

> 先生/女士，您好，您座位上方的行李架已放满了，我能帮您把行李放到其他的行李架上吗？（同意后）我已帮您把行李放在20排ABC座位上方行李架上了，您看可以吗？下机的时候您别忘了拿。

旅客抢占
行李架

> 如果您不介意的话，行李可以放在衣帽间，您看可以吗？

案例5.4　旅客人数较多,重点关注行李安放问题

　　某航司北京至三亚航班,由于旅客人数较多,乘务员迎客期间重点关注行李安放问题,及时发现经济舱45J旅客头顶上方行李架空间已满,在旅客无法安放行李时,乘务员第一时间致歉并快速协助该旅客将行李箱存放于邻近衣帽间内,旅客对于乘务员的需求响应速度非常满意。旅客入座后,乘务员观察到该名旅客从口袋内掏出药物,立即送上温水,旅客对于乘务员的主动服务意识再次表示感谢。

三、旅客要求放大件行李

　　情景:航班上有旅客要求你帮忙放行李,你发现这个行李较重,此时应该如何与旅客进行沟通?

> 　　好的,先生/女士,这个箱子有些重,您能否帮助我一起放到行李架上?
> (如感觉到或旅客告知身体不适,可与其他民航服务人员一起摆放)

旅客要求帮忙
放大件行李

案例5.5　小行李,大问题

　　在飞机地面滑行安全检查期间,3号乘务员帮11A旅客安放行李,乘务员一手接过旅客行李,一手匆忙去开行李架,致使行李架内未放置稳的包掉落,砸到12C女士的眼角,当时旅客眼角被砸红并表示有些疼痛。乘务员立即致歉,并赶回服务间取来冰块为旅客进行冰敷。随后将事件及时通报整组,并在后续航程中对旅客进行不间断的弥补和安抚,最终得到旅客谅解。

第四节　服务设施设备问题沟通艺术

一、服务用品发放完毕

　　情景:航班上有一名旅客在飞机平飞后向民航服务人员索要一条毛毯(图5.6),但飞机上的毛毯已经发放完了,民航服务人员拒绝旅客需求引发了旅客的不满。请问大家会

如何和旅客进行沟通？

图5.6　资源有限下，旅客提出毛毯需求

> 您好，能给我一条毛毯吗？

> 先生/女士，请您稍等，我马上去帮您找一下。

> 先生/女士，很抱歉，今天飞机上的老人和小孩比较多，毛毯已经发完了，您是不是感觉有点冷，我帮您调高下客舱温度，再给您倒杯水可以吗？

不要立即回绝旅客，需再次确认毛毯的数量，再予以回复。

二、报纸发放完毕

情景：航班上有一名旅客提出要一份报纸，但报纸数量有限，已经全部发放完毕（图5.7）。请问大家会如何和旅客进行沟通？

图5.7　乘务员为旅客提供报纸

> 先生/女士，请您稍等，我马上去帮您找一下。

> 非常抱歉,您需要的报纸已经发完了,我为您准备了民航报/杂志,您看可以吗?

> 看完了!

> 那需要我帮您把这些报纸整理掉吗?这样您坐得也舒服一些。

> 好的,谢谢!

三、设备故障

情景:在天津飞往纽约的航班上,一位旅客正在向你埋怨他的座位坏掉了,没办法躺着休息,请问作为民航服务人员,你该如何沟通?

> 乘务员,你看我这个座椅怎么调不了啊?

> 先生/女士,非常抱歉!这个座椅靠背可能没办法调节了,让您感到不舒适,真的十分抱歉。我先去帮您看看是否有座椅靠背完好的空座,如果有,帮您调换一下座位,您看可以吗?

> 先生/女士,非常抱歉!今天满客,没有空座可以调换,这是我特别为您准备的小枕头(或毛毯),垫在腰部会舒服一些,这样可以吗?非常感谢您的理解!

> 诚恳向旅客致歉,并积极想办法为旅客解决问题,航程中特别关注,做好后续弥补工作。

案例5.6 主动观察旅客情绪,利用现有资源灵活补救

某航司由北京飞往上海的航班,迎客期间带班乘务长发现头等舱 2C 旅客情绪低落,主动沟通后得知女士不满该航班机型临时更换为窄体机。乘务长第一时间致歉,并表示机型虽调整但乘务组的优质服务不会降低。旅客提出挂衣需求,带班乘务长关注到女士的外衣是长款纯白色皮草大衣,考虑到该机型衣帽间的局限性,在征得旅客同意后,乘务长主动帮助旅客将大衣叠好并腾空头顶上方行李架,专门安放旅客衣物,旅客对于乘务长的处置非常满意。

第五节　安全问题沟通艺术

案例5.7　未充分沟通，直接呵斥旅客引发投诉

有位乘务员在航班起飞前巡舱检查时，看到旅客没有把遮光板拉起来，很直接地说："先生，请你把遮光板拉起来。"旅客回答说："我是金卡旅客，我的脸……"，没等旅客说完，乘务员反驳道："关于安全问题，任何旅客都没有特权。"这时周边旅客也议论纷纷，事后该名乘务员被投诉。

思考：

1.保障航班安全是最重要的职责，那么当旅客的行为涉及安全问题时，是不是一上来就把旅客数落一顿呢？

2.结合沟通相关技巧，对于类似安全问题，大家认为如何沟通比较妥当？

一、客舱安全问题沟通艺术

(一)客舱安全问题介绍

安全是民航的生命线，由于飞行环境的复杂性，航空运输当中的安全规定相比其他运输方式要求较高，包括手机、行李、座椅靠背、充电宝、座位安排、大件行李、小桌板、遮光板等均有着严格的管理规定。自旅客登上飞机那一刻，空乘人员就开始播放安全须知，提醒旅客系上安全带，收好小桌板，拉开遮光板，反复确认移动电子设备是否关闭，时刻注意客舱的每个变化和异常。

(二)安全问题沟通的艺术

涉及安全问题，需坚持原则，真诚解释，先礼后兵。一般来说至少劝阻三次。

第一次简单提醒。"先生/女士，您好，飞机已经开始滑行了，麻烦您帮我们把遮光板打开好吗？"

第二次，从关心层面出发，挖掘内在需求。民航服务人员需要思考到，每个旅客行为的终极出发点都是善意的，只有了解了真实原因，才能更准确更恰当地进行沟通。如旅客不想拉起遮光板，可能存在怕晒、皮肤过敏，或遮光板拉不动等原因，继而从需求角度出发，提供解决方案。"女士，您好，请问您是不是怕晒啊？需不需要我给您换个位置？如果您觉得晒，您可以在起飞后把它拉下。"

图5.8　旅客违反安全规定打开救生衣

第三次，有理有据地表达，说服旅客。由于认知的差异性，民航服务人员经过严格的训练对机上安全规章熟悉，但部分旅客对这些规定并不了解（图5.8）。此时，涉及安全问题沟通时，民航服务人员不应把客舱安全的规定当作理由而忽视职业素养，用过激的情绪命令呵斥旅客，造成旅客心理不适，而应细心、有条理并巧用灵活性的语言向旅客介绍客舱环境、客舱设备和客舱安全相关要求，作为安全知识宣传者，详细向旅客介绍安全规定背后的原因，并站在旅客的角度回答问题关心旅客，让旅客真正理解遵守安全规定的重要性。"先生/女士，您好，起飞降落时打开遮光板首先是为了便于我们能及时观察窗外有无异常，确保我们的飞行安全，其次，发生紧急迫降后如果没能及时离机，救援人员能通过窗口看到旅客并使其及时得到救助。麻烦您帮我们把遮光板打开好吗？"这样旅客才更能理解我们的语言与行为，并给予配合。

这些话语层层递进，由浅入深，有理有据，充分体现对旅客的尊重，但是又严格坚决执行安全规定，避免直接发生冲突，保障好航班的安全。若沟通多次后旅客仍不配合，可以协调空保人员出面解决问题。

二、客舱安全问题沟通情境与技巧

旅客不配合
调直座椅靠背

（一）航班准备起飞时，旅客不愿意调直座椅靠背

情景：在天津—广州的航班上，飞机马上就要起飞，有一名旅客不愿意调直座椅靠背（图5.9），请问民航服务人员应至少沟通几次，如何沟通？

图5.9　旅客不配合调整座椅靠背

先生/女士，非常抱歉，把您吵醒了，飞机准备起飞，我帮您把座椅靠背调直好吗？谢谢您。

先生/女士，请问您是不是身体不太舒服，给您一个枕头垫在后面可能会舒服一些，您稍微坚持一下，等飞机进入平飞阶段，您就可以将座椅靠背调节到舒适的角度。

先生/女士，您好，飞机已经开始滑行了，为了保证在紧急撤离下，旅客们能快速离开飞机，所有人需要将座椅靠背调直，请问需要我帮忙吗？谢谢。

（二）航班准备起飞时，旅客不系好安全带

情景：在天津—拉萨的航班上，飞机马上就要起飞，有一名旅客不愿意系安全带，民航服务人员应至少沟通几次，如何沟通？

旅客不配合系安全带

先生/女士，您好，飞机马上就要起飞了，为了您的安全，请您系好安全带。

您是不是身体不太舒服，给您一个毛毯垫在后面可能会舒服一些，您稍微坚持一下，等飞机进入平飞阶段，就可以解开安全带了。

先生/女士，在起飞下降过程中，受气流影响较大，飞机可能会遭遇颠簸，为了您的安全，请您系好安全带。

有的时候，旅客出于担心物品遗失或者拿取物品方便的原因，不愿意将购物袋放置在行李架上。为了飞行安全，民航服务人员需说服旅客合理安置行李，可通过征询的口吻来劝服旅客配合服务工作。比如说，"女士您好，我们的飞机马上要起飞了，您看看这些购物袋里面有什么东西是待会儿要用的？那我帮您把这些购物袋放到行李架上好吗？不然，万一飞行过程当中出现颠簸，袋子里东西可能会掉落出来。""女士您好，您的购物袋已经放到行李架上了，如果在飞行途中您需要拿取物品，可以随时告诉我，我很乐意为您效劳。"

为帮助大家更有效地提升民航安全类沟通的技巧，特总结了以下安全规定操作及背后的原因（表5.1）。

表5.1　安全规定操作及背后的原因

安全须知	安全须知，是让旅客了解飞机上和安全有关的设备、注意事项等，从而更好地保护旅客的安全。机型的设备和出口常常是不一样的，为了安全，旅客需要认真阅读。

续表

手机	登上飞机后就应关闭开启着的手机等无线电设备，以防干扰飞机与地面的无线信号联系，因为使用手机会影响导航系统。但随着手机的不断更新，市场推出了带有飞行模式的手机。这种手机在飞行中同样是不能开机的，可提示旅客调至飞行模式。
大件行李	机票上规定了旅客随身可带的行李重量规格，这也是算起飞重量的，若超过起飞重量，飞机起飞时没拉起来，后果将不堪设想。因此，遇到很多旅客有大件行李，民航服务人员须及时劝说、制止。
出口座位	民航服务人员首先要目测坐在出口座位的旅客，看其是否适合坐在这里。接下来要向旅客讲解出口座位和安全门，并提醒旅客正常情况下千万不要拉动紧急窗口舱门。如紧急情况发生时而窗外又没有危险，该旅客需要迅速打开紧急窗口舱门，协助其他旅客撤离。
系安全带	常常有旅客认为安全带"系上不舒服"或者"没关系我不怕"，如果飞机遇到不好的天气，急速下降几百米，没系安全带就会成为空中飞人，即使不得脑震荡，头上也得起个大包。因此，民航服务人员一定要求旅客在飞机起飞、下降和颠簸时系上安全带，防止因飞机颠簸而受伤。
收小桌板	收小桌板是为了在紧急撤离时无障碍，保证个人能以最快的速度离开飞机。收小桌板是为了旅客个人的生命安全。
收桌椅靠背	起飞、下降时收起桌椅靠背是为了紧急撤离时后排的旅客们能快速离开飞机。
打开遮光板	起飞和下降时都要打开遮光板，首先是为了便于靠窗旅客观察窗外有无异常，有情况可及时通知民航服务人员；其次，发生紧急迫降后如果没能及时离机，救援人员能通过窗口看到旅客并使其得到及时救助。
禁止吸烟	在飞机上吸烟容易引起火灾，国内的航班是绝对禁止吸烟的，连机坪上也是不允许的。《中华人民共和国民用航空法》规定在飞机上吸烟是违法的，违反规定将处以罚款和拘留的重罚。

图5.10 乘务员为旅客
收起小桌板并进行沟通

安全是航空公司最基础的服务，在乘机过程当中，有些旅客会将关注点放在自己的个性需求上，而不理解航空飞行安全的相关规则。遇到此类情况，我们要尽可能地向旅客解释飞机上的安全规则（图5.10），并考虑到旅客实际情况和感受，给予更多的关心，更要对旅客的不满提问从安全角度予以劝解，使其从心理上接受民航"安全第一"的原则。并充分利用机上可利用的资源，为旅客提供个性化的保障。

第六节　航班延误问题沟通艺术

案例5.8　航班延误情境沟通

某北京至太原航班,当旅客坐上飞机后,却突然接到通知,说太原机场下大雪,航班不能起飞。无奈,大家只能在飞机上等,等着太原天气快点好起来。这一等就是2个多小时,旅客们坐不住了:"怎么还不起飞?""天气这么好,哪里有雪啊!""别的飞机都走了,就我们的还不走,你们在骗人!"……旅客们的情绪越来越激动,声调越来越高,整个机舱简直炸开了锅。

乘务员心里也急,但这时候安抚旅客是最重要的工作。乘务员保持着微笑,一边为旅客添加茶水,一边耐心、细致地向旅客解释:虽然北京天气不错,但太原机场有大雪,飞机降落时会发生危险,航空公司是为了保证旅客的安全,才不放行的。"别着急,请大家再耐心等待一段时间。"乘务员擦擦额头上的汗珠,又给身边的客人递上一杯水。

终于,飞机飞上了蓝天,旅客的心情逐渐平静下来。乘务员通过机上广播向大家表达了因为天气原因而造成出行不便的歉意,在为旅客提供服务时,更是加倍细心。乘务员还通过机长为需要转机的旅客联系落地后办理手续的事宜,尽量减少旅客的损失。当旅客平安到达太原机场走下飞机时,大家都对乘务员的服务称赞有加,特别是一些先前情绪过于激动的客人,也主动向乘务员表达了歉意。

思考:

1.大家经历过航班延误吗? 对于乘务员来说,航班延误时可能会面临哪些服务沟通问题?

2.在与旅客沟通时,可运用哪些沟通艺术?

一、航班延误情境分析

每一位乘坐飞机出行的旅客,都希望航班准时起飞、准时在目的地的机场安全着陆,完成一次美妙而愉快的空中旅行。但由于各种原因而造成延误,如飞机故障、机场关闭、交通管制、恶劣天气等原因使得航班不能正点到达,这些情况并不在航空公司控制的范围之内。而飞机延误时旅客情绪普遍烦躁,抵触情绪可能很激烈,这时,民航服务人员如何做好沟通,及时安抚旅客情绪十分关键,若处置不当,可能造成投诉,甚至引发群体性事件。

不正常航班原因分类

承运人原因：地面安全事件、飞行安全事件、工程机务、公司计划、航材保障、航行保障、飞行保障、乘务保障、空警保障、机场保障、货运保障、其他原因。

非承运人原因：天气原因、空管原因、军事活动、公共安全、场区秩序、机场设施、安全检查、联检、油料保障、离港系统、旅客原因。

二、航班延误情境下沟通艺术

由于航班延迟或被取消是不可逆的因素，旅客们因为自己有急事等原因产生不良情绪也在情理之中，这个时候要求民航服务人员服务好每一个旅客，尽可能地取得旅客的理解。以下是航班延误情境下的沟通艺术参考要点：

（一）及时做好解释工作，信息传递到位

未知的信息最能引发人的焦虑，航班延误情境下，很多时候旅客并不是想要赔偿，而是想知道航班为什么延误、后续是否能正常起飞、具体什么时候起飞，旅客有对航班延误进展的知情权。因此，每20分钟向旅客播报一次最新航班延误进展，向旅客做好解释、安抚工作，确保信息传递到位，同时注意信息发布的严肃性，严禁面向旅客擅自发布信息或发布未经核实的信息；倘若具体起飞时间不确定，可简单说明航班延误发生的原因。若旅客由于某种原因受气而迁怒民航服务人员，对此做出出格的态度和要求，我们应该给予理解，并以更优的服务去感化旅客。

（二）关心旅客心情，探索旅客抱怨背后的顾虑

民航服务人员还需具备同理心，去关心旅客的心情，并进而探索抱怨背后的顾虑，是"转机""重要会议""家人接机"等，因为往往是背后的这些事情破坏旅客的情绪。很多时候也许无法帮助旅客真正解决这些问题，但是真心地关心旅客，通过很好地引导旅客把焦虑倾诉出来，旅客的心情也会加以缓解。同时，需进行不间断巡舱，解答旅客疑问，重点关注特殊旅客以及需要特殊照顾的旅客，及时作出安排，避免事态恶化。同时根据延误时间为旅客提供矿泉水、茶水服务等；耐心倾听旅客意见，避免旅客言语影响客舱中其他旅客。

先生/女士，听到延误的消息，看您很着急，后续要转机还是有重要的事情吗？

(三)为旅客提供力所能及的服务

每个旅客因为延误所造成的困扰不同会有不一样的疑虑。对于旅客提出的疑虑,民航服务人员需要真诚地表示理解,并在条件允许的情况下为旅客提供一些力所能及的帮助,尽一切努力为旅客排忧解难。如提供餐食[如等待时间较长(≥1 小时)且正值供餐时间,应在地面为旅客提供餐饮服务;非供餐时间,可为旅客提供饮品服务]、报纸,及时开启娱乐系统、主动为旅客连接空中 Wi-Fi,转移焦虑和担心,缓解旅客在延误期间的不满情绪。同时,在不影响航空安全的前提下,及时开启洗手间供旅客使用,以避免服务差错造成问题升级。

若机上延误超过3个小时(含)且无明确时间的,应当在不违反航空安全、安全保卫规定的情况下,安排旅客下飞机等待。客舱经理(乘务长)须提前要求机长联系地面服务人员(外站飞行时联系代办人员),并与地面人员做好旅客相关信息的交接(如:有无转机人员、退票人员等),地面工作人员负责引导旅客到候机楼休息区等候登机。客舱乘务组负责在旅客下机前进行相应的广播提示(包括:携带随身行李、保留登机牌等)。

> 抱歉让您久等了,我们的飞机因为天气原因/航路管制,我们暂时还不能起飞,给您带来了不便,还请您谅解。需要我为您准备一些报纸或者杂志吗?需要我为您准备些饮料吗?

> 先生/女士,我们今天的机型有空中 Wi-Fi,起飞以后我来帮您连接,方便您跟朋友联系或者处理公务。

> 先生/女士,您后续的转机信息,我已经通过空中 Wi-Fi 联系了到达站的地面工作人员,您放心,落地后我们地面同事会来帮助您处理转机事宜。(如带班人员已经通过 Wi-Fi 与地面人员沟通确认)

(四)信守承诺,但不轻易许诺

遇到旅客投诉,需做好正确的解释工作,可根据旅客不满的实际内容,确定相关责任单位,可为他们提供一些适当的解决方案,例如更改航班或者进行退票,从而使旅客的不良情绪降到最低,但切勿盲目做出承诺。比如为了安抚旅客,过度承诺"我们的航班很快就能飞""我们可以给您提供赔偿""我们可以给您办理中转手续",这都是需要注意避免的暧昧语。

情景:某航班因天气原因发生延误,此时旅客已登机,客舱内比较闷热,旅客一直抱怨且情绪激动,作为民航服务人员,你该如何安抚旅客?

126

民航服务沟通艺术

案例5.9　灵活处理航班延误，巧将威胁变机会

××1902航班延误，大多数旅客心情不悦，某旅客态度更差，对乘务员的态度表现得十分不理智，说话蛮横。但乘务员则显得非常耐心，虽然眼里含着泪水却依然挂着笑容为其服务，这一切感动了旅客。旅客称第一次看见含着泪微笑并真诚服务的工作人员，为此很是震惊，感慨乘务工作的不易与伟大。通过此事充分体现了乘务员所拥有的过硬技能，服务于人必先坚强自己。

案例5.10　航班延误的一些事

登机结束后，旅客通过广播得知航班因天气原因延误，乘务长在延误期间主要在前服务间并拉上隔帘，且巡舱次数少、广播次数少。机上等待2小时15分钟后，投诉旅客提出终止行程。旅客当时情绪较激动，乘务长将信息通报机长后得知摆渡车很快到位并接送整机旅客到候机楼等待。在经停机场登机时，终止行程的旅客继续乘坐了该航班，旅客反馈乘务长和前舱客舱乘务员指着旅客说："这不是要终止行程的人吗？还不是要坐我们的飞机。"并且乘务长在回复其他旅客质疑时出现了"我们也没有吃饭""天是国家的天，我们也想走，我们待在这儿干吗呢"等语言，被投诉旅客及周围旅客听到，最终导致投诉。

经验与技巧

航班延误情况下，旅客与乘务组长时间处于机舱密闭、狭小的空间内，其不良情绪的宣泄对象仅有客舱乘务员，引发投诉的概率高于正常运行航班。此时的客舱服务更应积极主动，展现客舱乘务员良好的职业素养。现将相关的经验与技巧分享如下：

1.延误期间旅客的关注点通常为航班的具体起飞时刻以及对于客舱服务需求的满足。因此，乘务长需积极地与机组、乘务组保持信息的通畅，及时将航班延误进展告知旅客，同时注意不要向旅客发布未经核实的信息。

2.延误期间需增加巡舱的频率，主动了解旅客需求、解答旅客质疑，可通过观察旅客的面部表情观测其状态，视情况与旅客沟通，将问题解决在萌芽状态，避免事态恶化。如旅客已表现出不满情绪，需及时进行安抚，尤其需注意与旅客的沟通方式，避免言语过于生硬。

第七节 客舱商品营销沟通情境处置

一、机上销售注意事项

（1）在执行销售航班时，民航服务人员如需进行演讲，请注意调节广播音量，不要大声喊话销售商品，以免给予旅客带来不良的乘机感受且影响旅客休息。

（2）注意广播器的使用技巧，广播时不要正对着广播器讲话，建议将广播器稍微侧放，以免出现杂音。

（3）介绍商品时，切勿夸大其词，需实事求是，以免损伤公司形象。

（4）掌握好时机，若航班延误时间较长、航班旅客休息人数较多时，建议缩短销售时间或取消销售。同时时间应适宜，不要过于冗长。

（5）如旅客对机上销售有质疑，大家要耐心解释，争取旅客的认同。

二、典型案例

案例5.11 因机上销售广播造成投诉事件

某航班，乘务组餐饮服务后进行销售广播，刚播到第一句话时，旅客认为广播声音较大影响其休息，先后两次按呼唤铃要求停止销售广播，但客舱乘务员均未满足其要求（据调查，在旅客第一次按呼唤铃至第二次呼唤铃之间，2号乘务员仍继续进行飞行模型及阿宝灯的介绍广播）。其第三次叫住经过其座位的乘务员要求立即停止广播后，机上销售的广播才结束。虽乘务组在机上对旅客做过相应的致歉及弥补措施，但旅客对此仍存有不满情绪，航班落地后旅客投诉至局方。

经验总结

影响旅客投诉的因素不仅限于延误、早出港、夜航等，还有不恰当的销售方式，旅客乘机感受尤为重要。乘务员机上销售广播时出现旅客不满，通过呼唤铃或口头形式告知乘务组时，乘务组应立即终止机上销售广播，可以采用推车销售形式进行销售工作，为旅客提供服务弥补并化解旅客针对销售工作的质疑，避免投诉事件发生。

案例5.12　未做好热饮温馨提示,旅客烫伤有风险

事件描述

　　某日,旅客带着儿童乘坐某航班。平飞后旅客用自带水杯向客舱乘务员索要热水并提示不要加凉水,客舱乘务员表示热水器未烧开,让旅客回到座位等待。随后客舱乘务员为其添加热水后,未按冲泡要求添加矿泉水,也未询问温度是否合适便离开。客舱乘务员添加热水操作标准与手册不符,间接导致后续儿童旅客烫伤。

事件调查

　　1.航班平飞后,客舱乘务组按照服务流程开展旅客餐食准备工作,11D旅客手持自带水杯进入服务间,要求添加一些热水。因当时热水器未烧开,2号乘务员请该旅客回到座位并称稍后为其送到,旅客对此同意并在离开服务间时称不要加矿泉水。

　　2.烧水器烧开后,2号乘务员为其添加杯体1/3容量的热水,将杯盖扣好后把水杯送到旅客手中,并提示旅客:"小心饮用",但未询问旅客温度是否合适。由于该水杯为开合式吸管状杯口,打开杯口后吸管弹出,残留在吸管中的热水溢出,喷洒到儿童脸颊部位,此时儿童随即开始哭泣。

　　3.客舱乘务组听到哭声后第一时间赶到旅客身边,查看儿童受伤情况,并协助处置伤情。

经验与技巧

　　1.事件中的水壶为开合式吸管状杯口,打开杯口后吸管弹出,残留在吸管中的水会溢出,若旅客使用此类水杯,务必要提示旅客切勿用吸管饮用热饮以免烫伤。

　　2.应遵循安全第一的原则,任何情况下须对热饮进行降温处理并向旅客作出必要的提示后再提供。

　　3.为不具备此项能力的旅客提供热饮时,乘务员应先将热饮送到其陪同家人或监护人手上,询问温度是否合适,由其陪同家人或监护人递交热饮给该旅客。

　　4.如因旅客原因发生意外,乘务员要及时采取必要的补救措施,如冷敷、使用烫伤药膏等,及时处理以便将事故危害降低到最低。

　　民航服务情境多元,民航服务人员可能会面临各类问题。因此,在选取典型情境的基础上,本教材对各类情境沟通艺术进行了归纳总结。对于不同情境,若能够明确不同的问题类别,民航服务人员可按照相应的流程进行参考处理,如图5.11所示。

　　(1)若情境为航空公司的问题或失误,包括设备故障、航班延误、误伤旅客,则沟通程序多一些,第一时间民航服务人员需真诚向旅客道歉,旅客生气抱怨时,应尽可能地去迁就旅客,关心旅客。同时,寻求可替代补偿服务,甚至升级服务,并在后续航程中去持续关注旅客。

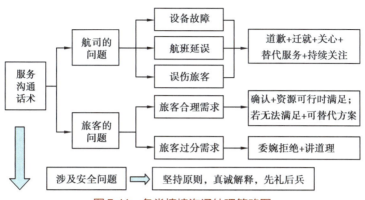
图5.11　各类情境沟通处理策略图

（2）在旅客服务过程当中,经常会遇到旅客提出各种各样的要求和条件。若旅客提出合理且正常的需求,如索要毛毯、枕头、饮料等,我们可以尽量去满足旅客,但前提是需要进行确认。当资源有限不能满足旅客时,不可直接简单回绝,我们可试图探寻背后的原因,应站在对方的角度尽可能多地提供解决方案。如当旅客想要喝可乐而不能满足时可以亲切地询问对方是否可以选用其他饮料,并为此向旅客真诚道歉,求得旅客的谅解,同时持续性地关注旅客。此外,还有这样一种情况,有些旅客提出的要求超越了民航的服务范围,但又是正当需求,比如换座、多要一份餐食等。在条件允许的情况下,我们应该尽量作为特殊服务予以满足。如果确实难以满足,必须向旅客表示歉意,取得旅客的谅解,积极响应,妥善做好服务补救工作。

（3）若旅客提出过分要求,如要一整盒橙汁,让民航服务人员为其系鞋带或者免费升舱时,首先不能产生负面情绪,要委婉地去拒绝,可通过沟通将旅客的诉求引导到可控、可处理的范畴之内,避免沟通不当而使得事态反转。

（4）涉及安全问题的时候,民航服务人员需坚持原则、真诚解释、先礼后兵。比如旅客拒绝托运超大行李、拒绝将遮光板拉起来,要充分理解旅客的误会,向旅客做出真诚的解释,并力求给旅客以满意的答复。

总的来说,在各类服务情境中,我们要充分理解旅客的想法和心态,并以我们良好的语言表达、更优质的服务去感化旅客。

任 务 实 训

一、实践应用

情境1:在天津飞往纽约的航班上,一位带着6岁孩子的妈妈正在向你埋怨她们座位上的屏幕坏掉了。这时,这位妈妈显得非常生气,因为孩子看不到电视又哭又闹,接下来你该如何沟通?

情境2:飞机因为天气原因已经延误1个小时了,机舱里的旅客有了不好的情绪。一位旅客从座位站了起来冲你嚷嚷:"飞机什么时候起飞? 这天气不是很好吗? 这都是你们航空公司找的理由吧? 事都给你们耽误了,你们是不是应该赔偿啊!"周围的旅客也开始议论纷纷,你该如何沟通?

情境3:你在为旅客提供饮料时,留意到一位旅客从普通舱第二排的座位起身到公务舱最后一排靠过道的位置坐下了,你走到他的身边,提醒他:"先生,麻烦您回到您的座位好吗?"这位旅客看了你一眼,不耐烦地答道:"哦,这不是有空位吗? 我不太舒服,我就在这待一会儿。"说完闭上眼睛。你该如何处理?

情境4:起飞前,你正在进行安全检查,有位老奶奶坚持抱住自己的小包,你该如何与奶奶沟通?

情境5:一位女性旅客按呼唤铃,小声告诉你,前排有位男旅客脱了鞋子,气味很臭,希望你管一管。你如何处理?

二、拓展实践

请结合情境与提示要点,进行特情沟通训练(表5.2),并以小组为单位拍摄2~3个相关微视频。

表5.2　客舱沟通情境练习

沟通情境分类	情境	提示
飞机延误沟通训练	1.飞机起飞时间已经到了,但由于空中气流的原因,飞机无法起飞,机舱内的温度已经很高,有的旅客非常急躁,你如何与旅客沟通并为其服务?	首先必须向旅客道歉,并说明晚点是由于空中气流的原因,然后给每位旅客倒一杯冰水或冰饮料降温。
对旅客的非礼和不礼貌行为的拒绝训练	2.在飞行的过程中,有一位旅客突然拉着民航服务人员问:"小姐,你真美,能不能请你喝酒?"你应该如何回答?	在飞机上遇到这种情况,千万不要害怕或害羞,这样会使旅客得寸进尺,提出更多无理的要求。这时一定要镇定,大方地婉言拒绝,可以说:"先生,非常感谢您对我们航空公司民航服务人员的肯定,但是我们在当班时间是不能饮酒的,非常抱歉。"

续表

沟通情境分类	情境	提示
保证安全情况下的沟通训练	3.在飞行的过程中,旅客在民航服务人员演示时非常好奇地把救生衣拿出来了。你应该如何回答?	可先从旅客的角度入手:"这位旅客,您好!我很理解您对飞机非常好奇的感受。但这种救生衣是一次性用品,您打开后这件救生衣就报废了,在飞机遇到危急情况时您和他人的生命就得不到保障了。"
	4.飞行途中,旅客们发现了一位当红明星,很多旅客争着向明星索要签名,此时你该如何与旅客沟通?	飞机在飞行的过程中,飞机上的配平都已经固定好了,如果有大量旅客涌向一端,会对飞机平衡造成威胁。在这种情况下一定要控制住旅客,避免大量旅客的转移。可以向旅客解释说:"女士们,先生们,这样大量旅客涌过来会对客舱平衡造成危机,为了大家的安全请暂时回到自己的座位。再说旅途过程中也很辛苦,我们先让这位先生(女士)好好休息。等飞机落地后大家再索要签名,好吗?"
一般常见情景训练	5.空乘人员为带小孩的旅客服务时,应注意哪些问题?	上机时,帮助提拿行李,安排他们坐好。提醒陪同人员在飞机起飞、下降和"系好安全带"灯亮时,帮助儿童系好安全带并注意其在客舱内的安全。送餐饮时,征询陪同人员的意见,尽量以冷饮为主。若小旅客需要热饮,则须叮嘱陪同人员防止小孩烫伤。
	6.民航服务人员在飞机上遇到熟人时应该怎么办?	正常迎客,等到客舱服务间隙再走到该旅客面前,如该熟人座位在过道处,蹲下与熟人轻声交谈,以免打扰其他旅客;如该熟人坐在里面则轻声打招呼,询问是否需要帮助即可。切记不要让旁边旅客有被冷落的感觉。

三、案例分析

案例5.13　把握管控平衡点,提升服务敬畏心

旅客登机后,将随身小包放在旁边的空座位上。航班降落前,一名乘务员语气生硬地对旅客说:"你不能把包放在旁边空座上。"旅客质疑,表示从登机到现在一直无人告知不能放置,乘务员回复稍后会去批评其他人。旅客不解,询问乘务员:"批评还是表扬与旅客有什么关系,说这个是什么意思",乘务员直接离开。旅客表示此乘务员态度高傲,沟通时声音很大,旁边的人都在看笑话,让旅客感到非常尴尬。

下机时,旅客走到舱门口,乘务长向旅客道别,但姓氏称呼错误。旅客对此提出问题后,乘务长带着调侃的语气说:"那你不是说你是30K吗?"旅客对航班服务非常不满。

思考：

1.请问在案例中，乘务员沟通能力存在哪些问题？

2.联系本章沟通艺术知识点，请思考正确的沟通话术。

知识延伸

一、材料阅读

注意紧急出口座位介绍用语多样性

背景：针对旅客身份的多元化，如常旅客、机组人员等，采用不同的介绍用语，适当缩减篇幅，给客舱乘务员以灵活运用的空间，减轻负担，活学活用，提升服务品质。

（一）紧急出口座位介绍示范语

××女士/先生，您好，您就座的是一个很特别的位子，也很重要哦，因为这是飞机的紧急出口，请问您愿意坐在这里吗？（在得到旅客肯定回答后，继续为旅客介绍以下内容）我们一起来学习/复习一下紧急出口的注意事项：

（根据机型告知旅客开启紧急出口操作手柄位置）

正常情况下，请您不要随意搬动，也请您监督其他旅客不要触碰这个手柄；当发生紧急情况时，请您作为我们的援助者，帮助我们打开它，使旅客能够迅速撤离飞机。但在正常情况下，请帮助我们监督不要让任何人打开出口。这是《出口座位安全须知》卡（取出须知卡，向旅客示意），请您在起飞前务必仔细阅读……

（二）客舱乘务员处置原则

1.航空公司机组人员

旅客特点：便于沟通，信息接收快。

同一机型：确认身份后，沟通方式可以为："此出口为紧急出口，前排有《出口座位安全须知》卡，请协助监控其他旅客不要触碰紧急出口操作手柄。"得到确认即可。

不同机型：确认身份后，除上述内容外，介绍紧急出口操作手柄。

2.常旅客（白金卡、金卡、银卡）

旅客特点：乘机体验较多，对紧急出口介绍较为熟悉，重复介绍易产生不耐。

介绍原则：确认身份后，沟通方式可以为："您是我们的贵宾客人，经常乘坐我们的航班，您现在就座的是紧急出口的位置，需要我为您简单介绍吗？"同时提示《出口座位安全须知》卡。

（1）如旅客告知不需要，可回复："谢谢您××先生/女士，请协助监控其他旅客不要触碰紧急出口操作手柄。"

(2)如旅客告知需要,按正常紧急出口介绍即可。

3.首次乘机旅客

旅客特点:首次乘机的旅客对紧急出口介绍较为生疏,同时为显示对贵宾客人的重视,应使用完整版介绍用语。

介绍原则:介绍内容不变。

4.如遇旅客对简单介绍产生异议,可以礼貌告知即可。

5.针对实际情况,紧急出口座位介绍内容可在示例语言基础上进行灵活调整,注意包含以下要点:

(1)首先确认旅客,确认后进行后续操作。

(2)根据机型告知旅客开启紧急出口操作手柄位置。

(3)取出《出口座位安全须知》卡,向旅客示意,告知其在起飞前务必仔细阅读。

(4)不要随意调换座位。

(5)对于紧急出口前一排无法调节座椅靠背的旅客应主动说明,并告知其周围请不要堆放行李物品。

二、案例阅读

案例5.14　口罩问题巧沟通

　　某航班迎客期间,乘务长发现一名旅客未佩戴口罩,还边走边抱怨测温工作烦琐。乘务长准备好口罩后为旅客送上温水,一边将口罩递给旅客一边倾听旅客反馈,乘务长耐心向旅客说明佩戴口罩的重要性,并转移话题询问早上乘机非常辛苦,是否用过早餐,旅客回复没有。于是乘务长示意旅客戴好口罩的同时,答应起飞后优先为旅客供餐,旅客配合戴好口罩并对乘务长的服务提出了表扬。

案例5.15　航班延误情境下,专业沟通展真诚

　　某航司北京至深圳航班,乘务长在地面准备阶段接到航班延误的通知,且因前序航班取消,旅客临时合并至该航班,全舱满客。乘务长立即将获取的信息通知乘务组,并组织乘务组做好航延服务预案,提示组员关注签转旅客服务。迎客期间,乘务长收到乘务员反馈,36A白金卡旅客登机时表情不悦且让乘务员核实头等舱是否满员。乘务长第一时间通过机长了解航延最新情况后,立即与白金卡旅客进行沟通,旅客质问为何改签之后不能升至头等舱。乘务长示意旁侧乘务员及时送上热茶,并感谢白金卡旅客给予像家人般的支持,在不能乘坐头等舱的情况下依然接受签转至本次航班,就是对乘务组最大的信任,并保证本次航班的乘务组一定会竭诚为白金卡旅

客和所有延误情况下等待的旅客提供最优质的服务。听完乘务长的一番真诚致歉，白金卡旅客情绪好转，后续航程中乘务员落实各项服务规范。乘务长在航班下降前再次与白金卡旅客进行沟通，旅客对乘务组航延下的专业服务表示肯定。

三、案例分析

案例5.16　安全问题沟通不当引发投诉

　　投诉旅客表示："我和孩子在用餐完毕后看到飞机外景色很漂亮所以用手机拍照（使用的是用飞行模式），而有位乘务员在制止过程中语气生硬且告诉我飞行模式不可以，手机要关机，我没有明白那位乘务员用意并告知乘务员自己使用的手机为飞行模式。而这位乘务员之后还对我说：'我已经跟你说了三遍了你怎么还不明白？'我觉得这位乘务员的处理方式让人感觉非常不舒服。"

　　下降安检阶段该旅客向乘务长索要意见卡并询问："是否有规定如果旅客不明白沟通内容，乘务员是不是只能重复三遍？"乘务长向旅客解释："让旅客理解最重要，没有次数的限制。"同时乘务长听完后立即向旅客道歉，并解释说明机上确实不能使用手机，旅客也表示理解，由于飞机很快落地，乘务长也询问旅客落地后能不能最后下机，让刚才态度不好的乘务员前来道歉，旅客表示可以。

　　航班落地下客阶段，当事乘务员与旅客进行沟通"女士，你不明白我刚才说的意思吗？"旅客很生气表示不想再与这位乘务员沟通。旅客下机时将意见卡交给乘务长表示不愿意接受乘务员道歉。

　　思考：

　　1.在该案例中乘务员存在哪些问题？如果你是这名乘务员，你会如何进行沟通？

　　2.乘务长应该如何进行沟通，注意哪些问题？如果你是这名乘务长，你会如何进行服务补救？

本 章 小 结

　　航空飞行过程当中往往会遇到很多问题，而灵活的沟通艺术技能能使机上旅客及时获得周到的服务和有效的帮助与救助。在日常工作当中，民航服务人员应培养良好的观察力和判断力，养成勤于观察、善于观察的工作习惯，及时观察旅客的隐性需求及客舱动态，并做出准确的判断，学会利用各种资源和途径去发现旅客的潜在需求，做出快速的服务反应。

沟通是一门学问,只有在反复实践的过程中,才能不断掌握新的服务技巧,形成新的沟通形式,从而较好地运用沟通技巧打开和谐的关系之门。为了更好地实现有效沟通,大家需匹配不同民航服务情境,对多种沟通服务技巧进行实践,以达到为旅客提供优质服务,让旅客满意的目的。

思考与练习

一、案例分析

案例5.17　热心服务旅客,牢记安全法规

事件描述

某日航班上,当旅客用完洗手间出来后发现乘务员为其他金卡旅客提供充电宝使用。旅客认为此情况有违飞行安全规定并当即表示要进行投诉。

事件调查

航前乘务长经与其他乘务员沟通,得知金卡W先生对航班中的服务工作很挑剔,要求比较精细。乘务长便在航前要求乘务员注意服务细节,要谨慎细致为其提供服务。飞机平飞不久,金卡W先生便径直走到后舱,“W先生您好,请问您有什么需要吗?”3号乘务员热情地询问着。“是这样的,我手机没电了,但是落地之后我就需要使用手机,今天的工作对我来说很重要,你们有充电宝可以借我用一下吗?”考虑到W先生的“特殊”性,3号乘务员便拿出自己的充电宝给其使用。W先生立即插上电源,拿着充电宝原路返回自己的座位。殊不知,这一幕恰巧被用完洗手间的T旅客尽收眼底,他认为这样有违飞行安全规定并当即表示要进行投诉。

1.请分析该事件中乘务员存在的问题。

2.请运用所学知识,灵活处理以上问题。

二、情景模拟

请以小组为单位,以下列案例场景为主题,充分运用本章所学知识,情境演绎冲突过程及冲突处理,并拍摄微视频,构建进阶式翻转课堂,要求问题语言规范、形体规范,冲突处理得当。

1.餐饮服务期间,民航服务人员推着餐车来到旅客面前,经常坐飞机的旅客抱怨,又是鸡肉饭,你们就这几个餐食品种,千年不变鸡肉饭。作为民航服务人员,此时应该如何回应?

2.有个正在看书的经济舱男士按呼唤铃对你说:"这个阅读灯不亮了,好像坏掉了。"作为民航服务人员,此时应该如何回应?

3.在广州飞往北京的航班上,有一位公务舱的女士看上去非常疲惫。她对你说:"我好像发烧了,能帮我弄点退烧药来吗?"作为民航服务人员,此时应该如何回应?

4.在平飞过程当中有一位经济舱旅客突然起身急匆匆地往前闯,眼看就要闯入公务舱,你赶紧上前询问旅客有什么需求,这位旅客对你说:"我的座位比较靠前,而后面的洗手间太远,我想去前舱上厕所。"作为民航服务人员,此时应该如何回应?

5.有一位旅客刚上飞机便询问你,请问飞机上有方便面吗?作为民航服务人员,此时应如何回应?

6.某趟航班发生航班延误,延误了3个小时,旅客反映民航服务人员服务不到位,一会儿说交通管制,一会儿说天气原因,并且抱怨延误了2个小时,只给自己发放了一包饼干。作为男士,一包饼干是绝对吃不饱的,旅客认为本次航班又是延误又是挨饿,表示不满意。作为民航服务人员,此时应该如何回应?

旅客占座 ｜ 旅客申请换座
1
座位问题沟通艺术

旅客因座位空间发生矛盾 ｜ 应急出口旅客确认

旅客携带超大行李 ｜ 旅客行李无处安放
3
行李问题沟通艺术

旅客要求放大件行李

客舱安全问 ｜ 客舱安全问题沟
题沟通艺术 ｜ 通情境与技巧
5
安全问题沟通艺术

餐食没有选择 ｜ 旅客多要餐食 ｜ 旅客对配餐提出意见
2
餐食问题沟通艺术

餐食有异扬 ｜ 临时需要特殊餐食

服务用品发放完毕 ｜ 报纸发放完毕
4
服务设施设备问题沟通技术

设备故障

航班延误 ｜ 航班延误情境
情境分析 ｜ 下沟通艺术
6
航班延误问题沟通艺术

**常见沟通
情境处置艺术**

7
客舱商品营销沟通情境处置

8
其他问题沟通情境处置

>>> >>> 第六章

特殊旅客沟通艺术

学习目标

知识目标：

1. 掌握特殊旅客的定义及范围。

2. 掌握重要旅客（CIP/VIP）的特点与沟通艺术。

3. 掌握老年旅客的特点与沟通艺术。

4. 掌握无成人陪伴儿童的特点与沟通艺术。

5. 掌握孕妇旅客的特点与沟通艺术。

6. 掌握抱婴旅客的特点与沟通艺术。

7. 掌握外国旅客的特点与沟通艺术。

能力目标：

1. 掌握客舱服务中与特殊旅客常用沟通用语，并在实践中运用提升。

2. 通过有效的沟通艺术，有效解决特殊旅客提出的各类问题。

3. 通过案例分析、项目研学，提升学生运用知识的能力。

素质目标：

1. 培养爱岗敬业、尊老爱幼的品质，增强服务意识。

2. 深化真情服务理念，树立人文关怀意识。

3. 树立高度责任意识，培养敢于担当的品质。

案例导入

案例6.1

　　北京至温哥华某航班，一名旅客用童车推着六个月大的孩子，背上背着行李，从候机楼乘摆渡车，在一对旅客夫妇的帮助下，筋疲力尽地登上了飞机。上机后，该旅客想让乘务员为其保管童车，这时乘务员的第一句话是"他们怎么会让你把车带上飞机，按我们的规定是不允许将童车带上飞机的，自己到一边把车折起来"，这使旅客感到乘务员丝毫没有帮忙的样子，而且态度非常不友好。万般无奈的旅客背负着行李把车给折了起来，乘务员又很不客气地让旅客把车带到其乘坐的公务舱。旅客对乘务员不伸手相助感到气愤并与乘务员理论，并表示要投诉。

思考：

1.该案例中投诉的旅客是否属于特殊旅客？

2.该乘务员与其沟通时出现了哪些问题？

3.如果你是该乘务员,应该如何与该旅客进行沟通？

相 关 知 识

第一节　特殊旅客定义及范围

一、特殊旅客的定义

特殊旅客又称为民航特殊服务旅客,是指在接受旅客运输和旅客在运输过程中,民航服务人员需给予特别礼遇,或给予特别照顾,或需要符合承运人规定的运输条件方可承运的旅客。

在民航服务中,特殊旅客可分为三类。一类是指因为地位、身份特殊,在旅途中需要礼遇和保护的旅客,如重要旅客。一类是限制性旅客,是指因行为、年龄、身体状况等原因,在旅途中需要特殊照料并符合一定条件才能运输的旅客,包括儿童旅客、老年旅客等。还有一类是对民航服务有特殊要求的旅客,如某些旅客对餐食、座位等有特殊要求。

二、特殊旅客范围

(1)老年旅客

(2)抱婴旅客

(3)无成人陪伴的儿童/有成人陪伴儿童

(4)孕妇旅客

(5)重要旅客

(6)残障旅客

(7)病伤旅客

(8)遗失物品的旅客

(9)语言不通的旅客

(10)特殊餐食的旅客

(11)遣返旅客

(12)押解的犯罪嫌疑人

在特殊旅客的范围中,有些体现了全球民航运输部门都要执行的运输规定,有些反映了各单位对旅客服务的特殊要求,有些反映了民航服务人员个体对于特殊旅客的认知。例如,有些民航服务人员会把初次乘机的旅客也视为特殊旅客,给予特殊的服务。特殊旅客需要特殊服务、特殊照顾,服务程序、沟通程序往往更多,具有一定的挑战。

三、特殊旅客服务一般规定

(1)为了保证安全,须遵守国家法律法规的相关规定。若有旅客或因其行为、年龄、精神或健康情况不适合航空旅行,或使其他旅客感到不舒适或反感,或可能对其本人或其他旅客的身体或财产造成任何危害,航空公司有权依据自己合理的判断,有权拒绝运输这类已持有客票的民航特殊旅客及行李。

(2)由于特殊旅客需要特殊的照顾和服务,可能会影响对同一航班其他旅客的服务,因此每一航班对接收的各类特殊旅客(重要旅客除外)应有数量限制。对特殊旅客接收人数的控制由航班的控制部门负责。

第二节　重要旅客(VIP/CIP)的特点及沟通艺术

一、概念及分类

重要旅客(简称"要客")乘坐航班,可享受一系列高于普通旅客的优质服务(表6.1)。重要旅客可以分为要客和贵宾两大类。

表6.1　重要旅客分类及范围

名称	简称	具体内容
最重要旅客 VERY VERY IMPORTANT PERSON	VVIP	1. 党和国家领导人 2. 外国国家元首和政府首脑 3. 外国国家议会议长和副议长 4. 联合国秘书长

续表

名称	简称	具体内容
一般重要旅客 VERY IMPORTANT PERSON	VIP	1.政府部长,省、自治区、直辖市人大常委会主任,省长,自治区人民政府主席,直辖市市长和相当于这一级的党、政、军负责人 2.外国政府部长 3.我国和外国政府副部长和相当于这一级别的党、政、军负责人 4.我国和外国大使 5.国际组织(包括联合国、国际民航组织等)负责人 6.我国和外国全国性重要群众团体负责人 7.两院院士
商界重要旅客 COMMERCIALLY IMPORTANT PERSON	CIP	1.工商业、经济和金融界重要、有影响的人士 2.重要的旅游业领导人 3.国际空运企业组织、重要的空运企业负责人和航司邀请的外国空运 4.企业负责人
其他:航空公司内部重要旅客(注:各公司自定)		1.内部VVIP:集团董事长、党组书记、总经理 2.党委书记 3.内部VIP:集团副总经理、公司规定的其他人员

(一)要客

要客即狭义的重要旅客,原则上是指国家级重要人士,按照身份等级可以分为最重要旅客(Very Very Important Person,VVIP)和一般重要旅客(Very Important Person,VIP)。一般来说,航空公司和机场本身的VIP原则上只有党和国家领导人、省部级官员、两院院士、政府机构相关重要人士等,也就是通常说的政治"要客"。其中VVIP,主要指国家领导人、联合国秘书长等。

(二)贵宾

贵宾指工商界重要旅客(Commercially Important Person,CIP),包括工商业界影响力较大的人士,对航空公司发展有较大影响力的人物,以及长期以来购票数额较大,乘机次数较多的常旅客。如金卡、白金卡旅客,他们社会知名度高、购票次数多,从经济上来讲可以给航空公司带来更多效益。

二、重要旅客的特点与需求分析

(一)重要旅客的特点

1.希望被特殊尊重的心理

重要旅客拥有较高的身份和地位,自尊、自我意识强烈,特别看重在服务中受到的尊重和礼遇,非常在乎别人对自己的重视程度。同时,他们往往拥有很好的文化修养,更注重精神层面的沟通。

2.经常坐飞机,熟知服务流程

由于重要旅客经常乘坐飞机,会在不同航班不同服务人员之间进行比较,熟知服务流程。

3.对服务要求更高

重要旅客对服务更加挑剔,追求安全、准点、舒适与尊重。

4.对服务不满常选择事后投诉

VVIP旅客和VIP旅客由于身份特殊,不愿意通过投诉表达不满,更容易不再选择相应航空公司的航班出行;CIP旅客则因看重个人形象,通常不会直接对服务表达不满,而是选择藏在心里或事后投诉。我们容易失去与其沟通、补救的机会,而他们的意见要比一般旅客更有效力,航空公司也更为重视。

5.不同特殊旅客之间,需求存在差异性

有些特殊职业旅客也是我们重要旅客,特殊职业旅客组成比较复杂,需求也各不同。如有的文体明星可能不希望被打扰,有的则愿意"晒亲民";也有的可能对民航服务比较挑剔而表现出过多的额外需求。

(二)重要旅客的需求分析

1.对座位的需求

重要旅客,尤其是搭乘远程航班的重要旅客,对飞机座椅的舒适度要求更高。通常民航服务人员会为重要旅客预留座位,优先预留头等舱座位或普通舱前排座位,但在办理值机选座时,应兼顾旅客的身份和个人意愿。

2.对客舱环境的需求

重要旅客在飞机上通常会处理公务或阅读书籍,对客舱环境要求较高。在旅途中,民航服务人员应尽量为重要旅客营造一个安静、温馨、舒适的环境。如果客舱中出现吵闹声,应及时制止。

3.对服务的需求

重要旅客有能力且愿意花费高价享受更优质的服务,更看重和期待延伸服务与个性化服务。因此,民航服务人员应努力提升服务水平,为重要旅客提供便捷、无忧的尊享服务与个性化服务,从而不断提高旅客满意度。

三、与重要旅客沟通的艺术

(一)主动问候,第一时间确认

通过问候服务表现出更多的关切,提供主动、礼貌热情、周到的服务。"请问您是坐在23排C座的赵女士吗? 您好,您是我们尊贵的白金卡旅客。"

(二)准确称呼对方的姓氏,并自始至终

姓名是一个人最宝贵的东西,能够记住对方的姓名,就容易赢得好感。因此准确称呼对方姓氏,可以给对方足够尊重和重视感。例如,政要VIP一上飞机,就能准确无误地叫出他们的姓氏和职务;当VIP递给民航服务人员名片时,应当面读出来,使他们在心理上产生一种满足感。

(三)若有餐别选择,为旅客优先订餐

若有餐别选择,需要为VIP/CIP旅客优先订餐。"杨女士您好,今天我们帮您准备了红烧牛肉饭和香菇鸡肉饭,请问您更喜欢哪一种?"

(四)询问旅客休息了是否需要叫醒服务

为了避免旅客休息时打扰旅客,需提前询问旅客休息了是否需要叫醒服务。

(五)通过旅客信息,提供个性化服务

多观察、多思考,在服务细节上下功夫。提供适时、适度、周到的服务才是好服务,因此航前需根据贵宾信息卡或互联网等相关媒介提前了解该旅客的各类信息及喜好,如旅客喜欢喝茶、看报纸等,向VIP/CIP提供个性化服务(图6.1)。同时根据一些情况实时更新信息卡,动态完善个性化偏好信息,以持续提升旅客乘机满意度。随着社会的发展,旅客对服务的要求也在与时俱进地改变,有很多商务CIP旅客一上飞机就要休息,这时候提供高频次、"闪光灯"服务反而会引发旅客的不满。好的服务是给旅客安全感,但是不刷存在感。特别是夜间飞行的航班更要注意这些服务细节,能随时观察到旅客变化的需

要,发现客人入睡后要马上帮其盖上毛毯,将客舱的音乐调低,灯光调暗。

图6.1　民航服务人员为重要旅客发放饮料

(六)了解旅客满意度,倾听意见

为避免在服务过程中有环节表现不当,可主动询问旅客感受:"尊敬的杨先生,请问您对我们今天的航班服务还满意吗?"若旅客表示不满意,需耐心倾听,肯定并接受对方提出的意见,同时其提出的意见亦可帮助我们更好地改进。

(七)恰当简短的寒暄会有加分

此外,恰当简短的寒暄会有加分,可从多角度关心旅客。若重要旅客在睡觉,可帮忙把遮光板拉下来;若旅客表示不吃饭,试着提供其他餐食,如下机前给点面包或者水果;若目的地机场正在下雨,提醒旅客下机时小心脚下。飞机下降前,可主动告知重要旅客地面温度与到达时间,并根据目的地温度提示重要旅客增减衣物。送客时,需向重要旅客道谢并欢迎再次乘机。需注意,与VIP/CIP沟通时,不能说一段套话,重要旅客听得太多,可能会觉得在例行公事,民航服务人员应像沟通和交流感情一样询问。

案例6.2　响应旅客需求,避免过度打扰

白金卡旅客登机后,向乘务长提出想要一瓶水,但是乘务长忘记了此事。之后乘务组进行正常服务流程,提供矿泉水,旅客拿到了矿泉水。后乘务长来到旅客身边解释说自己刚才忘了拿水,但是旅客表示不想听。随后乘务长到前舱拿水给旅客,旅客表示已经拿到水,不再需要了。乘务长让其他乘务员再去解释,旅客再次拒绝,表示不想听解释。飞机下降时,乘务长让乘务员放了一个道歉卡片在其椅背的袋子里。下飞机后乘务长仍试图与旅客交流。旅客对此十分不满,表示就1个多小时的航班,乘务组打扰了他5次,导致自己没有休息好。

思考:

1.乘务组在该案例中存在哪些服务沟通问题?

2.乘务组应该如何处置、如何沟通更为妥当?

四、重要旅客的服务沟通行为及语言规范

基于航班服务流程,以下是与VIP/CIP沟通过程中可能会涉及的动作及语言(表6.2)。

表6.2 VIP/CIP沟通过程中涉及的动作及语言

服务对象	CIP/VIP 旅客	
服务阶段	动作	语言
迎客	问候	您好,欢迎乘机!
	主动迎上前接过行李	我来帮您拿行李好吗?请跟我来。
	引导至座位协助放好行李	行李帮您放在您头顶上方的行李架上,请您放心!
	身份信息确认	您好,请问您是坐在21排C座的李女士吗?您是我们尊贵的金卡旅客,欢迎您乘坐我们的航班,很高兴为您服务,我是今天为您服务的苏心。
	关心询问	这是为您准备的环球时报的报纸,我来帮您打开阅读灯。今天为您准备了香菇鸡肉饭和红烧牛肉饭,请问您更喜欢哪一种?如果起飞后,您睡着了,需要把您叫起来用餐吗?您觉得客舱温度怎么样?需要给您提供毛毯吗?
起飞前	协助/确认系好安全带	李女士,飞机马上就要起飞了,请您将安全带系好。
餐饮服务	协助放好小桌板	李女士,这是您的餐,请慢用。有需要帮忙的请随时叫我。
巡视	关注或询问是否有任何需要	李女士,我能为您做点什么吗?
下降前	协助确认系好安全带	李女士,请您系好安全带。(视需求提供协助)
	告知地面温度,视旅客需求提供帮助	李女士,您好,飞机马上就要着陆了,北京的温度是____度,有点热/冷,您需不需要提前做些准备?
送客	帮助有需要的旅客至舱门口(停靠廊桥情况);协助将行李拿下客梯车,送上摆渡车(未停靠廊桥情况)	李女士,我来帮您拿行李好吗?请慢走,欢迎您再次乘坐我们的航班!

案例6.3 做好CIP旅客服务

乘务员未对白金卡旅客提供相应服务,而是对同排另一位非会员旅客主动提供搭挂衣物、送水等服务,并使用白金卡旅客姓氏称呼非会员旅客。

点评分析

乘务员认错白金卡旅客。

处置方法+沟通语言

1.提前了解会员旅客的姓氏、座位号信息,尤其白金卡(含)以上层级。

2.在舱门关闭后、航班起飞前,根据机组提供的舱单再次确认航班CIP旅客信息。

3.熟知航班座位布局,避免称呼错误情况发生,可以通过和CIP旅客的简短寒暄确定该旅客是否为CIP旅客。

第三节　老年旅客的特点及沟通艺术

案例6.4　首都机场国门大使:新时代雷锋精神的传承者

"上一次给我系鞋带的是我的孙女,没想到首都机场的服务这么好,待我如亲人,小姑娘真的太谢谢你了。"首都机场国门大使周悦俯下身为旅客系鞋带的小小举动,就如冬日里的一缕暖阳照进旅客的心里。

据周悦回忆,一天下午她看到一位老奶奶从廊桥颤巍巍地往外走,于是立刻跑过去询问:"奶奶您好,看您走路不方便,我来帮助您。"旅客见此情形,脸上立马露出惊喜的表情。

一路上,周悦了解到该旅客有严重的腰椎间盘突出,由于乘坐飞机时间太久,当时很不舒服。接下来,还要换乘2号航站楼的航班。考虑到旅客的身体情况,周悦随即将她带到最近的座椅处,在帮其查询到下一个航班还有富余时间后,便提议让旅客在座椅处等候,她快速返回到问讯柜台,推轮椅将旅客送至出口。

周悦的热情体贴让旅客为之感动,拉着周悦的手动情地说:"没想到首都机场的服务这么好,给你添麻烦了,辛苦你了。"就这样周悦跟旅客说笑着来到了摆渡车的乘车点,在把旅客小心翼翼地扶上摆渡车时,周悦发现旅客的鞋带开了,便俯下身为其系上鞋带并笑着说:"我帮您系得紧一点,这样就不会开了,也不会绊倒您了。我已经联系好2号航站楼的国门大使帮助您,请您放心。"随后,周悦将旅客的体貌特征、身体状况以及摆渡车的车牌号记下,联动2号航站楼的国门大使将该旅客顺利送到登机口。

思考:

1.老年旅客的年龄范围是什么?

2.请大家思考老年旅客有什么特征?

3.在与老年旅客进行服务沟通时,需注意哪些问题?

一、老年旅客的定义

老年旅客是指年龄在七十以上（含七十岁），年迈体弱，虽然身体并未患病，但在航空旅客中是显然需要他人帮助的旅客。年龄超过七十岁，身体虚弱，需要轮椅代步的老年旅客，应视同病残旅客给予适当的照料。

二、老年旅客的特点与需求

（一）生理功能弱化

随着年龄的增长，老年人的各项身体机能都会出现不同程度的衰退，包括视力与听力下降，体力与精力衰退，动作缓慢、反应迟钝，认知能力、记忆能力、思维能力和反应速度降低等。当询问他更喜欢牛肉饭还是鸡肉面时，老年旅客可能会听不清或者反应不过来。此外老年旅客体感温度低，易怕冷。

（二）内心渴望得到帮助

与此同时，由于年龄上的差异，老年旅客的孤独感在逐步增加，嘴上不说，但内心通常渴望得到别人的关心和帮助。老年人易产生自卑、失落、不安等情绪，尤其是独自出行时，更容易滋生孤独、寂寥、消沉、烦闷之感。同时，老年人通常既渴望得到他人的关心和帮助，又容易表现出多疑、易激动等情绪。

（三）认知功能减弱

有些老年旅客很有可能是第一次坐飞机，不仅对服务设施不熟悉，对飞机上很多规定与流程也都不熟悉。

（四）内心敏感，自尊心强

体弱的老年旅客既有很强的自尊感，又有很深的自卑感，由于身体的原因自感不如他人，常常会担心因为自己的问题给别人造成困扰，害怕被嫌弃，于是在外表上常表现出不愿求别人帮助的样子。结合这些特点，民航服务人员需为老年旅客提供更细致、更主动的服务，沟通上也有相应的要点。

三、与老年旅客的沟通艺术

(一)热情问候、主动提供帮助

对于老年旅客而言,特别是初次乘坐飞机、独自乘坐飞机或不经常乘坐飞机的老年旅客,乘坐飞机出行是一个巨大的挑战。因此,对于需要帮助的旅客,需主动提供帮助,协助其入座、热情搀扶、帮助提拿、安放随身携带的物品及拐杖,并询问老年旅客是否需要毛毯、靠枕,以更加热情的问候和真诚的态度服务老年旅客。当他们遇到问题时,应做到耐心解释、热心帮助。注意老年人使用的手杖应放在座椅下方或由民航服务人员妥善保管。

(二)主动介绍客舱服务设备

对于一些年迈又不经常乘机的老年旅客,民航服务人员应主动与其沟通,适时介绍客舱设备的使用方法,如呼唤铃、清洁袋、洗手间、遮光板,指导老年人系好安全带和解开安全带的方法。

此外,沟通提供帮助时,需灵活变通。由于文化差异、性格差异,有些老年旅客包括部分自尊心、独立能力较强的旅客(特别是外国旅客),在一般身体良好的情况下,不喜欢别人给予照顾,民航服务人员应掌握这些旅客的心理特点提供恰当的服务,留心观察,等其真正需要帮助的时候,提供及时又不使他感到特殊的关照与沟通服务。没有最好的服务,只有最合适的服务。

案例6.5　餐盘丢失,沟通不当质疑老年旅客

某旅客乘坐台北至天津航班,座位号34C,旅客来电反馈称,乘务员在收餐盘时发现餐盘少一个,于是直接询问旅客,旅客表示不知道后该乘务员对旅客说了些不好听的话,称餐盘六块钱一个,想要就拿去吧。旅客十分委屈,认为乘务员歧视老年人,现旅客家属胡先生代为致电投诉要求相关部门核实情况,对责任人给予严肃处理并回复。

(三)耐心、音量稍高、说话速度放慢

由于老年旅客反应慢,民航服务人员在与老年旅客沟通时,应放慢语速、音量稍高,同时做到语调柔和、咬字清晰、语言通俗易懂。若对方没有立即听明白,需耐心解释,直

到其明白为止。同时耐心听取老人的话语,姿态上尊重老人。此外,由于某些老人习惯使用地方方言,对普通话的使用和理解能力较差,在沟通不畅时更应耐心去交流和理解,或安排会使用对方方言交流的工作人员与其沟通,以保证沟通效果。

(四)航程中持续关注,关心老人

由于老年旅客孤独感强,我们在航程中也要持续关注,主动嘘寒问暖,询问是否需要提供帮助,也可以多交流,适当介绍沿途风景、名胜古迹。在国际航班上,民航服务人员可以帮助老年旅客填写C.I.Q.(中国出入境检验检疫局)表格,经旅客本人确认后由其本人签字。

(五)在时间与条件允许的情况下尽量满足旅客餐饮要求

为老年旅客提供餐饮时,应主动介绍供应的食品,尽量送热饮饮食,因为老年旅客牙口不好,胃亦不容易消化。此外,有些老年旅客可能会想多喝饮料多要餐食,在时间允许、资源允许的情况下可以尽量满足。充分运用同理心去思考沟通——如果是我们的爷爷奶奶,我们会如何服务? 换位思考,就能得到答案。

案例6.6 原来如此

有一次,科学家周培源夫妇乘坐××981航班去美国。供餐时,乘务员发现两位老人对送去的水果没动多少,便做了种种猜测,是两位老人胃口不佳,还是他们不喜欢? 或是别的原因? 后经过细心观察,乘务员发现是老人年纪大,手不方便,不愿意开口叫乘务员帮忙。于是,乘务员就主动给老人把水果削好,切成一片片小片送到他们面前,老人十分感动,一再表示感谢。

(六)起飞下降前的安全确认

起飞下降前都需对老年旅客进行安全确认,下降前提醒老年旅客带好随身物品,从关心角度,主动告诉老年旅客地面温度,提醒他们适当添减衣物。若是遇到下大雨、大雪这种恶劣天气,还需协助送机。

(七)持续关心、关注老年旅客

大多老年人单独坐飞机或身处陌生环境容易紧张,长时间的飞行对他们的心理和生理都会有不小的压力,亲切的交谈可以让他们轻松,缓解紧张感。所以我们可以对老人多多赞美与关怀,能够拉近彼此的距离。如"婆婆,您穿得很漂亮,是去旅行吗?""奶奶,

搭乘这么早的航班您辛苦啦,飞机上好好休息哦。我给您准备一套毛毯枕头吧!""伯伯您不要着急,慢慢来。我来帮您拿行李,这边请!""爷爷,我看您带了保温杯,需要帮您加点水吗?"

四、老年旅客沟通的动作与语言

服务对象	老年旅客	
服务阶段	动作	语言
迎客	问候	爷爷/奶奶您好,欢迎乘机!
	主动迎上前接过行李	我来帮您拿行李好吗? 我带您去找座位。 您慢慢走,不要着急。
	引导至座位协助放好行李	行李我为您放在您头顶的行李架上了,请您放心。
	关心询问	您觉得客舱温度怎么样? 需要给您拿条毛毯吗?
	告知洗手间(呼唤铃)的位置	呼唤铃在您的头顶上方,红色按钮就是,有什么需要就随时按这个按钮,我会第一时间过来为您服务。离您最近的洗手间在飞机的前部/后部。
起飞前	确认/协助系好安全带	飞机快起飞了,需要我帮您把安全带系好吗? 这里有安全带,这样系好,这样就可以打开。
巡视	关注旅客,观察或询问是否有任何需要	爷爷/奶奶,飞机已经平飞了,您坐飞机感觉还好吗? (或)您有什么需要帮助的吗?
餐饮服务	主动介绍餐食与饮品	您好,我们的热饮有茶水、咖啡、温水,常温饮料有果汁、牛奶、汽水,您需要喝点什么饮料? 今天我们的餐食有____,您想吃点什么? 您小心烫。
	协助放好小桌板	这是您的餐,请慢用。有需要我帮忙的请随时叫我。
下降前	确认/协助系好安全带	需要帮您系安全带吗?(视需求提供协助)
	告知地面温度,视旅客需求提供帮助	爷爷/奶奶,飞机马上就要下降了,北京的温度是__度,有点冷/热,您可以适当添/减衣物。
送客	协助有需要帮助的旅客至舱门口(停靠廊桥情况);帮助将行李拿下客梯车,送上摆渡车(未停靠廊桥情况)	我来帮您拿行李好吗? 请慢走。祝您身体健康!

第四节　无成人陪伴儿童的特点及沟通艺术

案例6.7　一条充满温情的旅客留言

在深航郑州基地春运的航班上，这里上演着一个又一个暖心的故事。1月18日，伴随着一声声稚嫩的童音"深航姐姐，我们会一直记得你，再见！"，深航郑州基地运保部"四叶草"班组完成了一次特殊的保障任务。

当天，深圳—郑州××9299航班搭载了三名无成人陪伴儿童，因家人临时突发情况，不能前往机场接机，三名"小候鸟"紧张又不知所措地向"深航姐姐"求助。郑州基地运保部"四叶草"班组立即做好人员调整，以最快的速度帮助他们购买高铁票，并安排专人护送"小候鸟"们坐上高铁。经了解，小朋友们是第一次坐飞机，又因突发情况需在家长无法陪护的情况下乘高铁返回南阳家中。工作人员一面安抚她们紧张的情绪，一面与家人保持电话联系查询高铁时刻表，征得家人同意后帮她们购买了14时11分前往南阳的高铁票。因候车时间较长，帮孩子们取到行李后，工作人员又贴心地带孩子们前往餐厅用餐，用餐结束后把小朋友们送上了高铁。上车前，小朋友塞了一张纸条，上面用稚嫩的笔迹写着"感谢深航姐姐一路陪着我们"。下午4时，工作人员与小朋友家长取得联系得知已安全到达后，继续投入了新的工作。

思考：

1.无成人陪伴儿童旅客的年龄范围是什么？

2.无成人陪伴儿童旅客有什么特征？

3.在与无成人陪伴儿童旅客进行服务沟通时，需注意哪些问题？

一、无成人陪伴儿童的定义

无成人陪伴儿童（Unaccompanied Minor，UM），通常简称"无陪儿童"，是指航空运输开始之日年满5周岁但未满12周岁，无18周岁以上成人陪伴单独乘机的儿童旅客。在航空运输中，年满12周岁但未满18周岁的孩子，也可自愿申请无成人陪伴儿童服务。需注意无成人陪伴儿童的座位必须已经确认，且不可安排在出口座位处。

二、无人陪伴的儿童的特点与需求分析

(一)缺乏安全感,孤独、无助

单独乘机旅行的无陪儿童,因没有父母或其他亲人陪伴,往往会缺乏安全感,容易感到孤独、无助和恐慌。第一次单独乘机的无陪儿童表现更为明显,他们可能会害怕与民航服务人员接触,对陌生环境充满防备,表现异常胆怯和羞涩,不愿与人沟通。

(二)性格活泼、天真幼稚

小朋友性格比较活泼、淘气好动,若飞行时间长,可能坐不住,会在客舱内四处跑动。

(三)好奇心强、淘气好动

当无陪儿童适应机上环境之后,他们会开始感到无聊,并逐渐对周围的人、事、物产生兴趣。由于儿童天性好动、好奇、好模仿,对一些他们觉得新奇的东西总想去摸一摸。民航服务人员应格外注意其言行,给予特殊照顾。

(四)自我管理能力较差

无陪儿童缺乏自制能力,自我管理能力也相对较差,尤其是8岁以下的儿童,照顾不好自己,比如说打不开餐盒,自己无法系好安全带等。因此,在飞机起降时需视情况帮助其系好安全带,善于观察、了解其身体状况、爱好,妥善安置其随身物品,既给予无微不至的照顾,又防止任何由于其年龄特点而造成的不安全因素。

三、与无成人陪伴儿童沟通的艺术

(一)正向引导,巧用鼓励与赞美

基于小朋友活泼、好动等特点,民航服务人员应多用鼓励性的语言正向引导儿童旅客,在言语中加入对儿童旅客的期望和赞赏,从而引导他们自觉做出正确的行为。首先可以表达:"小朋友,很高兴认识你。"另一方面,事先准备好飞机上的玩具,吸引他们的注意力,做他们的玩伴,以快速取得他们的好感,建立联系。

此外,当儿童旅客调皮好动,影响到其他旅客或设备的使用,其行为要被干预时,民航服务人员应采用恰当、亲和的建议式语气,多用鼓励性的语言,平等地与其沟通,避免使用训斥、吓唬的命令式语言,温柔耐心一些,以减少孩子的戒备心。对于非语言表达,

民航服务人员应采用蹲式或半蹲式的姿态,与其视线高度保持一致,减少居高临下的压迫感和距离感,以取得儿童旅客的信任。

案例6.8

　　某航班中乘务员巡舱发现地毯上有许多饼干碎屑,便对身边的小旅客说:"小朋友,不要把饼干屑丢在地上哦。"随即将地上垃圾处理干净,事后被旅客投诉。大部分小孩子想法比较天真,内心也比较脆弱,被说教时,小朋友感受较差。

(二)询问是否初次乘机、介绍服务设备

　　指定责任区域民航服务人员需全程负责照顾无成人陪伴儿童,带领其到达座位并协助放置或拿取随身携带物品。为无成人陪伴儿童介绍座椅及娱乐系统功能,并讲解机上安全须知内容(图6.2)。

　　若该小朋友是第一次乘机,需向他们介绍服务设施设备的使用方法,包括呼唤铃、安全带、厕

图6.2　与无成人陪伴儿童沟通(模拟图示)

所等,叮嘱注意事项,必要时帮小旅客扣好安全带。也可为小旅客示范一遍。若小旅客个子比较小,安全带没法固定住,小旅客容易滑下去,这个时候可加条毛毯或者枕头,给小旅客固定住,确保安全。

　　若小旅客已有多次乘机经验,民航服务人员可通过询问的方式引导他们回答:"小朋友,你知道这个安全带怎么使用吗? 能系给姐姐看看吗?""如果你有事找姐姐应该怎么办呢?"如果小旅客都能回答上来,可以表扬他们真棒。如果回答得不完全准确,再耐心地讲解一遍。

(三)请周边旅客协助照看并感谢

　　若小旅客个子不高,如果需要按呼唤铃按不到,怎么办? 可求助旁边的旅客,请其代为照看。沟通语言可以为:"若发生紧急情况,请旁边旅客帮助我们把小朋友带下飞机。"

(四)观察小旅客动向,视情况提供玩具

　　航班过程中,我们还需及时关注小旅客的动向,询问其感受,避免他们在客舱内随意走动,随意触碰设施设备,必要情况时可提供玩具吸引他们的注意力。其间应主动询问使用卫生间的需求,根据需求引导往返卫生间。

（五）餐饮服务适当提醒

餐饮过程中，不主动提供热饮，倒饮料时一般不超过杯子的1/2，最好不要给小旅客提供茶水、咖啡、可乐，而提供矿泉水、橙汁相对较为妥当。同时在提供餐食时，注意不要手递手传递餐食，应该协助小旅客把小桌板放下，将餐食放置在合适位置。若旅客自理能力较差，还需帮助小旅客撕下包装。用完餐再帮小旅客收拾好，把小桌板收起来。

（六）嘱咐最后下机，填写天使卡

关注小旅客潜在需求，并及时进行沟通，嘱咐无成人陪伴儿童落地后等待民航服务人员带领并最后下飞机。同时，记得填写天使卡，即无成人陪伴儿童信息卡，包括用餐情况、休息情况等。

（七）保管好其证件，做好交接

民航服务人员还需帮助无人陪伴的小旅客保管好证件，一般是"无成人陪伴儿童文件袋"，起飞前由地面服务人员转交，下机后和小旅客一起交到指定接机人手里。那么，我们在登机和送客时一定要和地面做好交接工作。在其他旅客下机完毕后，将行李、物品归还给无成人陪伴儿童并与地面服务人员进行交接。

四、无成人陪伴儿童沟通的动作与语言

服务对象	无成人陪伴儿童	
服务阶段	动作	语言
迎客	问候	小朋友，你好！很高兴认识你。
	引导至座位协助放好行李	跟姐姐走吧，我带你到座位上。我帮你把行李放在行李架上。
	完成与儿童的初次沟通（建议蹲姿）	你好，小朋友，你叫什么名字？几岁了？第几次坐飞机了？我是____，在今天的航班上由我来照顾你，你有什么事情可以随时找我。飞机落地后，记得等我来带你下飞机，不要和其他人走哦。
	告知安全与服务注意事项（提供毛毯和枕头）	这里有安全带，这样系好，这样就可以打开，学会了吗？你试一下，真棒。这里是安全带指示灯，亮着时就要把安全带系好，不可以在客舱随意走动，因为颠簸会对你造成伤害。这里是呼唤铃，如果想去洗手间或者有其他需要可以按一下这个按钮或者找旁边的阿姨/叔叔帮忙，我也会经常来看你的。

续表

服务阶段	动作	语言
迎客	请周边旅客协助照看并感谢	先生/女士您好,这位是我们的无成人陪伴小旅客,今天她/他一个人坐飞机,可以麻烦您稍微照看她/他一下吗? 如果她/他在航班过程中需要帮助的话,麻烦您帮忙按下呼唤铃;如果发生紧急情况,请您将她/他带下飞机,可以吗? 谢谢您!
起飞前	协助系好安全带	小朋友,安全带系好了吗? 飞机快起飞了,你看,大家都坐好咯,你也好棒! 我们也把安全带系好,好吗? 这个礼物送给你。
巡视	关注儿童	小朋友,在干什么呢? 要不要帮你调一下电视节目啊? 我们一起画个你喜欢的卡通人物好不好?(视情况作简短沟通)
餐饮服务	主动介绍餐食与饮品	小朋友,要喝点什么吗? 果汁好吗?(记录)
	协助放好小桌板	小朋友,小心热食有点烫。(记录)
下降前	协助系好安全带	小朋友,我来帮你系好安全带好吗?
	告知温度,视旅客需求提供帮助	降落站有点热/冷,要不要换衣服?
	确认儿童证件、行李齐全	小朋友,你的行李是这几件吗? 证件要记得放好哦!
	再次叮嘱离机事宜	小朋友,一会儿飞机到了,一定要等我们来带你下机啊!
送客	带其至舱门口,将儿童及其行李交接给地面相关工作人员	小朋友,再见!

案例6.9　做好特殊旅客服务

10岁的小旅客(已办理无成人陪伴儿童服务)乘机当日,工作人员将小旅客带上摆渡车后离开,该小旅客独自乘坐摆渡车,家长得知后非常不满,提出投诉。

与无成人陪伴
儿童沟通示范

点评分析

1.对于特殊旅客的服务存在缺失,对服务规范等业务知识掌握不牢。

2.将无成人陪伴旅客单独留在某处,存在一定风险。

处置方法+沟通语言

1.加强服务意识,对于特殊旅客服务,应予以关注重视,严格落实公司服务标准,规避安全风险。

2.对待无成人陪伴儿童旅客,空中服务要做到全程专人负责,不可将无成人陪伴儿童旅客单独留在某处。

第五节　孕妇旅客的特点及沟通艺术

案例6.10　关注特殊旅客餐饮需求

　　孕妇旅客登机后睡着,睡醒后向乘务员提出需要餐食,乘务员拿来一份西式餐食,旅客表示自己在孕期无法食用生冷食物,想要一份日式餐食。乘务员将冷盘拿走并回复旅客:日式的也是生的。乘务员在沟通中态度冷淡、没有笑容,旅客认为乘务员对待工作不够认真负责,十分不满。

　　思考:

　　1.该乘务员与孕妇旅客沟通存在什么问题?

　　2.孕妇旅客有什么特点,当其提出餐食需求而客舱资源不能满足时,如何沟通更为妥当一些?

一、孕妇旅客的定义

　　孕妇:指怀孕或在产褥期中的妇女。《中国民用航空旅客、行李国际运输规则》规定,孕妇乘机应当经承运人同意,并事先作出安排。只有符合运输规定的孕妇,航空公司方可接受其乘机。 由于高空氧气成分相对减少,气压降低,且客舱内空间狭小等,通常承运人对孕妇旅客运输有一定的限制条件,国内航空公司普遍采用的一些规定如表6.3所示。

表6.3　航空公司关于孕妇乘机的规定

不同孕期	航空公司采取措施
怀孕不足8个月(32周)的健康孕妇	按一般旅客运输
怀孕不足8个月(32周)医生诊断不适宜乘机者	一般不予接受运输
怀孕超过8个月(32周)不足9个月(36周)的健康孕妇	提供医生《诊断证明书》。内容包括旅客姓名、年龄、怀孕时期、预产期、航程和日期、是否适宜乘机、在机上是否需要提供其他特殊照料等
怀孕超过9个月(36周),预产期在4周以内,或预产期不确定但已知为多胎分娩或预计有分娩并发症者	航空公司不予接受运输

孕妇乘机,安全第一

航空公司之所以对孕妇搭乘飞机有如此严格的限制或规定,既是出于对孕妇及胎儿安全的考虑,也是为了维护其他旅客及航空公司的利益。要知道,孕妇在飞行和旅行途中容易发生早产、流产、胎儿宫内缺氧等意外情况,而飞机上医疗设备有限,一旦出现意外情况,后果不堪设想。

同时,孕妇如果在飞行过程中发生出血、临产等情况,出于安全考虑,飞机必须备降至最近的机场,这就会造成当次航班的延误,甚至影响后续的航班,以及众多旅客的出行,同时也会给航空公司造成巨大的经济损失。

注意事项

1.孕妇的座位不应安排在应急出口、通道处或上舱,但也应方便孕妇本人活动和乘务员服务,也可按孕妇的要求进行安排。

2.孕妇应由指定的乘务员负责照料,在紧急情况下,指定两名援助者协助孕妇撤离飞机。

二、孕妇旅客的特点与需求分析

(一)容易心理紧张、情绪激动

相比自身的安全,孕妇旅客更关心腹中胎儿的安全和健康。乘机时,她们可能会担心飞机对身体产生影响,忧虑胎儿的健康,从而产生压抑和焦虑之感。遇到危险情况时,孕妇更容易出现心理紧张、情绪激动,担心胎儿受到影响,因此需要民航服务人员密切关注并及时安抚。

(二)对飞机上的气味或者颠簸比较敏感

航班过程中由于气流不稳定,飞机颠簸容易导致孕妇孕吐,表现为头晕乏力、食欲不振、对气味敏感、恶心、呕吐等妊娠反应。

(三)低气压、低氧、客舱空间狭小等条件,容易不适甚至导致早产

飞机在高空飞行时,客舱低压、低氧、空间狭小等因素容易导致孕妇发生不适。因为舱压因素,坐久了易导致下肢肿胀,包括飞机起降时孕妇会感觉耳鸣、晕机,对于临近产期的孕妇,气压的变化还可能导致提早分娩。

三、与孕妇旅客沟通的艺术

(一)上机后了解孕妇身体状况,细心观察排查风险

在迎接旅客时,民航服务人员应细心观察,若发现孕妇旅客,首先要通过其随身携带的孕检证明确认其是否符合乘机标准,然后细致询问其身体状况,了解其是否存在需要特殊照顾的情况或不适宜乘机的情况,若怀孕时间超过36周或有其他不适宜乘机的情况,应劝其改换交通工具。孕妇旅客心理通常比较敏感,情绪容易发生波动,民航服务人员在与其沟通时,应注意语气温和,态度亲切友好,向其表达恰当的关心。对于月份小不显怀的旅客,我们也要给予充分的关爱。

(二)协助入座/主动帮忙提、放行李

此外,民航服务人员应协助孕妇旅客入座,"女士,您好,我来帮您提行李,您的座位在32排A座。"同时也可以多表达关心与问候:"您走路时注意安全,小心一点。"若孕妇旅客是单独乘机,其行李、包也可主动接过来,协助放好。同时我们要告知全组重点关注,避免发生有其他旅客开启行李架致物品掉落等造成不必要的伤害。

(三)视情况提供毛毯、枕头,协助系好安全带

入座后,视情况给孕妇旅客提供毛毯、枕头,协助孕妇旅客系好安全带,并告知解开的方法。一般枕头垫在腰部,毛毯搭在身上,让孕妇旅客尽可能坐得舒服一些。若孕妇旅客不方便系安全带,可协助她们将安全带系在大腿根部。

(四)介绍服务设备,嘱咐应急呼叫

民航服务人员应向其介绍客舱的服务设施如安全带、手调式通风孔等的使用方法,特别是告知其呼唤铃的使用,并嘱咐其有任何不适或突发情况随时呼叫民航服务人员。此外,主动介绍洗手间的位置,因为孕妇旅客可能也会去得比较频繁。

(五)航程中持续关注,提示颠簸情况

航程中,民航服务人员还要及时了解孕妇旅客的服务感受并积极响应服务需求。适当提醒颠簸情况,嘱咐其注意安全,并给孕妇旅客多准备几个呕吐袋,随时给予照顾。"女士,您好,在飞行中可能会有颠簸,如果您感到不适可以使用您前方座椅口袋里的呕吐袋,并随时与我联系,我很乐意随时为您服务,祝您旅途愉快!"下降前再次进行天气提

示,帮助孕妇旅客整理随身携带物品,穿好衣服。若处于远机位或恶劣天气情况下需协助送下飞机。

有些孕妇旅客在乘机出行时可能过分担忧,害怕安检设备、客舱环境等会对身体造成不良影响。对于此类情况,民航服务人员应耐心解释,消除其忧虑情绪。

(六)如遇孕妇分娩,特情处置

若在航班过程中遇到孕妇旅客分娩,需给孕妇旅客安排适当位置,与其他旅客隔离,并且广播寻找医务人员,同时提供医疗箱、急救箱,若飞机上没有医务人员,则按《客舱民航服务人员手册》进行处置,及时报告机长,通知地面。

四、孕妇旅客沟通的动作与语言

服务对象	孕妇旅客	
服务阶段	动作	语言
迎客	问候	您好! 欢迎乘机!
	主动迎上前接过行李	我来帮您拿行李好吗? 请跟我来。
	引导至座位协助放好行李	行李帮您放在行李架上,有需要现在用的东西吗? 我可以帮您取出来。
	关心询问	请问您怀孕多久了,现在有什么不舒服的地方吗? 我给您拿枕头和毛毯吧,这样您会舒服一些。飞行中可能会有突然的颠簸,如果感到不适,可以使用您前方座椅的呕吐袋,并随时和我联系,我很乐意为您服务!
	介绍服务设施	呼唤铃在您的头顶上方,红色按钮就是,有什么需要就随时按这个按钮,我会第一时间过来为您服务的。离您最近的洗手间在飞机的前部/后部。祝您旅途愉快!
起飞前	协助/确认系好安全带	请将安全带系好。这条毛毯在起飞下降时可以垫在腹部,安全带可以系在大腿根部,这样宝宝会舒服一些。
餐饮服务	协助放好小桌板	这是您的餐,请慢用。有需要帮忙的请随时叫我。
巡视	关注或询问是否有任何需要	我能为您做点什么吗?
下降前	协助系好安全带	飞机马上就要着陆了,我来帮您系好安全带吧。
	告知地面温度,视旅客需求提供帮助	降落站的温度是____度,有点热/冷,需不需要提前做些准备?
送客	帮助有需要的旅客至舱门口(停靠廊桥情况);协助将行李拿下客梯车,送上摆渡车(未停靠廊桥情况)	我来帮您拿行李好吗? 请慢走,欢迎您再次乘坐我们的航班!

第六节　抱婴旅客的特点及沟通艺术

案例6.11　客舱暖心服务靠的是爱而不是技巧

春节长假是宝贵的假期,更是与家人团聚的日子。今年选择旅行过年的人不在少数,因此飞机上的老人、孩子特别多,乘务员的工作压力随之加大。记者从国航乘务员处了解到,今年成都飞往三亚的航班几乎班班爆满,客舱里不同年龄段的小朋友非常多,婴儿的哭闹声、小朋友的欢声笑语让客舱很难安静下来。此时,乘务员的服务能力备受考验。

前段时间,一段视频在各大媒体平台上广泛流传。视频中,在吉林飞往成都的航班上,一名乘务员发现有位旅客独自带着只有几个月大的宝宝乘机,就主动帮助该旅客哄孩子,一会儿温柔地将孩子抱起来拍拍背,一会儿用飞机上的小玩具逗孩子玩。在四个半小时的飞行时间里,小宝贝一直没有哭闹,画面非常温馨。视频在网络上流传后获得了许多点赞,不少人都为乘务员的暖心服务竖起大拇指。

民航人用心的服务,勾勒出春运出行的温馨画面:在今年春运期间的航班上,一些乘务员提前准备好五颜六色的糖果,因为知道即将迎来许多小旅客,糖果或可消除部分孩子的乘机恐惧;还有一些乘务员用彩纸提前折好了小兔子,准备送给小朋友,希望他们在新的一年平安快乐。

对民航而言,客舱服务不断更新升级,乘务员提供的客舱服务早已不是提供餐食那么简单。他们用心发现旅客的困难和需求,用心感受旅客的情绪。只有将真诚、友善融入客舱服务的每一个细节,用一个个小行动帮助旅客、打动旅客,才会换来航空公司的服务口碑。

思考:

1.婴儿旅客有什么特征?

2.在与抱婴旅客进行服务沟通时,需注意哪些问题?

一、抱婴旅客的定义

婴儿旅客是指出生14天(出生次日开始计算第14天)至2周岁以下的婴儿。《航空法》规定,婴儿旅客必须有成年旅客陪伴方可乘机,不单独占用座位。相连的同一排座位上都有旅客时,不得同时出现两个不占座的婴儿,如需单独占座,应购买儿童票。带婴儿的旅客不得坐于应急出口座位。出生不足14天的婴儿和出生不足90天的早产婴儿，一般不予承运。

二、抱婴旅客的特点与需求分析

(一)手提物品较多，行动不便

抱婴旅客手提物品较多，如奶粉、奶瓶、尿不湿、衣物等行李，行动不便。

(二)婴儿哭闹，容易手忙脚乱

婴儿容易哭闹，抱婴旅客容易手忙脚乱。

三、与抱婴旅客沟通的艺术

(一)主动帮忙提、放行李/安排入座

民航服务人员要主动迎上前去，协助旅客提拿、安放行李，引导入座。帮助旅客把婴儿折叠车收好存放在行李架上，并着重将行李码放整齐，提前问旅客是否有宝贝需要用到的物品，可帮其提前拿出来。也可建议把婴儿常用的物品放在前排座椅下方，便于取用。"您好，欢迎您登机！让我来帮您拿行李好吗？""请问您的座位号是多少？好的，请跟我往里走。"由于婴儿在爸爸妈妈怀里，不易被人看见，迎客时要提醒周围的旅客放慢登机速度，小心安放行李，以免挤到、碰到婴儿。如旅客提出需要帮助冲泡奶粉，询问旅客冲泡奶粉所需水量。

(二)介绍服务设备，洗手间位置

抱婴旅客坐好后，主动向其介绍机内紧急设备和服务设备的使用(包括呼唤铃，通风孔，可以换尿布的厕所等)；主动为旅客提供枕头或毛毯，征求旅客意见是否需要关闭通风孔，防止婴儿吹风引起不适。

(三)询问是否预定婴儿摇篮

针对已经订了婴儿摇篮的旅客，还需进一步进行确认。确认后，等待飞机平飞后为旅客提供婴儿摇篮，并帮助旅客支好婴儿摇篮，垫好小枕头、毛毯，提醒大人看好婴儿，不能让婴儿在摇篮里站立或爬动、翻滚，同时主动向旅客介绍婴儿摇篮位置及使用注意事项。摇篮须在航班平飞后为旅客提供，并在下降前及时收回。

(四)提供婴儿安全带,并协助系好

为婴儿提供婴儿安全带,并协助系好。若是夏天,宝宝穿得比较少,皮肤娇嫩,可在安全带内侧垫上一层柔软的物品,如宝宝的衣服,围裙等,同时为抱婴旅客提供机上枕套和毛毯作为备用。用小枕头垫在婴儿的头部,如坐在靠过道的座位,需提示旅客婴儿的头部不要朝向通道一侧,避免他人或餐车经过时碰触。

(五)起飞下降的压耳提醒,询问是否需要沏奶粉或提供温水

提示旅客飞机起飞下降过程中,为了避免压耳的不适,需提醒旅客唤醒睡觉的婴儿。可询问旅客是否需要沏奶粉或提供温水。

(六)餐饮服务询问用餐顺序及婴儿用餐要求

关于餐饮服务,民航服务人员需询问抱婴旅客用餐顺序及婴儿用餐要求,是否轮流用餐或一起用餐。同时要向旅客征询婴儿喂食、喝水的时间和用量,有无特殊要求等。尽可能按照旅客的要求操作,帮助婴儿调奶粉时,确保奶瓶洗净,掌握好水温,一般为38~45度,民航服务人员可倒在手背上几点感受一下温度,交给抱婴旅客时要再次提醒她们试温,避免造成宝宝烫伤(图6.3、图6.4)。

图6.3 主动为抱婴旅客提供毛毯　　图6.4 为抱婴旅客提供餐饮服务

(七)航程中持续关注,尤其是婴儿哭闹时

给予抱婴旅客持续关注,尤其是婴儿哭闹时,第一时间去询问和安抚旅客。如婴儿父母上厕所,也可能需要协助留意照看。

知识链接

婴儿哭闹原因:压耳、身体不舒服;饿、渴;要求换尿布;不愿同一姿势或同一地点久坐。要求乘务员掌握其特点,因时制宜。婴幼儿睡觉时应征得监护人的同意后提供毛毯、枕头和摇篮。

(八)落地时,帮助整理物品,协助母亲穿好衣服,提拿行李

飞机下降前,我们可以提醒抱婴旅客唤醒婴儿,以免压耳,同时系好安全带,收好摇篮。落地时,帮助抱婴旅客整理好随身携带的物品,协助穿好衣服,提拿行李。同样处于远机位或者恶劣天气时需要我们协助送机。

四、抱婴旅客沟通的动作与语言

服务对象	抱婴旅客	
服务阶段	动作	语言
迎客	问候	您好,欢迎乘机!
	主动迎上前接讨行李	我来帮您拿行李好吗?请跟我来。
	引导至座位协助放好行李	行李帮您放在行李架上,有现在需要用的东西吗?我可以帮您取出来。可以给宝宝换尿片的洗手间在____。航班中有任何需要请告诉我,很乐意为您服务!
	询问摇篮预定信息(针对已预订摇篮的旅客)	您是否预定了婴儿摇篮?(如预定了摇篮,提供毛毯、枕头)我们会在飞机平飞后为您把摇篮安装好。
起飞前	确认/协助系好安全带	女士,这是给宝宝提供的安全带,我给您介绍使用方法吧,将安全带从头部穿过,将这两侧系在宝宝的身上就可以了,请问您会使用了吗?我协助您系,好吗?您抱好宝宝,我也帮您系好安全带。
	压耳提醒,询问是否需要冲泡温水或者奶粉?提醒宝宝头部朝里侧。	起飞、下降过程中可能会因为气压变化有点压耳,如果他哭闹,您可以给他喂点水或者奶。需不需要帮您冲泡点温水或者奶粉呢?同时,在过道可能会有餐车经过,建议您将宝宝头部朝向里侧。
餐饮服务	征求旅客的用餐时间	请问是您先用餐还是您先喂宝宝?我可以帮您留好餐食。需要用餐时可随时联系我。
	协助旅客放好小桌板,整理座位和桌板上的杂物	这是您的餐,请慢用。有需要帮忙的请随时叫我。
	协助冲奶粉或米糊	请问要冲多少毫升温水?冲好后我会立刻给您拿过来。
	冲好奶粉或米糊后立即送回	您看温度合适吗?
巡视	关注旅客,特别是婴儿在哭闹的,观察或询问监护人是否有任何需要	1.我能为您做点什么吗?(或)2.需要我帮您拿点纸巾/小毛巾吗?
下降前	确认/协助系好安全带	女士,需要帮您系安全带吗?为避免压耳,您也可以把宝宝唤醒了。
	告知地面温度,视旅客需求提供帮助	降落站的温度是____度,有点热/冷,需不需要提前做些准备?

续表

服务阶段	动作	语言
送客	协助需要的旅客到达舱门口(停靠廊桥情况):帮助将行李拿下客梯车,送上摆渡车(未停靠廊桥情况)	我来帮您拿行李好吗? 请慢走,欢迎您再次乘坐我们的航班!

与抱婴旅客
沟通示范

第七节　病残旅客的特点及沟通艺术

一、病残旅客的定义

病残旅客指在心理、生理、人体结构上,某种组织、功能丧失或者不正常,全部或者部分丧失以非正常方式从事某种活动能力的人。这些人较之正常人自理能力差,有特殊困难,迫切需要他人帮助。病残旅客一般可以分为身体患病、肢体伤残、失明旅客、担架旅客、轮椅旅客、精神病患者等。

二、病残旅客的分类

(一)视觉障碍旅客

这类旅客部分或完全丧失视力,其中最典型的就是盲人旅客。残疾所造成的行动困难、公共设施不利于身体障碍者活动使他们有很强的孤独感,情感比一般人丰富、敏感,且自尊心强。此外,盲人因缺少视觉感受而行动不便,平时大多文静,爱听音乐和广播小说等,长此以往,大多数人形成了内向的性格,情感不外露。

(二)言语障碍旅客

言语障碍旅客包括聋哑人和半聋哑人。听觉的丧失致使他们对复杂环境的感知不够完整,给他们的认知活动带来了严重影响。此外,由于语言受到障碍,这类旅客的情绪反应强烈且不稳定,易发脾气。

(三)行动障碍旅客

这类旅客由于肢体伤残,需要使用轮椅、担架或拐杖,内心往往敏感而自卑,特别在意别人谈起或者触碰他们残疾的部位,也不愿麻烦别人帮助自己。

(四)有其他缺陷的旅客

这类旅客可能存在情绪不稳定、自控力差、意志薄弱、缺乏自信的情况,他们交往能力和语言能力通常较差,无法和他人正常交流,同时注意力分散,记忆力不佳,生活无法自理,在外出时需要专人陪护。

三、病残旅客的特点与需求分析

对这部分特殊旅客,民航服务人员要认真分析他们的真实心理。

(一)自尊心较强、敏感

大多数残疾旅客因先天生理缺陷或后天伤残等因素,在生活中面临种种障碍。他们既有自卑感,又有较强的自尊感。这类旅客因为自己不能同正常人一样行动,而自感不如他人,所以在内心深处有着很深的自卑感,但内心要强,表现为不愿寻求他人帮助。长此以往,他们的个性形成了比较固执、倔强的特点。

(二)自理能力较差

这些旅客较之正常旅客自理能力差,却不愿意别人把他们看成残疾人士。

四、病残旅客的服务规范

(一)轮椅旅客

一般说来,轮椅旅客要优先登机,最后下飞机。在登机时,民航服务人员应主动帮助旅客提拿和安放其手提物品及轮椅,协助旅客就座后将其系好安全带,使旅客感觉舒适。如果轮椅旅客去洗手间等有困难时,民航服务人员应该主动提供耐心、细心的帮助。在飞机下降前,带班乘务长应该通知机组人员轮椅旅客的类别,使地面人员获取相关信息,以区分是否需要升降车。

(二)担架旅客

如果有担架旅客乘机,民航服务人员要事先了解该旅客的病症,确认陪同人员,以及有无特殊要求等。一般说来,担架旅客应先上飞机。如果担架随机,那么民航服务人员应协助将旅客和担架安置在普通舱后三排左侧。如果担架不随机,那么民航服务人员可以在座椅上铺垫毛毯、枕头,根据病情让旅客躺卧,并帮助旅客系好安全带。飞行途中,应由专人(民航服务人员)负责担架旅客,经常观察、询问病情,与陪同人员商量,提供特殊服务。飞机下降前,民航服务人员应报告机组与地面联系安排相关事宜。飞机下降时,民航服务人员应提醒旅客躺好、扶稳,系好安全带。飞机到站后,担架旅客最后下飞机。下机时,民航服务人员应协助整理、提拿手提物品。

(三)盲人旅客

在登机时,民航服务人员应主动搀扶盲人旅客,帮助盲人旅客提拿和安放行李,安排入座。搀扶盲人旅客的正确方法是:让旅客扶住你的手臂,在上、下飞机或遇到有障碍物时要及时告诉旅客。旅客入座后,民航服务人员应向盲人旅客介绍安全带的操作,呼叫铃、座椅调节、餐桌的使用方法,介绍紧急设备的方向、位置和使用方法,触摸各种服务设备的位置并教其使用。在提供餐饮时,民航服务人员要向盲人旅客介绍餐饮的种类,并提供特殊服务。如切肉、加沙拉酱等工作要在厨房里进行。送餐食时,民航服务人员要将各种食品以时钟位置的方式向旅客介绍,告诉旅客从哪儿开始食用,并提醒旅客哪一种食物是烫的。

(四)视力或听力障碍旅客

视力或听力障碍旅客入座后,民航服务人员应向旅客介绍安全带的操作,呼叫铃、座椅调节、餐桌的使用方法,介绍紧急设备的方向、位置和使用方法。因视力或听力障碍旅客听不到广播,民航服务人员要将如延误或改航班等重要信息设法告知旅客。许多视力或听力障碍旅客会读口型,民航服务人员在与之交谈时应面对旅客,而且放慢说话速度。如果旅客不明白或语言不通,则需要借助文字、符号或手势,但必须要有礼貌。如遇过站,只要视力或听力障碍旅客自己愿意下机,民航服务人员要与地面人员交接,同时要确保视力或听力障碍旅客重新登机。到达目的地后,民航服务人员必须将视力或听力障碍旅客送交地面服务人员。

(五)拐杖旅客

在登机时,民航服务人员应主动帮助拐杖旅客提拿和安放手提物品,引导旅客入座。

手杖或拐杖可以沿机身墙壁竖放在不靠紧急出口的座位下,或放在一个许可的储藏空间内。手杖也可以平放在任何两个非紧急出口窗口座位下面,但手杖不能放入过道。

对于使用拐杖的旅客,民航服务人员应该要留心观察,当发现旅客需要使用拐杖时,应尽快将拐杖递给旅客并热情搀扶引导。如果旅客需要使用卫生间,民航服务人员应协助开门,在门外等候并帮助旅客回座位。必要时,也可以询问旅客是否需要轮椅。

五、轮椅旅客的分类与沟通要点

(一)轮椅旅客的分类

1.WCHC

此类旅客为完全无行走能力,能在座位上久坐,但不能自行走动;并且前往/离开飞机或移动式休息室时需要轮椅,在上下客梯和进出客舱座位时需要背、扶。

2.WCHS

此类旅客可以自己进出客舱座位,但不能自行上下飞机,远距离前往/离开飞机或移动休息室时需要轮椅。

3.WCHR

此类旅客能够自行上下飞机,在客舱内能自己走回座位处;但远距离前往或离开飞机时,如穿越停机坪、站台或前往移动式休息室,需要轮椅。

(二)轮椅旅客的沟通要点

在服务轮椅旅客时,民航服务人员一定要真诚,透过眼神、语气、肢体动作等传递关心和爱护,从而拉近彼此的距离,为进一步服务沟通做好铺垫。

1.主动引导入座,协助提、放行李

一般轮椅旅客遵循先上后下原则。当轮椅旅客登机时,主动引导入座,协助提拿安放行李:"您好,欢迎乘机,我来帮您拿行李好吗？请跟我来。""航班中有任何需要请告诉我,很乐意为您服务。"

2.介绍卫生间位置,协助旅客使用

待旅客入座后,向旅客介绍卫生间位置,并在旅客需要时协助旅客使用。"卫生间在后舱,我来带您过去,这是呼唤铃,如果您有需要帮助,请按这个按钮,我在门外等您。"

3.细微服务时了解需求,提供恰当服务

民航服务人员要仔细观察轮椅旅客的面部表情、行为举止,认真揣摩他们的真实意

图,在不伤害他们自尊心的前提下给予恰到好处的帮助。飞行中可根据需要,提供毛毯及靠枕,餐饮服务时协助放好小桌板,并征询意见,协助打开食品包装等。

4.航程中持续关注

给予轮椅旅客持续关注,巡舱时主动询问他们是否有需要帮助的地方。在进行语言沟通时,尽量气徐声柔,俯身低声交流,让旅客感受到尊重和照顾,增强旅客对民航服务人员信任的同时,也能避免引起周围其他旅客的注意,导致轮椅旅客心绪不佳。

5.落地前告知轮椅预定情况

落地前记得告知旅客轮椅预定情况,让旅客放心。"您好,先生/女士,我们飞机即将着陆。一路上您身体感觉还可以吗?看来您还是比较适应飞行的。我们已经联系了当地的机场服务部门为您准备了轮椅。所以等飞机完全停稳后,请您不要着急下飞机,地服人员会在其他旅客下机完毕后过来接您。所以,飞机落地后,请您在座位上稍等片刻,我们将协助您下飞机。"

6.下机前,归还保管物品及行李整理,并做好下机协助

下机前,我们要帮助旅客整理随身物品,归还保管物品,确认旅客最后下机,并且做好旅客下机协助服务,与地面做好交接工作。

(三)轮椅旅客沟通的动作与语言

服务对象	轮椅旅客	
服务阶段	动作	语言
迎客	问候	您好,欢迎乘机!
	主动迎上前接过行李	我来帮您拿行李好吗?请跟我来。
	引导至座位协助放好行李	行李帮您放在行李架上好吗?航班中有任何需要请告诉我,很乐意为您服务!
	告知洗手间的位置	离您最近的洗手间在____。
起飞前	协助系好安全带	请您系好安全带。(视需求提供协助)
餐饮服务	协助放好小桌板	这是您的餐,请慢用。现在是餐饮服务时间,我们在客舱送餐,您有需要也可以随时联系我们。
巡视	关注轮椅旅客,观察或协助旅客使用洗手间	有什么需要帮忙的吗?
下降前	协助系好安全带	请您系好安全带。(视需求提供协助)
	确认落地后轮椅服务	您好!我们已经为您预订好了轮椅。飞机落地后,请您在座位上稍等片刻,我们将协助您下飞机。
送客	协助轮椅旅客至舱门口	我来帮您拿行李好吗?
	交接给地面相关工作人员	再见!欢迎您再次乘坐我们的航班!

病残旅客服务的注意事项

(一)接收轮椅旅客注意的问题

1.必须要有诊断证明书和特殊旅客乘机申请书。

2.座位安排在靠近客舱效劳员的座位附近或靠走廊的座位,但是不能安排在紧急出口处旁的座位上。

(二)接收担架旅客应注意的几个问题

1.担架旅客订座不得迟于航班起飞前72小时。

2.每一航班每一航段上只限载运一名担架旅客。

3.必须要有诊断证明书和特殊旅客乘机申请书。

4.经医生同意,至少一名陪护人员。

5.担架旅客免费行李额为60公斤。

6.一般安排担架旅客先上飞机。

(三)不予承运的病残旅客

1.患有传染性疾病。

2.精神病患者。易于发狂,可能对其他旅客或自身造成危害者。

3.面部严重损伤,有特殊恶臭或有特殊怪癖,可能引起其他旅客的厌恶者。

由于病残旅客需要特殊的服务和照顾,所以每一个航班载运此类旅客的数量应有限制,以免影响对其他旅客的服务。

任务实训

一、实践应用

(一)实训练习

在飞机上有一位无成人陪伴的男孩,身为民航服务人员应如何与其沟通?

情境一:他不满飞机上没有提供正餐,他不吃蛋糕和面包。

情境二:他担心到达后爷爷奶奶不来接他,哭了起来。

(二)拓展训练

案例6.12

"哇——哇"一声孩童的嚎啕大哭打破了客舱的安静,正在巡视客舱的乘务员小Z立即前去查看,原来是一位小朋友的眼角被座椅扶手砸到了。眼见小朋友哭泣不止,小Z立刻拿来机上小零食哄着宝宝,让其停止哭闹,随后又立即向乘务长进行汇报。乘务长赶来,通过询问得知,由于座椅扶手自然落下,砸到了躺在座椅上宝宝的左眼角,并且已经出现红肿乌青的症状,小Z及时提供冰块和湿毛巾帮宝宝冷敷。乘务长关切询问是否需要落地之后第一时间通知医生上机为宝宝检查,征得家长同意之后,乘务长及时告知机长通知地面救护上机检查并启动旅客伤亡处置程序。整个航程,乘务组一直全程关注宝宝,及时询问并提供帮助。通过检查,宝宝并无大碍,家长表示不需要进一步检查治疗,但是旅客对乘务组的积极处置仍然表示十分感谢。

思考:请依据儿童旅客特点及相关的沟通艺术知识做简要点评分析。

二、情境演绎

每位同学选取1种特殊旅客类型,模拟整个飞行过程的服务场景(迎客、起飞前、餐饮服务、巡视、下降前、送客),拍摄一段2~3分钟的微视频。

三、案例分析

案例6.13

某航班旅客登机入座后,一老年旅客怀中抱着一件大件行李紧紧不放。乘务员小刘提出放在行李架上,老人坚持不肯,在没有多加沟通的情况下,乘务员小刘立即提起了老人怀中的行李塞入了其座位上方的行李架,随后转身离去。尽管乘务员执行安全规定没有错,但还是引起了老人的不快,直接向带班乘务长投诉该乘务员工作方法简单粗暴,对老年人没耐心、不够尊重。小刘接到投诉后,挺不服气。

思考:请结合老年旅客的特点及相关的沟通艺术知识做简要点评分析,说一说如果你是小刘,后续工作该怎么办?

一、材料阅读

知识链接

民航服务人员谈如何与旅客沟通

杨艳

时光飞逝，今年已经是我飞行的第七个年头了，在这说长不长，说短也不算短的七年里，我服务过很多不同类型的旅客，今天跟大家分享一下我的一些工作感想。

我认为乘务员的服务工作从本质上来说，代表的是一种人际交往关系。我们作为"客舱的主人"，需要拥有一个正面的积极的心态，用现在流行的话说，就是"正能量"的体现。乘务员的态度在为旅客服务过程中占了首要地位，我们可以试着换位思考一下，从旅客的角度出发，如果我是旅客，我希望可以得到一个什么样的服务？每一个乘务员都要学会说话的艺术，跟金、银卡旅客的沟通、跟老年旅客的沟通、跟儿童旅客的沟通乃至跟情绪不稳定等特殊旅客的沟通等，与不同的旅客应该使用不同的语言技巧。同时，我们的笑容也是为旅客服务时的强大"武器"，没有人喜欢受到冷漠的对待，没有人会喜欢呆板无趣的教条式的对话，凡事要"请"字当头，多说"谢谢"。你如何对待旅客，旅客的心是可以感受到的，在为旅客服务的时候，用心感受一下，你会发现，客人其实也有着可爱的一面，他们也会跟你说："谢谢，你辛苦了。"不得不说，我听到这句话的时候，心里非常感动，自己的辛苦付出原来旅客都看在眼里，是被理解认可的，这种喜悦相信很多同事都体会过。

都说乘务员是容易满足的人，容易满足的人都有着一颗善良的心，我们为旅客服务的时候，需要多一份责任感，用我们的爱心、包容心、同情心和耐心，把旅客当作我们的家人和朋友，当他跟你说需要一杯水、一条毛毯，一个枕头的时候，我们可以很热情地回应他"好的好的，您稍等，我马上来！"让他感受到家人般的关怀，无形中提升了旅客满意度。

在为金、银卡旅客提供服务的时候，其实我们的金、银卡客人真的不仅仅是需要"毛毯、枕头、拖鞋加报纸"这些形式上的东西，你的亲切问候，第一时间优先为其提供服务，及时满足他的需求，提前告知他各种航班信息，不要光是启动我们的程序化流程。上客时候引导旅客入座，巡视客舱的时候，提供餐饮时，下降前告知时间温度，与其道别的时候，都是你跟他沟通的良机，你知冷知热的一句话，都可以让他对你的服务加分。

在与旅客沟通时，会说话、说好话，真的很重要，比如为旅客提供餐食的时候，提供到这位旅客的时候，他所需要的餐食品种刚好没有了，或者旅客提出可供选择的餐食他都不喜欢，我们乘务员很热心地到头等舱找了一份餐送到旅客面前说："真对不起，这是头等舱多余的一份餐，我给您送来了，您看合不合口味？"这个时候，旅客说不定非但没有感谢你，反而会不高兴。如果你这样跟他说："真对不起，这是我特地去头等舱为您拿的餐食，您看是否合口味？"同样的一份餐，但不同的一句话，可能会带来不同的效果。或者当我们航班延误的时候，旅客可能在地面等待了几个小时，终于上机了，我们歉意地问候道："你好，让您久等了，欢迎您登机……"，相信很多人都跟我一样听到过这样的话，"好什么好，让我等了这么久……"很容易让旅客感觉我们的问候没有诚意，是一种置身事外的程序化的问候。如果我们用另一种话来打招呼呢？"十分抱歉，谢谢您的等候，您辛苦啦，让您久等了，谢谢您的理解……"这样的问候语，可能旅客更能接受些。尤其针对带小孩的旅客们，我们可以多关注夸赞小朋友，相信旅客的感受就会不一样了。

学会说话，恰到好处地说话，巧妙地运用我们的语言艺术，在工作中锻炼提升我们的服务能力，一定可以为旅客带来更好的服务感受，为旅客打造一个和谐温馨的客舱氛围，有力提升我们的服务品质，提高旅客对我们服务的满意度。

二、案例分析

案例6.14　增强服务意识　关注他人感受

航班计划飞行时间2小时25分钟，普通舱只发了一次干果、送了一次饮料。乘务员在为年迈轮椅旅客提供果仁时，并未关注到老人上肢行动不便，未协助旅客打开果仁包装，之后其他旅客协助老人将干果袋打开。在收餐过程中，乘务员在老人饮料杯中还有半杯水的情况下，没有询问直接将杯子收走，老人周围的旅客见此情景感到不满。乘务长在得知此事后，并未与旅客进行有效沟通，导致投诉发生。

思考：

1.乘务组在案例中存在哪些服务沟通问题？

2.如果你是该乘务员，应该如何处置、如何沟通更为妥当？

案例6.15　关注旅客需求，提高服务响应

1.旅客（孕妇）登机时向乘务长说明自己是怀孕6个多月的孕妇，但没有引起乘务长关注。

2.在座位处希望乘务员（男）帮忙将行李放置到行李架上，但乘务员没有协助，而是要求旅客找后面的乘务员帮忙，旅客叫了几声后面的乘务员，但乘务员并没有听到。无奈之下旅客只能自己放置行李，放了几次才将行李放好。

3.落座后，向另一位乘务员（女）要靠枕，该乘务员让旅客稍等，但等了10分钟都没有送来，旅客再次询问，被告知还需要等待。旅客第三次向该乘务员要靠枕，此时却被告知已经发完了，旅客对此航班服务非常不满。

思考：

1.乘务员与其进行服务沟通时出现了哪些问题？

2.如果你是该乘务员，应该如何处置、如何沟通更为妥当？

案例6.16　温馨做提示，关注小旅客

旅客与两岁的孩子乘机，孩子自己坐在座位上一直哭，旅客想抱着孩子，乘务长阻止了旅客。后续乘务长和乘务员多次告知旅客不能抱着孩子，导致旅客不满。旅客表示理解乘务组从安全角度考虑，但乘务员多次来找旅客，让旅客有被针对的感觉，服务感受不好。

思考：

1.乘务员与其进行服务沟通时出现了哪些问题？

2.如果你是该乘务员，应该如何处置、如何沟通更为妥当？

本 章 小 结

特殊旅客服务作为民航服务的重点工作，是提升服务品质、打造服务品牌、增加服务温度、彰显人文关怀的重要环节。本章重点讲解了民航服务中最常见的六类特殊旅客：重要旅客、老年旅客、无成人陪伴儿童、孕妇旅客、抱婴旅客及病残旅客。首先，深入分析不同特殊旅客的特点，挖掘他们的内在需求，进一步把握沟通艺术。此外，本章充分对接客舱服务过程，构建从迎客到送客整个过程涉及的沟通动作及语言，帮助大家基于完整的情境进行学习。希望大家能在以后服务工作中，当老年人的好儿女、小旅客的好阿姨、孕妇的好护理、病残旅客的好帮手。

思考与练习

一、多选题

1.以下属于民航特殊旅客的有( )

A.老年旅客　　　　　　　　B.无成人陪伴儿童　　　　　C.醉酒旅客

D.犯人旅客　　　　　　　　E.CIP旅客　　　　　　　　F.遗失物品的旅客

2.以下关于VIP/CIP旅客特点说法正确的是?( )

A.经常坐飞机,熟知服务流程　　　　　B.对服务要求高:安全、准点

C.手提物品较多,行动不便　　　　　　D.性格活泼、天真幼稚

E.对服务不满常选择事后投诉　　　　　F.对服务设施不熟悉

3.以下关于抱婴旅客沟通特点及艺术说法正确的有( )

A.在起飞、降落过程中,可能会出现压耳现象,宝宝容易哭闹,民航服务人员可提醒旅客让宝宝适当喝点水诱导吞咽,以缓解压耳。

B.应提醒旅客让宝宝的头部朝向里侧。

C.婴儿哭闹时,抱婴旅客容易手忙脚乱。

D.落地时,帮助抱婴旅客整理物品,协助穿好衣服,提拿行李。

E.提供报纸,打开阅读灯,提前询问抱婴旅客餐食选择。

F.填写天使卡。

4.以下关于民航特殊旅客说法正确的是( )。

A.老年旅客体感温度低,应主动给其提供毛毯、枕头

B.对于一些无成人陪伴儿童,如果安全带固定不住,可通过垫毛毯或者枕头进行固定

C.若无成人陪伴儿童手够不到呼唤铃,可请周边的旅客帮忙并表示感谢

D.对于VIP/CIP旅客需主动问候,并第一时间进行确认,若提供餐食时他们入睡了,需要把旅客叫醒用餐

E.我们需要协助VIP/CIP旅客系好安全带

F.主动向抱婴旅客介绍服务设备、洗手间位置。通风孔不要对着旅客和婴儿

二、综合材料题

(一)请选择以下特殊旅客的服务沟通基本点

A.帮助提拿、安放行李　　　　　　　B.贵宾信息确认

C.航程中持续关注,询问需求　　　　　D.告知地面温度,提示视天气情况增减衣服

E.主动提供毛毯　　　　　　　　　　F.告知洗手间位置

G.告知安全及服务注意事项　　　H.提供报纸,打开阅读灯,提前询问餐食选择

I.叮嘱旅客勿自行离开飞机　　　J.协助系好安全带

K.协助旅客放好小桌板　　　　　L.填写天使卡

M.落地前告知轮椅预订情况　　　N.协助冲奶粉、米糊

(1)重要旅客的服务沟通基本点包括哪些方面?

(2)无成人陪伴儿童旅客的服务沟通基本点包括哪些方面?

(3)抱婴旅客的服务沟通基本点包括哪些方面?

(4)孕妇旅客的服务沟通基本点包括哪些方面?

(5)老年旅客的服务沟通基本点包括哪些方面?

(6)轮椅旅客的服务沟通基本点包括哪些方面?

(二)简答题

1.在特殊旅客中,重要旅客的分类有哪些?

2.重要旅客的心理特征有哪些?

3.孕妇旅客的群体特征有哪些?

4.在特殊旅客中,孕妇的乘机条件应符合哪些规定?

5.机上婴儿摇篮应该在什么时间、阶段挂好,什么时间收回?

6.病残旅客的分类有哪些?

三、情景模拟

1.迎客阶段,面对重要旅客,你的服务动作为问候、主动迎上前接过行李、引导入座、身份信息确认。你应该对旅客说:

_____

_____

2.起飞前,面对无成人陪伴儿童,你的服务动作为请周边旅客协助照看并感谢。你应该对旁边旅客说:

_____

_____

3.起飞前,面对孕妇旅客,你的服务动作为关心询问,为旅客介绍服务设施。你应该对旅客说:

_____

_____

4.起飞前,面对抱婴旅客,你的服务动作为确认/协助系好安全带,压耳提醒,询问是

否需要冲泡奶粉。你应该对旅客说：

_____

_____

5.下降前,面对老年旅客,你的服务动作为确认/协助系好安全带,告知地面温度,视旅客需求提供帮助。你应该对旅客说：

_____

_____

6.下降前,面对轮椅旅客,你的服务动作为确认落地后轮椅服务。你应该对旅客说：

_____

_____

思 维 导 图

特殊旅客的定义 | 特殊旅客范围
1
特殊旅客定义及范围
特殊旅客服务一般规定

概念及分类 | 重要旅客的特点与需求分析
2
重要旅客(VIP/CIP)的特点及沟通艺术
与重要旅客沟通的艺术 | 重要旅客的服务沟通行为及语言规范

老年旅客的定义 | 老年旅客的特点与需求
3
老年旅客的特点及沟通艺术
与老年旅客 | 老年旅客沟通的
的沟通艺术 | 动作与语言

无成人陪伴儿童的定义 | 无成人陪伴儿童的特点与需求分析
4
无成人陪伴儿童的特点及沟通艺术
与无成人陪伴儿 | 无成人陪伴儿童沟
童沟通的艺术 | 通的动作与语言

孕妇旅客的定义 | 孕妇旅客的特点与需求分析
5
孕妇旅客的特点及沟通艺术
与孕妇旅客 | 孕妇旅客沟通的
沟通的艺术 | 动作与语言

民航服务特殊旅客沟通艺术

抱婴旅客的定义 | 抱婴旅客的特点与需求分析
6
抱婴旅客的特点及沟通艺术
与抱婴旅客 | 抱婴旅客沟通
沟通的艺术 | 的动作与语言

病残旅客的定义 | 病残旅客的分类 | 病残旅客的特点与需求分析
7
病残旅客的特点及沟通艺术
病残旅客的服务规范 | 轮椅旅客的分类与沟通要点

>>> >>> 第七章

民航服务内部
沟通艺术

学习目标

知识目标：

1. 了解并掌握民航服务上行、下行、平行的沟通方法与艺术。

2. 理解机组资源管理有效沟通的概念、方法与艺术。

能力目标：

1. 能够应用民航服务上行、下行、平行有效沟通艺术，提高沟通能力。

2. 通过多形式情境训练、任务实训，提升学生积极内部沟通的意识。

素质目标：

1. 培养学生团队协作、合作共赢的职业精神。

2. 正确认知职业沟通，提升自我调节能力。

3. 树立高度责任意识，培养敢于担当的品质。

案例导入

案例7.1　内部沟通不畅，引发投诉案例

某航班，就座23排A座旅客投诉下降期间按呼唤铃，乘务员没有及时出来帮助，落地后来得晚，没有及时处理手中的呕吐袋，后续航段乘务员没有关心该名旅客。

事件调查

某日，执行某航班已经下降并放起落架后，23排A座旅客连续按2次呼唤铃，乘务长无法第一时间为其提供服务。在飞机落地停稳后进行服务的广播后，乘务长用内部话机给后舱2号见习乘务长打电话，让其落地后去看看呼唤铃，有什么情况及时汇报。后舱4号乘务员在解除滑梯后去看23排A座呼唤铃并询问旅客需求，旅客带的小朋友晕机呕吐，让乘务员给她找个袋子，乘务员去后舱没有找到小袋子，随即拿了矿泉水、纸巾和几个清洁袋给23排A座旅客，并告知旅客将呕吐物丢到后舱洗手间垃圾箱内。4号乘务员赶往后舱，但旅客并没有一同前往，旅客将呕吐袋拿下飞机。后续航班该旅客登机就座后，2号见习乘务长上前询问小朋友晕机好点没，是否需要使用洗手间，该小朋友的家长说不需要了，没有呈现态度不好，2号见习乘务长告知乘务长旅客没有问题。

思考：

1.该案例中乘务员存在哪些问题？

2.乘务组之间内部沟通应注意哪些方面？

相 关 知 识

在民航服务中，建立并保持良好的上下级关系，对工作开展、提升服务质量具有重要的意义。与同事沟通是任何组织成员不可回避的。由于同事是与自己一起工作的人，与同事相处如何，直接关系到自己的工作、事业的进步与发展。处理好同事关系，能提高工作效率；有助于促进各个部门之间相互了解，培养整体观念和合作精神；可增强员工之间的互谅互让，培养员工之间的友谊，改善工作态度。

第一节 民航服务上行沟通艺术

一、上行沟通的概念

上行沟通是指下级向上级报告工作情况，提出建议、意见，或表达自己的意愿，即自下而上的沟通。对于民航服务人员来说，与乘务长、客舱经理之间的沟通为上行沟通。上行沟通既可以使上级了解下情，从而做出符合实际的决策，也可以让下级得到反映工作情况，表达自己想法的机会，从而获得工作带来的成就感和价值感。

二、民航服务上行沟通的内容

(一)民航旅客服务进展

民航服务人员须及时向上级汇报旅客服务进展情况，如在服务过程中遇到困难，可明确说出自己希望得到的帮助，以快速解决问题，提高旅客服务质量。如航班飞行过程中,有旅客提出想要喝啤酒,但该航班未配备,民航服务人员须及时向乘务长反馈问题,并关注旅客的情绪。

(二)民航旅客服务失误

民航服务工作中,旅客的诉求呈现多元化,且飞行过程充满了不确定性。当民航服务人员工作繁忙或受环境影响时,容易出现一些服务差错,如飞机颠簸不小心将水洒在旅客的电脑上。为了减小工作失误带来的影响,需及时向领导汇报工作失误,以寻求最好的解决办法。

(三)民航旅客服务建议

不同的航空公司之间,民航服务存在差异性。若旅客乘机经验丰富,往往喜欢将服务进行对比,而各航空公司既定的制度和标准不一定面面俱到,旅客随时随地都有可能提出建议,如餐食不好吃、座位间距不够宽敞、服务人员态度不佳等。因此,当旅客提出可优化的方法或建议,须及时向上反馈,以进一步提升民航服务质量。

三、民航服务中上行沟通的障碍

(一)地位障碍

由于上下级的地位、职位不对等,下级对上级心存畏惧,有一定的心理距离和障碍,常囿于上级领导的威严而回避与上级沟通,换言之,不敢与上级沟通。而下级不敢与上级领导进行交流,从而导致信息无法在上下级之间顺利流通。

(二)选择性认知

选择性认知在上行沟通中也比较常见,其是指人们根据自己的经历、背景、兴趣、态度、习惯等对事物做出选择或判断,容易造成以偏概全,从而影响人们对事物的整体性判断。比如,见习民航服务人员由于经验不足、能力较弱等,缺乏对民航服务问题的整体认知与把握,导致其向上级反映的问题不全面。

(三)信息过滤

在民航服务上行沟通中,基于自身利益的考量,只汇报那些他们认为上级想要听的内容,或出于对某种结果的极度担忧,很多员工有时会故意向上级隐瞒或歪曲部分关键信息,从而使上级对于信息的全面性与真实性不能及时掌握,进而无法做出准确的决策,特别是在民航冲突事件中,信息过滤造成的后果会更加严重。同时,若管理层次过多,下级的意见也不能及时反映给上级。

四、民航服务上行沟通艺术

(一)尊重上级,尽职尽责

民航服务中,对待上级要尽职尽责,做好自己的本职工作。上级与下级之间不是对立的,只是分工不同。作为下属,民航服务人员要充分尊重上级,在各方面维护上级的权威,支持上级的工作,不要与上级争论,即使自己的意见与上级不一致,也应该充分尊重上级的意见,耐心听上级说完,再向上级沟通,说明自己的想法。

(二)主动沟通,积极请示

民航服务人员应克服怕领导的心理障碍,学会与领导主动沟通、汇报工作。注意建言献策时需分地点、场合、环境,选择恰当的时机。一般来说,应选择领导时间充分、心情愉快之时,或者在领导遇到重大难题或陷入困境时,可以起到立竿见影的效果。反之,如果选择领导心情郁闷、工作繁忙、情绪急躁的时候谈问题、提建议,效果往往不理想。遇到问题时,民航服务人员如果自己无法或无权作出决定,应及时向上级反映,主动请示汇报,与上级交流观点和意见。注意汇报内容要客观,以免影响后续服务工作。

(三)信息全面,学会补台

民航服务人员在向上级汇报工作时,应确保汇报内容全面,以便上级能全面把握工作情况,进而做出正确的决策。同时当上级的命令出现部分疏漏或偏差时,下属在维护上级威信的基础上,在执行上级命令的过程中积极、主动地通过各种渠道扭转局面,灵活执行上级的错误命令,最大限度地维护航空公司的利益。杜绝本位主义,更不能有幸灾乐祸的想法。

(四)语言准确,重点突出

在向上级汇报工作时,民航服务人员要言之有物、用词准确、重点突出,避免使用含糊的语言,不要讲空话、套话和废话。多出选择题,不出问答题。多出多选题,少出单选题。同时,还要注意仪态,语速、语量适中,既要让上级清楚地听到自己汇报的内容,又要

让上级从汇报语气中感受到下级对他的充分尊重。

案例7.2　机上突发急救特情，团队协作力保安全

在北京至日内瓦的航班上，飞机起飞6小时左右，乘务员巡舱时在Y2舱发现一名老年旅客突发急症，并且病情发展迅速，短时间内失去生命体征，情况不甚乐观，乘务长立即组织启动机上急救程序。

乘务长通知乘务员马上广播找医生，并第一时间将情况报告机长，医生很快到达现场给予旅客初步检查、用药，并把旅客身体情况不乐观的情况告知乘务组。乘务长把医生反馈的情况和建议报告机长，经综合评估后，机长决定尽快备降进行地面急救，着陆时间再行通知。由于旅客病情发展迅速，医生开始为旅客实施CPR（心肺复苏），乘务组迅速分工，接替医生进行持续不间断的CPR，并对客舱进行及时管控。接到机长将在30分钟后降落在莫斯科的信息后，乘务组广播告知旅客备降信息以及原因，请求旅客配合乘务组工作。

乘务长分工组织落实客舱安全检查，并安排部分乘务员对生病旅客进行不间断的CPR抢救。通过乘务长有序的安排、机组人员默契的配合和有效的信息传递，航班从发现旅客生病到备降莫斯科仅用时50分钟，飞机着陆后急救工作交接给地面医护人员。

地面医护人员进一步采取急救措施，乘务长按规定完成所有与地面和办事处的相关交接手续，并第一时间电话报告客舱值班经理室和安全服务室。地面各项工作处理完成后，飞机再次起飞。

处置方法+沟通语言

1.乘务员及时发现情况，及时报告乘务长："报告乘务长，坐在××排的旅客突发急症，情况不乐观。"乘务长组织有序，迅速进行急救处置。

2.乘务组与飞行机组配合默契，信息沟通准确、及时。

3.乘务长分工明确，乘务员各司其职，实施急救处置、过程记录、客舱管理及舆情管控等工作。

4.乘务组认真准确填写事件报告，第一时间上报相关部门。

第二节　民航服务平行沟通艺术

一、平行沟通的概念

平行沟通,又称横向沟通,是指与同一层级的群体或个人之间的沟通,如不同民航服务部门同级员工之间的沟通、不同号位的民航服务人员之间的沟通。良好的平行沟通可加强各部门之间的相互理解和相互合作,消除相互之间的冲突、扯皮,增进团结。

二、民航服务平行沟通的内容

(一)信息共享(特情关注)

民航服务链条中,不同的服务阶段对接的民航服务人员是不同的,如迎客阶段、发餐阶段、客舱安全检查阶段对应号位民航服务人员存在差异。此时为了全方位掌握旅客动态、明确旅客需求,信息需要共享。如飞机起飞前旅客提出吃牛肉饭的需求,发餐时,民航服务人员需通告发餐同事关于旅客的特殊需求,避免出现未解决旅客诉求或者重复解决的问题。此外,针对航程中有潜在不满情绪的旅客,也可提醒同事在服务旅客时要谨慎小心,避免出现其他问题,激化矛盾,导致冲突的发生。

(二)服务协调(特殊旅客)

在工作中,民航服务人员应将特殊旅客情况及时与同事进行沟通,以避免工作重复或遗漏,影响旅客乘机体验。如无成人陪伴儿童涉及地服人员与空乘人员,需充分对接证件、行李、需求等信息,避免出现差错,进一步提高旅客对民航服务的满意度。

(三)服务交接(与其他部门)

民航服务中,对于旅客的求助,若不是本部门负责的,则要及时将旅客需求交接至其他部门的相关服务人员,以确保解决旅客问题,满足旅客需求。如旅客担心航班延误导致赶不上中转航班,此时需在力所能及范围之内与公司地服人员进行联系和询问。

三、民航服务中平行沟通的障碍

(一)性格、思想观念差异

在民航服务工作中，每个人有不同的性格，性格上的差异容易导致同事交往过程当中产生矛盾，从而造成沟通障碍。此外，不同的文化背景、生活阅历会造成人们在思想观念上的差异，给职场交往带来诸多的障碍。

(二)本位主义

民航服务链条中，不同职能部门分别行使不同的专业职能。目前存在职能交叉、本位主义、相互推诿等现象，正是缺乏有效横向沟通和联系造成的。同事沟通容易出现问题的一个主要原因就是部门间的职责、权力范围不明确，导致有好事大家争，有责任互相推。

(三)团队的随机性

民航服务的机组人员是由派遣根据任务随机排布，团队构成与其他服务工作存在一定差异，具有随机性，要求所有员工能够在短时间内相互协调、系统配合，极易出现不熟的民航服务人员之间产生矛盾的情况。

(四)竞争关系

同一部门的平级之间既存在合作的关系，又存在竞争的关系。很多人把自己的同事都当成竞争对手，目光短浅，计较自己的利益。若竞争过度容易导致同事之间产生矛盾冲突，甚至出现勾心斗角等职场问题，严重影响同事之间的关系，进一步影响服务效率，造成服务差错。

四、民航服务平行沟通的艺术

(一)平等沟通，求同存异

由于角色不同、立场不同，不同民航服务人员对同一事情可能会持有不同态度、不同观点，而同事之间的关系是以民航服务工作为纽带的。沟通是为了解决问题，给旅客提供更好的服务。若同事工作不到位或需要得到同事的配合，民航服务人员需及时与其沟通，充分尊重对方的观点，换位思考，求同存异，做到对事不对人，以迅速圆满解决问题。

(二)真诚相处,权责明确

若需要平级同事配合工作时,需真诚沟通,不可带丝毫的指令。同时明确权责,厘清彼此工作范围、工作责任,以更好地协调配合,为旅客提供优质的产品和服务,避免事后出现问题相互推诿、相互扯皮的情况。

(三)尊重隐私,团结同事

每个人都有"隐私",隐私关系到个人名誉。在工作中要充分尊重同事的隐私,切忌背后议论他人的隐私或窥探他人的秘密,或出卖别人的秘密来换取信任,否则极易致使同事之间关系紧张,进而影响彼此在工作中的配合。

此外,应与同事和睦相处,团结同事。一方面通过努力,使周围出现一种相互关心、相互爱护、相互帮助的良好氛围。另一方面多剖析自己,善于批评与自我批评,正确对待同事的赞扬、批评、建议。若一个部门你争我夺、勾心斗角,就会把整个部门搞垮,导致整个团队成员的成长进步受到影响。当同事获得成绩时,要真诚道贺;当同事无意间冒犯时,要宽容原谅。

(四)讲求协作、竞合共赢

在民航服务工作中,没有出色的个人,只有出色的团队。民航服务人员应该建立一盘棋的思想,讲求协同,在竞争中合作,专注目标,发挥集体优势,适当让利,均衡自己的利益与同事的利益。

案例7.3　沟通协调,责任担当

旅客反馈旁边的旅客躺在座位上将脚冲着他,旅客不满,向乘务员反馈,希望协助沟通。但乘务员表示此情况正常,且邻座的旅客已睡着了,不方便打扰,建议他换座位。旅客不满意此解决方案,要求乘务长出面。随后,此乘务员协助与邻座旅客沟通,但此情况并未得到解决,乘务员也没有与旅客再作解释。最终另一位乘务员出面与旅客解释并解决此问题。

处置方法+沟通语言

1.提升服务态度。对待旅客的服务需求,应积极响应、思考解决办法,面对问题要"有作为""有行动"。沟通语言可以为:"抱歉！先生/女士,给您带来不好的感受了,我会和这名旅客沟通一下。"

2.提升服务意识。接到旅客不满意其他旅客行为的反馈,要有积极解决问题的意识和表现,做好航班服务中的协调工作。

3.提升责任担当意识和现场管控能力。解决问题的关键在于责任担当的意识和积极处理的态度，当个人不能解决时，可以寻求其他组员的帮助，或换一位组员来沟通解决，避免让旅客产生乘务员"逃避""推脱""不愿意管"的感受。

第三节　民航服务下行沟通艺术

民航服务工作的基础是沟通，沟通就意味着合作，高效的沟通可以创造良好的工作业绩。下行沟通是作为上级与下级进行的沟通，主要目的是对下级进行控制、指示、激励和评估。

一、下行沟通的概念

下行沟通是指自上而下的沟通，是上级向下级下达指令、政策宣贯、传递指示、表扬或批评下级等的重要方式。如客舱经理或乘务长与民航服务人员之间的沟通就属于下行沟通。有效的下行沟通不仅能使下级了解上级的工作目标和服务策略，提高工作效率、服务质量，还有利于团队凝聚力的提升，并获得下级的信赖、支持，进一步达成服务沟通的目标。

二、民航服务下行沟通的内容

（一）下达指令

下达指令是上级进行下行沟通时的一项重要内容，是让下级明确工作目标的重要方式。因此，上级领导在下达指令时要将民航服务工作政策、规定、目标、要求等明确传达给下级，让下级明确工作思路，进而高效地完成工作任务。如在航前准备会中，乘务长通常会下达航班相关任务指令。

（二）倾听下级意见

在服务工作中，领导还应主动与下级交谈，并以开放的心态询问、倾听下级的意见，了解下级的工作情况、工作状态和需求等,从而让下级感受到关心,增强其安全感和归属感。例如,航后乘务长会简单点评航班中的一些问题,同时征询民航服务人员的意见,总结经验。

(三)激励与评价

领导还可以通过沟通激励下级,以进一步协调组织中各层次的活动,增进各层次、各职能部门之间的联系和了解。同时,适当评价,把服务工作中存在的问题与要求传达给下级,与下级协商解决,以增强下级的归属感。

三、民航服务中下行沟通的障碍

(一)不善倾听,信息删减

由于下行沟通信息是逐级传递的,因此在传递过程中容易发生信息的搁置、误解、歪曲,从而影响沟通的效果。很多管理者长年身居高位,对自己的思维习惯和见解自成一套体系和逻辑,有时候会认为就算下级不说,自己也能够掌握、了解全方位的信息,因此对下级的话不感兴趣,进行选择性倾听。在这一过程中,原本一些关键性的信息就会被不知不觉地逐级漏掉,导致沟通失真。

(二)权力氛围,情绪失调

下行沟通易形成一种"权力氛围",即过于主观,不允许被质疑、被反驳。一方面,容易丢失全面的信息反馈;另一方面,会养成下级依赖上级,一切听从上级裁决的权威性人格,从而使下级缺乏工作的积极性和创造性。同时由于上级的权威性,尤其是当上级领导情绪不佳时,易失去理性,降低判断力,进而导致错误决策。这将使下级不敢、不愿或不能很好地表达真实的意愿与想法,阻碍上级与下级的情感交流,从而导致沟通失败,甚至产生不可挽回的后果。

四、民航服务下行沟通的艺术

据调查,在当今全球竞争加剧的时代里,企业领导者的沟通能力是领导力的关键要素。台塑集团王永庆曾经说:"一群羊如果给只老虎带,就统统变成老虎;如果一群老虎给一只羊带,就统统变成了羊。"作为民航服务团队中的领军人物应该怎样与下级沟通,才能发挥出下级的最大潜能?

(一)重倾听,轻说教

民航服务中,上级领导要始终坚持重倾听、轻说教的原则,使下级感受到尊重和理解。在谈话和沟通的整个过程中,领导既要客观地表达自身观点,又要引导下级如实反馈和表达情绪。同时,领导要善于在下级表达中提取重要信息,进而快速调整下行沟通策略和方案,确保将预定计划可更加有效地进行传递。

(二)平等对话,适当授权

作为领导,要放平姿态,主动构建平等和谐的下行沟通环境,为员工营造一个轻松和舒适的谈话氛围,此举不仅可以提高下级在工作中的配合度,还可以赢得下级的信任和尊重。此外,民航服务工作相对比较复杂,若下级事事汇报,可能会影响服务效率与服务质量。因此,民航服务工作中,上级需授予下级一定权力,以充分调动其服务工作的积极性,便于灵活处理各类情境问题,及时满足旅客需求。如航班中,因飞机颠簸不小心将饮品洒在旅客衣服上,可授权给民航服务人员200元到500元不等的赔偿额度,以快速、及时地解决问题。需注意的是,上级要把握好授权的分寸,对于下级可能处理不好的事情,要提醒其及时上报。

(三)精准下达,鼓励反馈

民航服务工作中,领导要正确传达服务指令,把目标、内容、策略表述清楚,让下级准确理解需要执行的服务工作任务。同时,也要注意指令传达的有效性和可执行性。此外,沟通是双向的,并不是领导粗暴地下达指令,上级领导应将重大决策和活动内容如实告知员工,鼓励他们提出建议和想法,引导其积极表达态度和观点,达到沟通效果和目的。

(四)多加鼓励,减少斥责

每个人的内心都有自己渴望的"评价",希望别人能了解,并给予赞美。因此,民航服务中,领导者的赞美、表扬是对下级的一种激励,可使下级认识到自己在工作中的价值,感受到荣誉感与成就感,并进一步激发其积极工作的动力。因此,出于该心理需要,领导应主动关心下级,和下级常常谈话,如下级在服务工作中表现出色,应及时对下级提出表扬,同时注意态度应真诚,且表扬内容应具体。当看到组员情绪低落的时候,上级领导可主动询问:"有什么心事吗? 对工作有什么困惑吗?"而若下级在服务工作中出现不足或是差错,特别要注意,切勿直言训斥,应以解决问题为目的,同其共同分析失误的根本原因，以帮助其找出改进的方法和措施，并鼓励他可以做得很好，进而促进服务效率的提升。

案例7.4　精益求精，帮带传承

一次北京飞往上海的航班，在餐饮服务时，乘务长发现头等舱乘务员服务时总是面无表情，极少跟旅客进行沟通，情绪低落，总是丢三落四。客人在座位上正在收拾自己物品的时候，乘务员给客人递了毛巾，让客人不知用哪只手接才好。乘务长见此情况，适时地调整了号位，并且在过站期间找到乘务员，让她谈谈对这份工作的理解。从乘务员的话语中能感觉到这位乘务员对职业发展的迷茫和不确定，导致她对工作的积极性降低。

乘务长耐心辅导，告知她细致、周到、适时的服务是客人想要的，希望她能调整现在的工作状态，积极地向前辈的敬业和奉献精神学习，明确自己的职业目标，清晰自己生活与工作的任务。乘务长环环相扣、层层递进、耐心地分享自己的工作经验，让乘务员受益良多，乘务员在后续服务中也提高了工作热情度和对旅客的关注度。

乘务长在工作中集中展现出"严谨专注、精益求精，爱岗敬业、乐于传承，创造极致、创新超越"的时代工匠精神，关注落实细微细致服务，关注客人在航班中的实时需求，关注组员思想动态，帮助他们无忧地投入工作。虽经时间更迭，但真情服务的核心始终传承如一。

（五）行为引领，精神担当

身教大于言传——对于关键问题的处置，与其在下级不理解的情况下强行给予他们指令，不如以身作则，从行为中纠正组员的错误认知；用行动传递责任——航班生产中参与到民航服务人员工作中去，发现问题及时止损，用自身行动为组员树立榜样。对于大多数年轻民航服务人员来说，真正提高他们自身素质的方式可能并不是向他们讲述多少经验，而是在处理一件突发事件时，用自己的处置方式教会他们作为一名负责任民航服务人员应该具备何种应有的素质和意识，并学会自我总结和自我提升。

第四节　机组资源管理中的沟通艺术

一、机组资源管理的概念

机组资源管理(CRM)是指有效地利用所有可以利用的资源识别、应对威胁,预防、觉察、改正差错,识别、处置非预期的航空器状态,以达到安全、高效飞行目的的过程。其中"机组"是一个引申含义,不仅包括机组成员,还可扩展到与驾驶舱内飞行人员有联系的各种人员,如空中交通管制员、地面机务维修人员及其他有关人员。

机组资源管理常被看作机组的"软资源",这一资源的重要性,在平常的飞行中或许并不引人注目,然而在高空飞行遇到危急时刻,CRM却常常起到最为关键的作用。

二、机组人际交流范围

(1)驾驶舱内机组人员之间交流,双人机组则是机长和副驾驶之间的交流。

(2)与客舱民航服务人员交流,机长与乘务长之间的交流。

(3)与空中交通管制人员的交流,这是与驾驶舱外最重要、最密切的交流。

(4)与其他飞机之间的交流。

(5)与地面有关人员的交流。

(6)与旅客交流,尤其是客舱民航服务人员与旅客之间的交流。

三、沟通在机组资源管理中的意义

机组资源管理的核心是调动人的主观能动性,加强机组的协调配合,创造良好的沟通和平等友好的环境,有效地整合飞行员可用的所有资源,以保持最大的安全和效率。在机组资源管理中,高水平的个人技术能力是安全运行的基础,机组协作是在此基础上纠正个人失误、提高安全水平的有力保障。为了提高运行环节中飞行机组和其他成员之间的工作效率,机组资源管理的训练应扩大到驾驶舱外,应包括航空器签派员、客舱民航服务人员、维修人员及其他相应的公司小组成员。

客舱民航服务人员学习机组资源管理不仅可以加强团队合作,还可以了解飞行员工作的特点,特别是需要双方协同解决的问题,如航班延误、客舱中个人电子设备的使用、应急撤离、水上迫降、颠簸及其他天气的程序、管理旅客的程序、飞行中的医疗问题、禁烟和灭火程序、手提行李、机长的授权等,培养很好的沟通和处理问题的能力。

相关研究表明:

(1)总的来说,交流多的机组人员通常有比交流少的机组人员完成任务更好的倾向。

(2)当传递更多的有关飞行状态的信息时,相关系统操作的差错较少。

(3)经常进行简述、质询和观察的机组人员出差错较少。

四、机组交流的艺术

驾驶舱内每位机组成员,首先在人-机系统中,通过自身视、听感觉器官感觉信息,经过大脑内的信息加工,将仪表显示和环境中的物理符号转变为人的语言符号,再由本人做信息源向外发送,构成了人与人之间的沟通。如果把人-机交流看成个人专业能力,那么可以把人-人沟通看成群体协作艺术。

案例7.5　沉着冷静处置特情,全力以赴守护安全

由北京飞往洛杉矶的航班,起飞后5个多小时,凌晨2点,机长通知,由于货舱火警,飞机需要就近备降,备降地点为俄罗斯阿纳德尔。

收到机长信息,航班的主任乘务长迅速整理了思绪,通知所有乘务员做好落地前的各项准备:关闭厨房电源,固定厨房设备,广播通知旅客做好落地前的准备。凌晨2:55分,飞机落地,滑行停稳后,听到机长发出了撤离的指令。乘务员立刻作出判断,机上10个舱门全部迅速打开,由于当地风太大,有3个舱门滑梯目测没有着地,乘务员迅速进行了封门,指挥旅客从其他7个舱门在90秒内全部安全撤离。

打开舱门后,呼啸的大风穿堂而过,紧急关头,乘务长意识到旅客撤离后可能受到的天气影响,指挥乘务员将毛毯和被子一同带离飞机,随着最后一名乘务员清舱汇报结束,乘务长进行了最后的清舱确认,在确认无遗留人的情况下,与机长一起最后撤离飞机。

零下20度的低温和没过膝盖的白雪,每一步都走得很艰难,为了在最短的时间内把旅客送到安全地带,每位乘务员都是摔倒了再爬起来,继续往前走,尽可能更快

地帮助每一位旅客。撤离完成后,乘务员的工作仍在继续,乘务长带领着全体乘务组继续为旅客服务,协调和组织大家,合理分配物资资源、人力资源,照顾好旅客和组员。

188名旅客,包括四名轮椅旅客、两名孕妇旅客、两名婴儿旅客、一名盲人旅客,全部安全撤离。

处置方法+沟通语言

1.需要应急撤离时即使事发突然,也不要慌张,因为从准备会开始,就要把安全职责分配到每一位乘务员,相信每一位乘务员都能在最紧急的情况下作出最正确的判断,发出最正确的指令:第一时间打开舱门,指挥旅客撤离。

2.年复一年地复训,日复一日地学习,培训的积累练就了真本事,把撤离程序刻在脑海里,让撤离程序形成肌肉记忆,面对紧急事件,才能反应及时、冷静处置,保证所有旅客的安全。

3.艰苦环境下组员要做好后续的协调和安抚工作,尤其确保特殊旅客得到充分关注和照顾,在紧急情况下得到温暖关怀。沟通语言如:"毛毯给您,您披在身上保暖吧。"

一、实践应用

请以天津—杭州航线为例,模拟航前准备会及航后讲评会,并以小组为单位拍摄微视频。

二、案例分析

案例7.6　内部沟通不佳、服务标准不一致引发投诉

某一航班,一名普通舱旅客提出要喝牛奶,乘务员回答没有,并给旅客其他选择项,旅客不要。后来该旅客在乘务长巡视客舱时提出相同要求,乘务长把头等舱配的牛奶,送了一杯给旅客且作了说明。该旅客事后与乘务员就此事发生争执(旅客:飞机上有牛奶你们不送。乘务员:普通舱不配牛奶。)最后导致旅客投诉(有效投诉)。

思考：

1.该案例中乘务组出现了哪些服务沟通问题？

2.如果你是该乘务员应该如何处置、如何沟通更为妥当？

三、情境演练

请以小组为单位，以案例7.7场景为主题，运用所学知识，完成以下任务。

案例7.7　耐心细致会沟通，落实责任勇担当

北京至香港的航班上，地面阶段乘务员订餐结束后，主任乘务长组织公务舱乘务员在前厨房召开简短会，询问乘务员在迎客和订餐期间有无特殊情况，公务舱乘务员回复道："15L旅客特别挑剔，问照烧鸡是怎么做的？""你是怎么回复旅客的？"乘务长问道，"我说不是我做的"，她有点不好意思地说。这时乘务长把她拉到旁边，告诉她："如果我是你的话，就如实告诉旅客照烧鸡的味道，也许旅客只是想和你多说几句话而已，把他们当成你的朋友，如果朋友到家里来做客，那么你就是在介绍你的拿手菜照烧鸡，而不是为了工作而工作。工作中需要放轻松，沟通无处不在，能拉近你与客人之间的距离。"乘务员点点头说："乘务长，您真好，我懂了，我一定会做好后续服务工作的！"

该乘务长执行的重庆航班迎客接近尾声，公务舱乘务员反馈：金卡张先生把擦过扶手的毛巾给她，并说你们飞机太脏了。乘务长立即让乘务员多拿两条湿毛巾过去，将旅客座椅周围再仔仔细细擦拭一遍，同时向旅客致歉。金卡旅客接受道歉没有再说什么，但从表情上看，他对客舱整体服务不满意。起飞后，乘务长组织前舱乘务员开会，再次细分工作、细化服务环节、要求重点关注卫生间，严格落实"一客一清洁"。随后乘务长来到张先生身旁蹲下："张先生，您好！我是本次航班的主任乘务长，对于您不好的乘机体验，真诚向您致歉。在接下来两个半小时的航程中，我诚挚地邀请您监督我们的工作，提出宝贵意见，让我们做得更好！"后续服务过程中，公务舱乘务员关注服务细节，展现职业规范。航班落地前，乘务长回访张先生对航班的整体感受，张先生表示这是近几年来坐过的最有"态度"的航班，有问题不要紧，就是要看你对待问题、解决问题的态度！

1.进行内部沟通情境演绎，拍摄微视频。

2.结合案例内容分析其中体现的内部沟通艺术。

3.简单谈谈你对民航服务内部沟通的认识。

知识延伸

一、案例阅读

案例7.8　航延之下有真情，真情服务暖人心

每年7、8月，正值各地雷雨高发季节。在执行北京至深圳航班上，乘务长航前了解到目的地有雷雨天气情况，于是她针对航延下的安全服务工作、旅客心情，以及经常会出现的一些转机等问题对组员进行提前辅导，带领组员复习56号文件，并制订颠簸防控预案，希望大家充分做好航班延误的思想准备并在应对中保持积极阳光的心态。

上机后，乘务长立即与机长沟通了解航路天气。三方协同会时，机长告知深圳的天气状况并不乐观，航路上会有不同程度的颠簸，叮嘱组员一定注意安全，并建议机组提前做好落地前的准备工作。去程航班顺利降落在深圳宝安国际机场。

飞机过站时，外面突然狂风暴雨，组员们开始议论："下这么大的雨还能走吗？""国航App上显示深圳机场已经关闭"……与此同时，机长告诉乘务长等待时间大约需要两小时，通知地面有具体起飞时间时会组织旅客登机。

地面准备工作完成后，乘务长让组员到头等舱集合，看见大家逐渐失去信心和热情的样子，乘务长说："各位辛苦了！刚才旅客下机都向我致谢并微笑道别，大家的付出我和旅客都看在眼里、记在心上，回程航班虽有点小波折，但是我相信就像今天天气一样，风雨过后一定会看见彩虹。我们来的时候航班比较早，一会儿我会调暗客舱灯光，大家利用这个时间好好休息一下，以便用更好的精神面貌服务我们的旅客，我会在旅客登机前告诉大家。"

乘务长还告知组员要关注以下几点并派专人负责：第一，做好门区监控和机上外来人员的证件检查；第二，保证餐食质量，打开冷风机，利用好干冰；第三，整理客舱环境，请组员休息后严格按照标准整理座椅；第四，登机前20分钟及时整理自己的仪表着装。

等待期间，乘务长主动与地面工作人员取得联系，了解到地面已经广播通知旅客延误情况并提供了简餐，旅客的情绪比较稳定，没有异议。时间一点点过去，天空开始慢慢放晴，地面通知旅客登机，乘务组做好各项准备工作，面对疲惫的旅客，全体组员从登机开始用饱满的热情迎接每一位旅客，并感谢他们在航班延误期间的耐心等待和理解！

舱门关闭后,机长告知还需要等待一段时间。此时,旅客都已倦怠,乘务组根据旅客的实际情况提供服务,密切关注老人、小朋友以及孕妇等特殊旅客,耐心回答转机旅客问询,主动与CIP旅客沟通,小小的客舱里始终都有乘务员职业、靓丽的身影。航班在地面等待了一个小时后起飞,到达北京已是深夜,尽管航班延误时间较长,但旅客在下机时纷纷表示感谢,为机组人员的真诚服务点赞!

二、案例分析

案例7.9　身教言传同发力,责任引领重担当

在管理与教育里,主任乘务长小红一直相信:参与胜于言语。无论在班组建设还是在服务领域中,她都用自己的亲身经历,不断向组员传递着:行动是最有诚意的语言。

一次航班中,主任乘务长到普通舱巡舱时,一名乘务员过来跟她说:"主任,我把L62卫生间锁了,不知道哪位旅客在洗手池里吐了,把洗手池堵了,怎么也抽不下去。"眉眼间满是为难。听了乘务员的反馈,主任乘务长没有马上回复,只是往卫生间的方向看去。餐饮服务刚结束,正是卫生间的使用高峰期,门前已经排起了长队。主任乘务长回复了一句"好,我知道了",便往卫生间方向走去。

主任乘务长打开卫生间的门,情况确实如乘务员所说,呕吐物有小半池,已经将洗手池堵塞。她二话没说,锁上门,戴上手套,用纸杯一杯一杯将洗手池中的呕吐物舀到马桶里冲掉,再配合排气阀用清水反复冲洗,最后清理好水漏的残渣,终于疏通了洗手池。确认洗手间其他设施都干净整洁无异味后,她打开了卫生间,露出礼貌亲和的微笑,请下一位旅客使用。

主任乘务长发现刚才反馈情况的乘务员正站在卫生间门口,满脸愧色。主任乘务长只是轻轻地拍了一下她的肩膀,让她继续其他工作,没有再说什么,便回到了前厨房。区域乘务长向小红汇报普通舱工作时提到,那名乘务员主动找到自己,表示看到主任乘务长清理卫生间心里非常愧疚,更没想到主任乘务长自始至终没有对她做任何批评,主任乘务长的行为让她深刻意识到责任、担当。

不仅是当事乘务员,区域乘务长也从中学到了作为一名航班管理者应具备的重要素质,学到了航班管理、提升组员的宝贵经验。行为引领、责任担当,"做出来"比"说起来"更具力量。

请点评分析案例中主任乘务长的下行沟通处置艺术。

本章小结

　　在民航服务中,建立并保持良好的上下级关系,对工作开展、提升服务质量具有重要的意义。与同事沟通是任何组织成员不可回避的。处理好同事关系,能提高工作效率;有助于促进组织各个部门之间相互了解,培养整体观念和合作精神。本章的主要内容是从内部员工分类——上级、同事、下级、机组人员等角色出发,重点讲解与不同内部员工沟通的艺术,实践性较强。首先与上级领导沟通时,要尊重上级,尽职尽责,通过主动沟通,积极请示,注意信息全面,学会补台,语言准确,重点突出。与平级同事沟通时要平等交流、求同存异、真诚相处、权责明确、尊重隐私、团结同事、讲求协作、竞合共赢。与下级沟通时,重倾听、轻说教,平等对话,适当授权、精准下达,鼓励反馈、多加鼓励、减少斥责,行为引领。希望大家能够在繁杂的工作中灵活地处理好公司内部各个部门之间的关系,避免员工之间的矛盾冲突和误解的产生。

思考与练习

一、简答题

1.为什么说员工与上司的沟通非常重要?

2.为什么说向上司请示汇报很重要? 向上司请示汇报应注意些什么?

3.如何与同事相处?

4.机组沟通交流的要领是什么?

二、案例分析

案例7.10　职业生命线——舱门的判例资料

事件描述

　　某日,某航班,地面长时间延误,机长通知旅客下机等候。在二次开舱时,乘务长与3号乘务员未按标准程序解除滑梯预位。乘务长打开L1舱门时,滑梯预位警告指示灯点亮,舱门助推气瓶释放。乘务长协同旅客将L1舱门强行压制关闭,造成舱门内部机械结构受损。

事件调查

　　航班大面积延误期间,乘务长接到机长通知:旅客需下机等待。经过机长、乘务长分别广播通知后,旅客情绪异常激动。乘务长与3号乘务员未按标准程序解除滑梯预位,两人未进行交叉互检,乘务长进入驾驶舱确认滑梯时仅说了句:"机长,滑梯解除好了,我就让旅客下机了。"开舱门时操作手柄速度过快,导致无法有效观察滑梯预位警告灯状况,舱门助推气瓶释放,乘务长协同旅客将L1舱门强行压制关闭,造成舱门内部机械结构受损。

思考:该案例中乘务员之间内部沟通存在什么问题,带给我们什么启示?

案例7.11　空地本是一盘棋　协调解决显真情

××1922航班经上海到北京,起飞后,一位旅客找到乘务员说:"我想去北京,因地面告知没有票,所以现在想改签到北京。"乘务员回答:"这是地面的事,现在我们没法给您改签,落地后您再买一张到北京的机票就可以了。"旅客十分生气道:"我不管是在地面还是在空中,反正你们都是×航,你们怎么这样。"这时乘务长笑着迎了过来,说:"对不起,先生,我们马上和地面联系,看是否能改签,请您将您的姓名、座位号告诉我。"乘务长的话语使旅客的表情缓和了许多。经乘务长的努力、机长的配合,问题终于得到了解决,旅客表示今后会继续乘坐×航飞机。

思考:

1.乘务员在该案例中存在的问题?

2.如何建立一盘棋的思想?

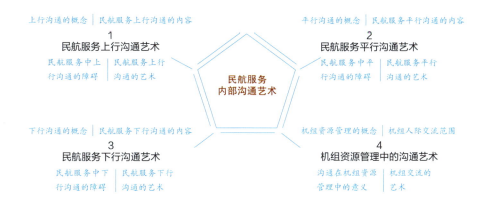

>>> >>> 第八章

民航服务冲突
处理艺术

学习目标

知识目标：

1. 掌握冲突的含义。

2. 理解冲突产生的原因。

3. 明确冲突的处理步骤与原则。

能力目标：

1. 掌握冲突管理的方法。

2. 具有较好的情绪控制能力、民航服务冲突处理能力。

3. 通过项目实践、情境分析，提升学生逻辑思维、辩证思维。

素质目标：

1. 帮助学生建立职业信心，提升应对冲突的能力。

2. 正确认知服务冲突，提升抗压能力。

3. 通过案例教学、项目研学，深化职业价值认同。

案例导入

案例8.1

　　某日由北京至西安某航班，公务舱第一排右侧靠窗户坐了一位要客。飞机起飞后，2排K座的一位公务舱旅客蒙头大睡，响亮的呼噜声传到了L1门乘务员座席处，这时坐在2排J座要客的秘书示意乘务员提醒一下该旅客，乘务员接受了要客秘书的要求，叫醒了正在打呼噜的旅客并说明了缘由。不料，该旅客十分生气地说："你们怎么会这么做，从来没有哪家航空公司管我打呼噜，他们不想听可以坐到后面去，那不是有很多地方吗？"这时乘务长过来做了大量的解释，可是该旅客气仍未消，表示再也不坐该航飞机了。

　　思考：

　　1. 请问该案例是冲突吗？

　　2. 如果冲突发生前，你是这名乘务员你会怎么做？

　　3. 如果冲突发生后，你作为乘务长该如何处理？

相关知识

冲突是一种感觉或经验的状态,也是一种竞争趋势的过程,可能存在于潜意识状态中;冲突也是一种挫折,是往往阻碍或干扰达到目标的活动过程。

民航服务当中容易产生冲突吗?容易。随着民航运输规模的不断扩大,旅客数量激增,随之而产生的旅客希望获得高水准的服务与服务供给不足之间的矛盾愈发突出。同时由于民航运输的安全规定较多、客舱环境的局限性,旅客与民航服务人员之间认知差异、文化差异、性格差异,使得客舱服务中的冲突客观存在,也是不可避免的,例如:民航服务人员和旅客由于航班晚点或取消发生冲突,或因娱乐系统不能正常运转而被投诉等。

第一节　冲突概述

一、冲突的内涵

(一)冲突的定义

冲突的本质在于事物处于相互对立、相互矛盾的状态。冲突是对事物持有不同的看法和理解而产生的矛盾、对立、激化,甚至争吵的不和谐的状态。

(二)冲突的对象

民航服务的冲突不仅会出现在旅客和民航服务人员之间,也会出现在旅客和旅客之间、机组成员之间。

二、冲突产生的过程

任何矛盾上升到冲突都有一个积累的过程,民航服务也是如此,如图8.1所示。从发展阶段来看,冲突有萌芽阶段、可控阶段、不可控阶段。事实上,很少有旅客一上来就提出投诉,大多都是由于服务中的小差错得不到及时解决而让旅客愈加不满,最终使冲突升级。因此,民航服务人员尽可能解决旅客在萌芽阶段的不满,有效化解冲突问题。

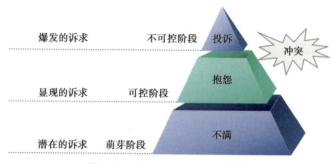

图8.1 冲突产生的过程示意图

三、冲突管理的重要意义

当冲突发生时,若处理方式不当或响应不及时易引发旅客不满、抱怨,进而向其他旅客倾诉,进一步对公司的品牌、声誉造成影响,导致公司失去一群有价值的客户。如引发群体性事件,甚至会对整个民航业的形象造成影响。

冲突管理就是正确看待和处理不同意见,理解不同的观点,充分利用双向沟通或争论,有效控制和化解冲突,进行决策和解决问题的方法。有效的冲突管理是安抚旅客,转变旅客态度的良好契机。

因此,必须强化民航服务人员冲突应对能力,做好冲突管理,善用沟通之道,维持压力之均衡,进退之据,随时、随事、随物而调整,以爱心、真心、诚心不断尝试沟通,及时反应,做出服务补救等以改善民航服务。如果处理得当,可有效避免旅客投诉、航空不安全事件等的发生,以改善民航服务质量,对民航企业的高质量发展意义重大。

第二节　民航服务冲突产生的原因

为什么民航服务中会产生这么多冲突?从民航服务冲突数据统计来看,主要来自环境的因素、人的因素两个维度,其中人的因素维度可从民航服务人员及旅客两方面进行有针对性的分析(图8.2)。

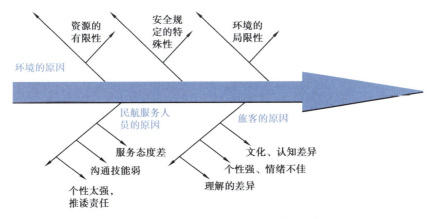

图8.2　民航服务冲突产生的原因分析示意图

一、环境的原因

(一)环境局限性

民航服务环境存在局限性,包括空间局限、资源有限,导致民航服务人员无法同时满足旅客的各类需求。首先,旅客在狭小的空间当中,若温度过低、过高,有旅客吵闹、打呼噜、脱鞋、抢占行李架,都可能引起与旅客需求的冲突。此外,客舱内餐食、报纸、杂志、毛毯、枕头、耳机等资源有限,在提供服务时,也极易出现满足不了旅客需求等各类情况,甚至出现机上娱乐设备故障、阅读灯故障、漏发餐食、餐食不卫生等问题,均易引发冲突。

案例8.2　漏发餐食引发旅客投诉

××951航班,由大连至东京。起飞后,乘务员送餐时漏送了一位日籍旅客,该旅客按响了呼叫铃,但正巧呼叫铃灯不亮,乘务员未能及时发现,后经另一女旅客呼叫,告诉了乘务员,乘务员立即送上餐食,表示歉意,但客人坚持不接受,原因是客人认为不是漏送,而是因为他买了×航的打折机票,才遭此待遇,尊严受到了伤害,并表示要投诉。万般无奈的乘务员请出了主任乘务长表示道歉,并想送些礼物或调换一下座位,该日籍客人均不接受,并进行了投诉。

(二)安全规定特殊性

相较于其他运输方式,民航运输中安全规定较多,如起飞下降过程中要求将小桌板收起、遮光板打开、调直座椅靠背、手机调至飞行模式、系好安全带、暂停使用卫生间等,若与旅客需求存在矛盾,如怕晒、想躺卧休息等,不可避免会和旅客的需求发生一些摩擦,从而发生冲突。同时,航班受气流影响较大,因飞机颠簸要求旅客系好安全带、放置好行李等规定容易引发旅客的不满,从而导致投诉。

(三)航班延误

相比动车等其他交通方式,航空运输受天气影响较大,加之空中流量、飞机故障等原因易导致航班准点率难以保障。航班延误发生时,旅客可能因为潜在的一些原因滋生不满情绪,或耽误其转机或重要会议,进而引发冲突。

二、人的原因

(一)民航服务人员的原因

1.沟通技能弱

部分民航服务人员工作欠缺经验,沟通往往有热情而技巧不足。如旅客询问机票如何报销,给出错误指导;外语水平低,与外籍旅客无法顺畅交流;面对特殊旅客无法做到有效关注;面对突发疾病者,无法及时准确地采取措施等。此外,当旅客提出诉求或者不满时,民航服务人员没有及时进行反馈处理,将进一步激化旅客情绪,扩大负面影响,导致服务投诉。如某航班一名旅客向民航服务人员要一杯水喂药,民航服务人员正在发放耳机,未及时提供,事后因航班突发颠簸延误处理,最后导致旅客药片卡在喉咙中,随后提出投诉。

2.个性强、服务态度不端正

冲突的主要原因还有民航服务人员的个性问题、服务态度问题,如态度冷淡或过分热情、语言粗鲁、答复或行为不负责任等。当前,民航服务态度引起的旅客对其服务质量的不满,已经占到了民航服务投诉的第二大原因。例如航班延误情境下,许多旅客情绪失控,口不择言爆发不满甚至出现肢体上的冲撞,此时,有可能会刺激民航服务人员开启防御性的攻击语言,"你们六点起,我们五点就起了呢! 我们也没喊累呀。"进一步激化矛盾,使冲突升级。

(二)旅客自身的原因

旅客的原因则主要是文化、认知差异,个性、情绪控制差等方面。

1.文化、认知差异

民航运输服务具有一定的专业性和特殊性。由于缺乏相关专业知识,大多数旅客通常无法理解民航服务的一些限制条件和规定,如:"既然飞机上有那么多空座位,为什么不能换座位?""阳光那么刺眼,为什么非要在起飞前打开遮光板?""为什么航班会一延再延?""等了十多个小时了,竟然通知飞机取消了"等。在这些情况下,若解释不清楚或处理不当,就很容易引发冲突。

2.个性强、情绪控制差

有些旅客个性较强、容易急躁,发脾气,面对一些特情包容度较低,容易情绪化,放大自己的感受,并迁怒于民航服务人员,产生抱怨,进而激化冲突。

总之,通常环境导致的原因,是冲突的萌芽状态,而人的原因,往往会使得矛盾激化,上升到更难以控制的局面。只有明确来源、明确类别,民航服务人员才能更好地进行处理。

第三节　民航服务冲突的处理原则及步骤

一、民航服务冲突的处理原则

(一)控制情绪——先处理心情,再处理事情

冲突激化70%的原因都是自身的情绪,你一句我一句,急于辩解,急于压倒对方,可能会让旅客更加愤怒。因此,在服务中,民航服务人员要学会控制自己、管理自己,先处理心情,再处理事情。当旅客提出"这么热? 怎么还不走"的时候,如果民航服务人员表达:"我帮您调节了客舱温度,降温可能需要一个过程,请您耐心等候,我先给您倒杯冰水好吗?"这样旅客的心情可能会更好一些。

(二)旅客第一——不纠对错,对事不对人

在沟通时陷入对错之争,不仅对冲突解决无益,还会让旅客对民航服务人员乃至其所属的航空公司产生负面影响。因此,民航服务人员要时刻牢记"旅客第一"的工作原则,以为旅客提供优质的服务,解决旅客的问题为出发点,聚焦于事情本身,而不能质疑对方的为人或做事的动机。如"你这人素质怎么这么低?""你是不是听不懂话啊?""为什么您就不能通情达理一点呢?""您就是故意的吧!"这些话会让旅客感到强烈的攻击性,

从而使沟通陷入僵局,冲突进一步恶化。因此,不能过多追究旅客可能存在的错误或问题,据理力争,让旅客难堪,而应针对旅客的核心诉求提供双赢的解决方案。

(三)同理思考——求同存异,实现双赢

民航服务人员应尽可能地站在旅客角度立场思考与理解,深入解读他们的情感,采取双赢策略,明白我们需要的是什么,旅客需要的是什么。同时,求同存异,我们是去解决问题,而不是去制造问题,最好能建立利益共同体,让旅客感受到我们的立场是一致的。尽量以旅客能接受的方式进行沟通,照顾旅客的感受,让旅客有台阶下,比如涉及安全问题的时候,从关心角度、有理有据的角度切入,让旅客随时感受到我们的用心,让旅客能够开心地接受建议,配合工作。

案例8.3 积极响应生病旅客诉求,米饭巧妙处理成粥

某航班上,有位旅客不太舒服,向乘务员提出要喝稀饭,但该航班上餐食没有配备稀饭。此时乘务员表示抱歉,并表示想办法帮助旅客解决。随后该乘务员用米饭加上热水放烤箱里软化一下,同时给旅客多备上两条毛巾,并向旅客表达"祝您早日康复"。这时该旅客感觉到服务十分贴心,提出要给该乘务员写封表扬信。

(四)真诚至上——真诚解决,说到做到

真诚解决旅客的问题,说到做到,以真心换真心,旅客是能感受出来的。如发饮料过程中,橙汁不小心洒在旅客身上,民航服务人员可表达"真对不起,真的十分抱歉",并立即给旅客擦拭,若面积较大,帮助旅客换一件衣服,同时给旅客清洗,后续若涉及赔偿,则需及时留下旅客电话、地址。有些民航服务人员可能说了给旅客赔偿,但等到旅客下飞机也没有留旅客电话、地址,事后也未处理,这样只会让旅客更加不满。因此,承诺过的事情必须做到,要有诚意。

二、民航服务冲突的预控

(一)预判冲突点

解决问题的最好方法就是不让问题发生。民航服务人员需未雨绸缪,预判冲突点,从可能会出现冲突点的问题中进行控制,把影响降到最低,这样实际上是最有效的应对。例如前面章节讲解到的座位问题、行李问题、安全问题、餐食问题、服务设施设备问题、航班延误问题均为潜在冲突点,我们可在问题还是萌芽阶段的时候充分利用语言技巧解

决好。

同时,民航服务人员还需捕捉隐藏的冲突点,包括旅客的购票过程、值机过程、安检过程。因为民航服务过程是完整的,旅客的不满情绪会从地面延伸至空中。因此,还需仔细观察,识别旅客的情绪,通过耐心服务消除旅客不愉快情绪,化解潜在服务危机。

案例8.4 峰回路转定有缘由,和言细语赢得大众

由于B-767飞机发生机械故障,公司决定当天某航班的旅客乘坐另一架机型为B-737飞机的航班回北京。由于航班取消,部分旅客已经十分不满,而地面服务人员又未能在候机楼将解释工作做好,未严格控制大件行李上机,造成随机行李严重超载。机长从安全飞行考虑,要求携带大件行李的旅客办理托运手续,为此,后续航班已延误近50分钟。起飞后,这些旅客仍意见很大,他们说:"要我们办理托运应该在地面办手续,等待时却没有一个人提起,既然地面予以放行,那行李就理应在机上妥善安置。"并称将通过媒体将此事曝光;更有甚者唯恐不乱,想要起哄。乘务员为了维护公司声誉,对这些旅客进行了耐心的解释和真诚的道歉,乘务员的诚意赢得了旅客的理解和支持。

如上述案例,实际上,旅客上机后对小事不满甚至投诉民航服务人员并不是偶然的,起因可能并不是民航服务人员,很多时候都是因为在地面先遇到了不愉快的事情,上机后任何一件与民航服务人员相关的小事都可能变成导火线引起情绪的爆发。

而民航服务人员通过服务补救,还是可以在一定程度上降低冲突程度。因此民航服务人员要有全局观念,捕捉隐藏冲突点,积极响应旅客的意见并进行补救。实际上客舱服务中潜在的冲突点非常多,我们希望每位旅客都是友善和谐的,但实际上每个旅客的心情不可预测。

(二)不多次拒绝同一个旅客

案例8.5 矛盾的累积与激化

旅客乘坐杭州至天津某航班,旅客致电反馈几个问题:

1.登机后客舱内有几名旅客很吵,打扰其休息,因乘务员未维护客舱秩序,只得自己主动提醒其他旅客,但遭到其他旅客不满,并导致争吵,无奈其向乘务员反映,并要求调换座位,但客舱已无空余座位。

2.乘务员发餐时直接扔给旅客一餐盒,未让旅客自主选择其他餐食。

3.旅客请乘务员提供毛毯,乘务员让自己拿;旅客睡觉时未系安全带,乘务员未

进行提醒；某旅客在玩手机，乘务员发餐时看见了却未阻止。旅客质疑客舱服务有问题，影响空中飞行安全，认为其服务不如某航司的好，现对整个服务组提出投诉，要求给予反馈并回复。

任何矛盾上升到冲突都有积累的过程。旅客到最后爆发出来，提出要投诉，大部分是因为服务中的需求多次得不到及时解决使得矛盾不断累积、冲突不断激化，如案例8.5所示。因此，切勿多次拒绝同一个旅客，对于前期有潜在不满的旅客要给予持续追踪关注，并通过关心、询问，尽可能地让旅客在后续航程中舒心、开心。

（三）良好的内部协作

在飞行过程中，民航服务人员多次拒绝同一个旅客的情况较少，可能出现的是不同服务人员拒绝同一个旅客的需求。基于此类情况，机组内部协同合作、信息共享十分重要。机组成员之间要做到坦诚交流、相互合作、配合默契。如发现航班中有旅客有不满情绪，需通告整个机组，重点留意，避免问题的再次发生。与此同时，注意服务标准与沟通口径的一致性，避免出现不同服务人员解决方式不统一的情况。

（四）平等对待每一个旅客

实际上很多民航服务冲突都来源于服务的区别对待。他有我没有，会让旅客感到不满。因此，民航服务人员的服务标准需保持一致，更不能看人下菜。

案例8.6 "为什么我没有啤酒"

杭州至三亚某航班，头等舱的一位老年旅客让乘务员提供一瓶啤酒给他，乘务员当即回绝。过了5分钟，头等舱的另一位旅客也提出喝啤酒的要求，态度强硬，表示不提供就会对服务非常不满意。这时乘务员去客舱找了一圈，找到了一瓶啤酒，给这位旅客和那位老年旅客一人一杯。老人拒绝了，事后，老人儿子致电投诉该乘务员。

三、民航服务冲突处理的步骤（图8.3）

（一）保持理性

首先，保持理性，先处理好自己的情绪。面对旅客的抱怨甚至是过激行为，民航服务人员首先要让自己冷静下来，不要急于辩解；要控制好自己的思想情绪，做到喜怒不形于色，既不冲动也不消极；要虚心、耐心、诚心地对待旅客，不计较旅客的语气和表情。深呼吸,告诉自己旅客有发怒的"权利",怒火可能不是针对自己的,即使是针对自己的,也可以通过沟通来解决。从认定对方"无理取闹"转向"有深层次的原因",认真探寻到底发生了什么,旅客的诉求是什么。

图8.3　冲突处理步骤示意图

(二)真诚致歉

第一时间向旅客表达歉意,尽量说得情词恳切。道歉语在整个服务沟通过程中可起"画龙点睛"的作用,能使大多数旅客听后"降火",有些"深明大义"的旅客可能还会对你补充一句:"其实也不关你的事,我说的是你的公司,你不必向我道歉!"而没有道歉或道歉不及时,对于心里极其不平衡的旅客来说,极有可能会将其不满迁怒于你,理由是:你不够专业,连一句道歉的话都不会说! 因此民航服务人员要及时表达歉意,要有承担责任和处理问题的态度。

(三)认真倾听——安抚情绪

致歉后,还需耐心地倾听旅客的抱怨,避免与其争辩,引导旅客说出抱怨(需求),边听边表示同情、歉意,表示理解旅客的心情,积极配合对方的话题并适时顺应,安抚旅客的情绪。在诉说过程中,旅客的怒气往往就会得以消解,民航服务人员也能大概了解事情的经过及旅客生气的缘由。待旅客情绪平复后,再与其沟通具体事宜。特别要注意的是,若旅客情绪失控,表现出暴力倾向或出现暴力行为,民航服务人员应及时退出现场,确保自身安全,同时寻求第三方帮助。

(四)提出方案——快速反应

通过旅客的抱怨、情绪等,需尽快锁定问题关键,找到旅客的真正诉求,即可"对症下药"、快速反应,对问题提出解决方案,主动关心对方的主张。一般按照航空公司的规定,充分利用可利用资源,提供备选方案征求旅客意见,若旅客接收,就按该方案处理,若旅客不同意,则还需进一步协商。对于无权处理的事项则需立刻报告领导,在这个过程中,

要真诚地表示尽一切努力帮助旅客,解决旅客的问题,以防冲突进一步升级。

(五)达成共识

关于解决方案,尽力与旅客达成共识。当沟通陷入冲突、情绪激烈或沉默尴尬时,要帮助旅客走出沉默或暴力状态,鼓励观点的自由交流。首先应了解旅客的动机,在对话的过程中展现出真诚、好奇心和耐心,让旅客感到,说出自己内心的想法是安全的,这样才能让对方恢复安全感。其次引导对方看清事情原委并陈述真相。

若同意对方的看法,应当明确表示出赞同,然后继续展开对话;若认为对方观点有遗漏之处,先赞同共同认可的部分,指出一致之处,然后补充说明对方遗漏的内容;若确实不认同对方的观点,需要做的是承认彼此看法的不同,以试探但坦诚的态度表明自己的看法,比较并寻找双方的不同之处,而不是指出对方的错误。

(六)快速行动

与旅客达成共识后,快速采取行动。

(七)持续追踪

航程中还需持续对旅客关注、追踪,对发生过冲突的旅客进行服务补偿,让旅客在其他方面感觉满意、舒心。

(八)归纳与总结

在冲突化解后,民航服务人员还要做好反思,记录冲突事件发生的过程、原因及处理方法,做系统归档,针对冲突事件进行归纳与总结。通过改进服务流程或提升服务质量,避免类似冲突的发生,或从冲突中吸取教训,以便在下次出现冲突的征兆时做出预判,从而快速、准确地将冲突扼杀在萌芽阶段。在此基础上,进一步提升客舱服务水平。

四、民航服务冲突的处理技巧

(一)移情法(换位思考)

"移情法"是通过用语言和行为举止的沟通方式向旅客表示遗憾、同情,特别是在旅客愤怒和感到非常委屈的时候的一种精神安慰的方法。

- 我能明白你为什么觉得那样……
- 我能理解你现在的感受……

- 那一定非常难过⋯⋯
- 我对此感到遗憾⋯⋯

情境演练 1

一位妈妈带着孩子出行，待平飞后，妈妈帮助孩子打开飞机上的平板，发现怎么也开不了。孩子这个时候又哭又闹，这位妈妈很焦躁，暴跳如雷："怎么别人的屏幕都能好好地使用，就我的打不开，你们设备坏了难道也不检查吗，你看我孩子着急的，真闹心。"

"十分抱歉，请您不要急，您这样我也很难受，您慢慢讲。"

（二）三明治法

"三明治法"就是告诉我们与旅客沟通时如何避免说"不"的方法。这种方法适用于与旅客协商解决方案和旅客对解决方案不满意等情况。

"三明治"：两片面包夹火腿。"三明治法"就是两片"面包"夹"拒绝"。

第一片"面包"是："我可以做的是⋯⋯"告诉旅客，你想尽一切方法来帮助他，提供一些可选择的行动给旅客，虽不是他想要的，但有助于减少旅客沮丧的心理感觉。

第二片"面包"是："您能做的是⋯⋯"告诉旅客，你已控制了一些情况的结果，向旅客提出一些可行的建议，供旅客参考。

情境演练 2

遭遇航班延误，一位旅客非常着急地向你抱怨："我到达首都机场后，要转机去土耳其，我很担心时间赶不上，要是赶不上你们得做好保障，赔偿我的损失啊。"

"非常抱歉，女士，您的心情我们非常理解，如果是我，我也会特别着急，现在您可以根据您的时间情况决定一下是否需要改签，因为是我们航空公司原因造成的，改签是可以免费帮您办理的，如果时间来得及，为了便于您更快捷地出行，我们可以将您调整至靠前的座位，这样您可以早些下飞机。您看这样处理可以吗？"

（三）谅解法

"谅解法"是一种向旅客表示歉意，安抚其情绪，尽量用旅客能够接受的方式取得旅客谅解的方法。"谅解法"使用的技巧就在于沟通时是以同意取代反对，以更好地与旅客沟通，取得旅客的认同。这种方法适用于与旅客协商解决方案和旅客对解决方案不满意等情况。

（四）类比法

"类比法"就是通过对比和其他旅客的感受差距,应用利益导向的方法取得旅客谅解的一种沟通技巧,是心理学中从众心理的一种应用。这种方法适用于与旅客协商解决方案和旅客对解决方案不满意等情况。

旅客不配合将遮光板放下:

先生/女士,您好,我能理解您的感受,之前也有其他旅客有类似的感受,觉得打开遮光板很刺眼,但是我们这项安全规定也是为了在发生紧急情况下,我们能够及时捕捉到突发情况,也便于危急时刻外面救援人员能掌握机内情况,并及时实施救助。

任务实训

一、实践应用

案例:2023年8月,在北京飞往昆明的航班上,由于飞机不预期的颠簸,一名民航服务人员在发饮料时,不慎将咖啡洒在旅客的裙子上,旅客不悦。你该如何和旅客沟通?请写下该冲突处理步骤并以小组为单位演绎出来。

1.保持理性:

_____

2.真诚致歉:

_____

3.认真倾听:

_____

4.提出方案(达成共识):

_____

5.快速行动(服务补救):

_____

6.持续追踪:

_____

7.归纳与总结:

二、实践分析

案例8.7　因为行李而争吵,缺乏诚意是关键

投诉原文:一位旅客投诉:"航班客满,乘务员要求我必须将自己的随身行李托运。在沟通协调过程中,乘务员不但不予协助,还冷嘲热讽地说'不托运能怎么办,总不能把其他客人的行李拉下来吧',并和其他旅客背后议论,当众影射我不予配合,该航班乘务员高傲恶劣的态度并非服务之道。"

情况了解:该旅客是因F舱超售改到了Y舱,上机后没有像多数旅客那样"抢"行李架,在得知只有自己的行李放不下需要托运时,是怕因托运耽误大家的时间,想着看前面如有地方只要能放下就行,当看到F舱最后一排行李架有空间时,就问乘务员能不能放在那里,乘务员说:"我不敢说,要放你自己去说吧。"之后该乘务员要求行李托运,旅客不同意,乘务员又说"不托运能怎么办,总不能把其他客人的行李拉下来吧",当时两人争执了五分钟,情绪都很激动。据其他旅客反映:"乘务员始终是在'据理力争'行李一定要托运。"

思考:

1.该案例属于冲突吗?发生冲突的原因是什么?

2.解决问题的最好方法就是不让问题发生。结合案例分析,乘务员在客舱服务中应如何沟通以预控这些冲突?

3.如果你是这名带班乘务长,你会如何应对这个冲突,请写出具体的处理步骤。

三、情境演练

请以小组为单位,以上述案例场景为主题,充分运用本章所学知识,情境演绎冲突过程及冲突处理,并拍摄微视频,构建进阶式翻转课堂,要求问题语言规范、形体规范,冲突处理得当。

四、无领导小组讨论

为提升大家的口头表达能力、辩论能力、说服能力,培养大家分析思维、逻辑思维及情绪稳定性、处理人际关系、团队协作的技巧,本章创新引入了无领导小组流程与项目实践。

1.无领导小组流程

(1)独立思考及准备:小组成员接到"讨论题"后,用2分钟独立思考及拟写发言提纲。

(2)个人发言:每人限1分钟发言阐明自己的基本观点。

(3)小组自由讨论:小组成员间自由交叉辩论,时间为5分钟。

(4)总结发言:小组达成一致意见并选派一名代表进行总结发言,其他成员可以补充,需列举至少3个支持本组观点的理由,时间控制在3分钟以内。

2.无领导小组议题

(1)《西游记》中,你最喜欢的人物是哪个? 并说出你的理由。

(2)当你与旅客观点不一致时,你觉得应该劝旅客妥协还是自己妥协?

一、案例阅读

案例8.8 6·19首都机场机舱打斗事件

6月19日凌晨,北京飞往西安的某航班,在等待起飞时,机舱内发生打斗事件,5位当事人被首都机场派出所民警带走接受调查,航班局部清舱后继续执行飞行。

事件经过

6月19日凌晨,原定于6月18日21点50分起飞前往西安的××7737次航班晚点4个多小时,在首都机场等待起飞时,客舱内5位旅客发生口角并引发肢体冲突,机舱内一片混乱,有一名女旅客开始使用物品攻击男旅客,机舱内多人陷入混战,打斗时间约20多分钟。

事件原因

由于飞机延误多时,在等待期间,一名女旅客吵吵说飞机为什么不开,该女子一直在辱骂工作人员,上了飞机后也喋喋不休,引起了很多旅客不满,有旅客站出来"叫她别说了",反而遭她辱骂。此后,她与一名制止她的男子打了起来,与她同行的男同伴也卷入打斗中。

事件处置

事发时,机组人员现场进行了劝阻,并按处置程序及时进行通报,机场公安部门了解情况后与当班机长沟通要求5位当事人下机接受调查,随后将当事人带回首都机场派出所,航班局部清舱后继续执行后续航段。

事件影响

　　据航空软件飞常准数据,××7737原定于6月18日21时50分于北京首都机场T1航站楼起飞,23时55分降落西安。而此次发生打斗事件的飞机于6月19日凌晨2时54分起飞,4时40分到达西安咸阳机场,比计划晚点4小时45分钟。

二、案例解析

案例8.9　避免打扰旅客,提升表达技巧

　　旅客登机后向乘务员表示自己需要睡觉,不需就餐,不要打扰。提供饮品时,乘务员将冰块掉到旅客胳膊上,旅客醒来,觉得乘务员不小心,未介意。随后,乘务员推餐车时撞到旅客座椅扶手,旅客被惊醒,乘务员询问旅客"你吃不吃饭",但未就碰撞问题进行致歉,旅客感觉乘务员的询问像在打发自己。而后,因后排旅客就餐需要前排将座椅调直,乘务员将旅客拍醒,旅客认为此方式不妥,应轻声叫醒自己。旅客表示希望乘务长过来处置,乘务员电话通知乘务长,通话时声音很大,旅客听到"我叫她吃饭也不吃"等言语,后乘务员端来一盘东西对旅客说"来来来,吃点东西",旅客更加不满。

　　思考:

　　1.该案例中冲突产生的原因有哪些?

　　2.如何预控冲突?

　　3.冲突发生后,该如何进行处理?

本 章 小 结

　　冲突的本质在于事物处于相互对立、相互矛盾的状态,冲突是对事物持有不同的看法和理解而产生的矛盾、对立、激化甚至争吵的不和谐的状态。其中导致冲突发生的原因主要有环境、人两个维度,包括环境局限性、认知差异性、安全规定复杂性、情绪不可控等。任何矛盾上升到冲突都有积累的过程,民航服务冲突也是如此。解决问题的最好方法就是不让问题发生。因此,应尽可能解决旅客在萌芽阶段的不满,同时通过服务补救,在一定程度上降低冲突程度。其中冲突处理原则主要包括控制情绪、同理思考、旅客第一、真诚至上。冲突处理步骤主要有保持理性、真诚致歉、认真倾听、提出方案、快速行

动、持续追踪、归纳与总结。希望大家能够掌握相关理论基础,并结合实际案例,加以运用,培养一定的民航服务冲突处理能力。

思考与练习

一、多选题

以下属于冲突的是(　　　　)。

A.旅客的座椅靠背无法调节,对民航服务人员表达不满的情绪

B.客舱中有两位旅客因为座位问题发生了争吵

C.发生航班延误,旅客情绪激动,提出要投诉民航服务人员

D.航班准备起飞过程中,民航服务人员正在进行安全检查,发现旅客不配合将电子设备调至飞行模式

E.有位旅客睡觉打呼噜,影响了其他旅客的休息

F.民航服务人员进行免税品销售,两位旅客同时看中一款免税品,而产品只剩下一份了

二、简答题

关于沟通不畅引发的投诉

某日某航段,乘务员在餐饮服务加第二次饮品时,20A的旅客刚睡醒,于是4号乘务员在介绍完饮品种类后,询问20A的旅客需要喝些什么。由于刚睡醒,旅客说话声音稍微有些小,他告知乘务员要一杯温水。4号乘务员没听清楚,却看见旅客摆了一下手,认为该旅客不需要饮品。此时2号乘务员急着往后发,两人未再次确认旅客说了什么,便推车往后继续发放。后续乘务长巡舱时,20A的旅客表示自己未喝到一杯饮品,乘务员没给他倒,情绪十分激动。乘务长表示歉意后,到后舱问明事情经过,2号和4号乘务员才意识到事态严重,第一时间送去饮品,前去道歉,旅客不接受并表示航班落地后会打电话进行投诉。

请问该冲突产生的原因来源于哪些方面?

三、案例分析

案例8.10　关于为旅客安放行李引发的投诉案例

某航班,飞机起飞前旅客来电投诉客舱乘务员区别对待旅客,主要表现为旅客登机后被告知行李架已满,自己的行李箱和随身小包没有地方放置,要求旅客托运。但

是比旅客晚登机的其他旅客却由客舱乘务员协助安放了行李。后续调查中,旅客还表示平飞后,乘务长及客舱乘务员均来向旅客解释道歉,导致旅客无法休息。

思考:

1.该案例属于冲突吗? 冲突发生的原因是什么?

2.解决问题的最好方法就是不让问题发生。结合案例分析,乘务员在客舱服务中应如何沟通以预控这些冲突?

3.如果你是这名带班乘务长,你会如何应对这个冲突,请写出具体的处理步骤。

思维导图

>>> >>> 第九章

社会支持中的
沟通艺术

学习目标

知识目标：

1.系统掌握社会支持与沟通的基本理论。

2.掌握家庭沟通的定义、特性、障碍与艺术。

3.掌握友人间的沟通类型与沟通艺术。

4.掌握爱人间的沟通内涵与沟通艺术。

能力目标：

1.通过理论指导实践,全面培养学生人际沟通能力。

2.提高学生的综合素质和社会适应性。

3.构建完善的社会支持系统,进一步支撑、提升学习或工作状态。

素质目标：

1.正确认知亲密沟通障碍,提升人际关系认知、学会自我调节。

2.拓宽专业视野,引导学生乐于接受新观念,培养愿意与人合作的情感和能力。

3.帮助学生在人际关系中获得满足的生理需求、认同需求、社交需求等。

案例导入

案例9.1　人到底能承受多少孤独?

1954年,美国心理学家做了一项实验,该实验以每天20美元的报酬雇用了一批学生作为被测者。为制造出极端的孤独状态,实验者将学生关在有隔音装置的小房间里,让他们戴上半透明的保护镜、木棉手套、长圆筒,头部垫上一个气泡胶枕。除了进餐和排泄,实验者要求学生24小时都躺在床上,营造出一个所有感觉都被剥夺的状态。

他们能保持多长时间? 结果,尽管报酬很高,却几乎没有人能忍耐三天以上,第4天时,学生会出现双手发抖、不能笔直走路、应答速度迟缓等症状,且实验结束后让学生做一些简单的事情,也会频频出错,精神集中不起来,有的甚至会产生一些幻觉。

思考:

1.人际关系在我们生活中的重要作用有哪些?

2.人际关系是否会影响民航服务工作的展开?

3.大家有没有体验过亲密关系中的暴力沟通?

人,不是单独存在的个体,其处于社会中,就会不可避免地与人交流、与人沟通。良好的人际关系与社会系统支持能使人获得安全感和归属感,给人精神上的愉悦和满足,促进身心健康。因此,从某种意义来讲,良好的社会关系沟通是我们获取财富、快乐、幸福和健康的最重要的手段和策略。

　　其中亲密关系是一个人生活满意度和情绪幸福最重要的来源。良好的亲密关系可以构建完善的社会支持系统,进一步支撑、提升较好工作状态和工作效果,产生激发人们干事创业的内在动力、内在生产力。因此,作为民航服务工作人员,除了掌握工作中的沟通艺术,也要学会掌握处理生活中的亲密沟通艺术。

　　从另一个角度来看,教育不只是知识之学,还有为人之学,即探索如何成为人的学问。青年学生在社会化过程中,在自身发展的历程中,需要获得正确处理好个人与自我、他人、社会的关系,具备"个体与社会的结合"的能力,有效的人际交往会帮助学生舒缓和释放不良情绪,调整心理状态,稳定心理健康水平。因此本章内容将进一步探讨与家人、友人、爱人、社交媒体相处的四种语境,不只关注知识,更注重价值观、为人之道,以建立良好的社会支持系统,进而激发工作动力。

第一节　社会支持与沟通艺术

　　亚里士多德说过:"人类是天生的社会性动物。"每个人都需要社会关系,需要彼此支持,共同发展,在必要时还需要向他人寻求帮助。

一、社会支持系统的相关概念

　　社会支持系统,也称为"社会关系网",指的是个人在自己的社会关系网络中所能获得的、来自他人的物质和精神上的帮助和支援。简单来说,社会支持系统就是与我们分享快乐、分担痛苦的人所组成的整体。每个人都处于社会关系之中,无法自绝于社会而存在。

　　一个完备的社会支持系统包括：亲人、朋友、同学、同事、邻居、老师、上下级、合作伙伴以及陌生人。当你遇到一件不开心的事情，你马上就能够想到，或拿起手机打开通讯录，能够马上找到应该跟谁说这件事，那就说明你有一个良好的支持系统。良好的社会支持系统有助于缓解消极情绪和精神压力，可帮助我们战胜挫折，走出困境。

二、社会支持系统的重要性

（一）良好的社会支持系统有助于收获帮助，提供温暖力量

　　在一个良好的社会支持系统中，民航服务人员可以收获他人物质和精神上的帮助。如工具性支持——帮助民航服务人员出谋划策，引导、协助、有形支持与解决问题的行动；表达性支持——心理支持、自尊支持、情绪支持、情感支持、认可、给予尊重和理解、倾听心声，进一步为其带来持久的温暖、勇气和力量。当然，民航服务人员还能从社会支持系统中结交新朋友，获得新的社会支持。

（二）良好的社会支持系统有助于缓解民航服务工作中的消极情绪与精神压力

　　社会支持是缓解消极情绪的最重要的保护性因素之一。有研究表明，较多的社会支持和与朋友及家人的密切关系可以使个体产生较少的消极体验。后疫情时代，在民航服务梯队快速发展、投诉判罚、绩效考核、社交媒体特殊视角等多重背景交织下，民航服务工作高压，极易出现职业倦怠、精神紧张等问题，而父母、同伴、爱人的支持很大程度上可以帮助他们摆脱工作中的消极情绪。如民航服务人员面对压力时，若有人可以倾诉，其压力感就会大大降低。

（三）良好的社会支持系统可以帮助我们战胜挫折，走出困境

　　人的一生中都会遭遇一些可预期和不可预期的事件发生。人们在遭遇一些事件时，需要自身资源以及外部资源的支持。当人们遭遇事件处于压力之下时，社会支持系统能缓解负面的压力。心理学研究显示，一个人能否从重创中恢复，40%取决于他是否有良好的社会支持系统。当我们面对难关时，如果能够获得更多的支持力量，我们也更有勇气迎接挑战，战胜困难。一个人所拥有的社会支持系统越强大，就能够越好地应对来自外部的挑战。

三、社会支持系统与沟通的关系

马克思说过："人是一切社会关系的总和。""一个人的发展取决于和他直接或间接进行交往的其他一切人的发展。"其实，社会支持系统的建立有赖于通过与亲人、朋友、同学、同事、邻居、老师、上下级的沟通进行的事实、思想、意见、情感等方面的交流，通过沟通达到对信息的共同理解和认识，取得相互之间的了解、信任，形成良好的人际关系，从而实现对行为的调节。

良好的亲密关系沟通对个人发展与社会系统的意义重大，其不仅是个人健康成长的条件，还是维护心理健康的保证，且良好的沟通可以使个性更加完善；可以满足情感的需要，并可以进一步深化自我认识。不仅如此，良好的亲密关系沟通对团队、工作效率、建设均有重要影响。良好的亲密关系沟通对人的心理健康及人的行为有着重要的影响。

四、如何构建完善的社会支持系统

社会支持系统有些部分天然存在，有些部分则需要我们去用心搭建。通过打造和耕耘自己的社会支持系统，从良好的人际关系中获得温暖、爱、归属与安全感。

(一)多与家人倾诉交流，建立亲密关系

家是避风港，也是我们最重要的社会支持系统。有时民航服务人员遇到问题、心情烦闷时更愿意向同伴朋友求助，而不想与父母家人去交流，因为怕家人不理解、怕家人担忧。但若尝试去与家人多表达自身情绪、说说自己的困扰，家人可提供不一样的支持力。当然，在寻求家人支持时，需适度合理表达，不能只是把家人当作发泄对象。

(二)多与同伴倾诉沟通，建立信任关系

朋辈支持是我们获得社会支持的重要力量，特别是情感支持和陪伴支持，而友谊和信任是朋辈支持的基础。因此，我们需要有意识地去结交朋友，用心建立和谐友善的友谊，懂得付出、愿意分享，相互信任、相互支持，为自己赢得强有力的支持力量。当前土耳其航空典型的释压方式就包括与同龄人之间的沟通。

基于社会支持系统的重要意义，民航服务人员应积极建立完善的社会支持系统。必要的时候要懂得向他人寻求支持，在快乐时要懂得与人分享，互相支持和帮助，积极参与社会活动。

第二节　家人间的沟通艺术

家庭是我们生活中最重要的组成部分。家人之间融洽的关系可让我们得到关爱和支持,带给我们心理上的满足感,也可以减缓衰老带来的痛苦,还可以在一定程度上减缓记忆力的衰退。哈佛大学相关调查研究证明,家人之间良好、融洽的关系,能让我们更加幸福和快乐。然而,许多家庭存在着沟通不畅等问题,这不仅影响家庭成员之间的关系,还可能对个人的成长产生负面影响,继而影响工作。比如,某航民航服务人员在航班中与旅客发生了争执且大哭了起来,在调查事件原因时,了解到该民航服务人员前一天与父母因为催婚的事情发生了冲突,心情极差,再碰到因一些小差错而大加责骂的旅客,情绪就进一步爆发了。

案例9.2　天津航空公司飞行员杜某某因家庭纠纷问题被停飞

据天津航空微博消息称,有网友反映天津航空公司飞行员杜某某存在家庭纠纷问题。对此,公司高度重视,已第一时间将该员工做停飞处理,并要求其妥善处理家庭事务,后续也将持续关注,感谢社会各界的监督反馈。

一、家庭沟通的相关概念

(一)家庭的定义

家庭是一个以血缘为基础、具有情感纽带的社会单元,以共同的住处、经济合作和繁衍后代为特征。如今家庭的类型越来越丰富,除了以异性恋血亲制度为特点的传统家庭,还出现了如收养家庭、寄养家庭、单亲家庭、同性家庭等多元的家庭形态。

家庭是亲属关系或类亲属关系中相对较小的户内群体,是一个相互合作而发挥功能的单位。亲属是指一些有着共同的祖先或血缘的人,或是有姻亲关系或养育关系的人组成的社会网络。亲属可包括父母、兄弟姐妹、姑姨叔舅、祖父母、姑舅祖父母、叔伯祖父母、堂(表)兄弟姐妹、远房堂(表)兄弟姐妹等。家庭是亲属关系(或类亲属关系中)相对较小的户内群体,是一个相互合作而发挥初级社会化、人格稳定化、经济合作等功能的单位。

(二)家庭沟通的定义

家庭沟通是指家庭成员之间的信息传递与分享,其与家庭角色相关。一个人在家庭中因与他人建立不同的联系方式而形成了不同的角色,继而被规定了语言及行为规范。

家庭中的沟通无处不在,将家庭系统当中每个成员都连接起来。家庭因被认定为私领域,其沟通也常常表现出最真实的一面。有的家庭成员认为家庭是自己的,可以随心所欲而不关注沟通对象的感受。若无节制地在家庭中宣泄不良情绪或做出不当行为,会使家庭成为有害物的垃圾站,致使家庭无法承载如此巨大的负面压力而出现冲突和危机,甚至造成家庭成员身心的伤害,影响家庭生活的平衡。那么我们就需要从中发现更强大的力量,来塑造与家人之间的幸福。

二、家庭沟通的特性

(一)原始性

人们最早接收到的信息是来自家庭沟通,其影响力、依附性强、持续性广,对人的发展、社会角色塑造等均有着重要的意义。例如,来自母亲的信息会塑造我们看待学习、看待生活的方式,甚至会塑造我们看待感情关系的方式。若孩子在家庭沟通中处于不安全依附的关系中,其在成年后会对建立新关系感到不安,对失去自我的关系感到焦虑,进而影响进一步的亲密关系,甚至延伸至情侣关系中,害怕自己被拒绝或者被抛弃。反之,若处于和谐、柔和的家庭沟通氛围中,则可进一步帮助构建松弛的、更自信的沟通,能与周边朋友、爱人维持有效的亲密关系。

(二)传染性

家庭系统是相互依赖、相互影响的,若家庭当中某个成员很开心,整个家庭的氛围会更加开心。反之,若有成员不开心,整个家庭氛围可能也会受到破坏。

(三)角色驱动性

在家庭关系当中,我们有可能会被贴上各种各样的标签,比如说"好孩子""聪明的孩子""调皮的孩子",一旦这些标签存在了,它可能就会像自我应验预言来推动。因为扮演某种角色,就意味着拥有了某种沟通的期待。如果角色是积极的,那么相匹配的期待就有可能达成良好的效果,反之,如果是角色是破坏性的或消极的,那么这些家庭中的言论会影响亲密感,并增加冲突,且影响长远。

三、家庭沟通中常见的障碍

(一)权威导向

在专断型、权威型家长心中,服从和遵守规矩是最重要的,他们坚定地相信,让家庭成员学会守规矩是一件很重要的事情。在这样的家庭当中,成员等级分明,他们对哪些成员拥有更多的权力更加清晰,倾向于以自己对世界的感知作为对事情的评估标准,试图用一系列规则限制、强迫家庭成员接受彼此的态度,价值观保持一致,沟通开放程度较低,不允许成员质疑和反抗。如"这件事不能这么处理,你明天去和老师道歉!""你看,你不听我的,怎么样,又错了吧?"在该沟通氛围下,家庭成员往往不愿意进一步分享,认为向家庭倾诉具有一定威胁性、压迫感。

(二)比较责备

孩子从小就有一个天敌,那就是"别人家的孩子"。在生活中,我们经常能够看到这样的场面:父母对孩子动辄打骂,习惯性地进行责备。他们会经常用"你看看别人家的孩子"作为打压方式,说出"你怎么这么笨?""我怎么会生了你这样的人?""再不听话,我就不要你了。""你能够有点出息吗?"等伤人的话语,似乎自家的孩子一文不值。而这些打压很有可能成为孩子发展的绊脚石,长大后易出现不自信等状态。

(三)道德绑架

当前,道德绑架已成为部分家长的"代名词":"我都是为你好""你怎么这么不懂事呢?你工作不努力对得起爸爸妈妈的付出吗?""你是我女儿,不结婚我生你有何用,你知不知道这几年因为你的事,我被多少人看了笑话,妈都是为了你好……"。他们利用子女的内疚心理,通过道德绑架的方式来操控、干预子女的人生。而教育学者安东·谢苗诺维奇·马卡连柯说过:"一切都给孩子,为子女牺牲一切,甚至牺牲自己的幸福,这是父母给孩子最可怕的礼物。"因为父母会因为孩子而患得患失,总是担心自己的期待破灭;而子女也无法安心做自己,一辈子活在父母的期待之中,很难获得真正的快乐。"我是为你好"这句话很深情,也很伤人。心理学家、精神病学家卡伦·霍妮评价这种行为时说:"爱,是施虐者的伪装。"

(四)暴力沟通

当孩子听到父母说"我做的所有的一切都是为了你"时,心里面其实不是感动,而是会产生一种负罪感。越愧疚,越负罪,情绪会越失控,结果不是通过父母想要的方式,而是一种发泄、凶对方的方式来解决,产生暴力沟通——冷战不回话,任性说气话,说些故意伤害感情的话,甚至谩骂。如果父母也总是以指责、嘲讽、说教、随意评价、贴标签来否定孩子,无时无刻不在散发这种暴力,则家庭沟通会陷入一种恶性循环。

四、家庭沟通中的艺术

(一)拒绝标签化沟通

不轻易给家人贴标签,不以自己经验为标准,放大格局,不用自己的标准要求他人,多关心家人,并给予尊重和关爱,也许事情会慢慢朝着期待那样改变。同时,将沟通视为一种表达喜爱和愉悦的方式,并从中得到轻松的感觉。

(二)用爱的语言表达

在家庭沟通中,爱的表达非常重要。若家庭成员之间不表达爱,彼此之间就可能感到孤独和不被重视,感到压力和不满,由此导致他们在未来的生活中寻找其他的支持,而不是依赖于家庭成员。而当我们告诉家人我们爱他们,并感谢他们在我们生活中的贡献和支持,整个家庭都会感到幸福感和归属感,进一步建立起互相信任、相互支持,加强整个家庭的凝聚力,使其成为一个更加团结和谐的整体。爱的表达可以是语言表达——"我爱你""我喜欢吃你做的饭";也可以是非语言表达——爱的拥抱、鼓励的大拇指、赞善的点头等;可以是行为表达——通过实际的行动来表达爱,如为家人打扫卫生、做饭、洗碗等;还可以是时间表达——将时间花在家人身上,参加他们的活动,并与他们分享自己的时间和精力。因此,我们应该在家庭中注重爱的表达,并学会主动寻求机会来表达爱。

(三)注重倾听,非暴力沟通

在与家人相处的过程中,沟通的表达方式非常重要。非暴力沟通鼓励倾听,培育尊重和爱,它可以被用来协调各个层面的争论和冲突,运用非暴力沟通可以帮助我们减少很多因沟通不当而导致的不愉快。具体分为4个步骤:

(1)诚实地说出我的观察,不评价,只说观察结果。

(2)表达自己的感受,对于观察的结果表达自己的感受。

(3)解释我的哪些需要导致了那样的感受。

(4)为了改善生活,我的请求是什么?

这4个步骤可按情景灵活组合运用。比如,当我们想改善与家人的关系时,我们可以说:"妈妈,我肚子不舒服,您特意为我熬粥,我很感动,谢谢您!"或者夸奖孩子时,我们可以说："宝贝,看到你主动帮妈妈把衣服叠好,妈妈很欣慰,希望你继续保持!"这样的表达方式比单纯的"谢谢"和"你真棒"更能感动听者的内心,也更容易让听的人保持这种行为。

总之,有意识地维护和家人之间的关系是积聚幸福感和积极情绪的重要来源,也是教育孩子的基本前提。时光荏苒,生命短暂,别将时间浪费在争吵、道歉、伤心和责备上,而应该让家庭沟通中充满爱和阳光。

第三节　友人间的沟通艺术

拥有牢固的友谊关系,不仅有助于提升满意度,也有助于身体健康。友谊是通过沟通建立并维持的。朋友可以无话不谈,但也不可太随便,因为要尊重朋友。适当讲究一些沟通的艺术还是非常有必要的。接下来,我们将会审视友谊的性质,并研究友人间的沟通是怎么样进行的,可以通过哪些艺术促进友谊。朋友涵盖了很广的关系范围,不同的友谊类型,沟通类型也不一样。

一、友谊的类型

友谊分关系导向和任务导向。若主要围绕特定的活动开展的友谊则属于任务导向型友谊。例如因为共享的活动、共同的兴趣爱好建立的朋友关系,比如说篮球队、足球队、羽毛球队的队友、同事,或者是同一协会的会员。而若友谊是建立在互相喜欢、社会支持的基础上,则是以关系为导向的友谊。二者之间也可能会发生重叠。沟通的性质会随着友谊的不同而改变,效果也会随着时间而发生改变。

二、性别和友谊

性别在塑造我们与朋友的沟通方式之间起到了重要的作用。大多数女性很看重个人问题的讨论,把其视为衡量亲密感的标准,倾向于表达更多个人信息,看重提供情感支持的朋友。而男性更有可能通过共享活动来创造、表达亲密感。在一项研究中,超过

75%的男性参与者说,他们最有意义的经历来自朋友参加共享活动。通过共享活动,发现彼此越来越合拍,发展出相互依赖的感情,展现出对彼此的欣赏。男性认为,实际的帮助才是关怀对方的方式。朋友就是那个为你做事,与你一起做事的人。

三、友谊与社交媒体

社交媒体为我们与朋友交流、家人交流,还有与社会交流带来了新的维度。但是研究表明,人们主要通过社交网站来维持现有友谊,若想要变得更亲密,面对面沟通更为适合。其中,好友数量是不是越多越好呢?其实不完全,这与感知到的社会知识,减轻压力,还有身体健康是呈正相关的。不管大家在线的社交网络有多大规模,只有一小部分有资格被称为亲密。

四、与朋友沟通的艺术

朋友是人一生中最宝贵的财富之一,"人生得一知己足矣",但朋友之间也极易因缺乏沟通产生误解,进而引发冲突、矛盾。尤其是民航服务人员没有固定休假时间,排班特殊,限制了她们对社会的了解和自身的发展,容易与亲朋好友逐渐疏离。因此,要想维系建立深厚友谊,需要掌握一些与朋友沟通的艺术。

(一)真诚相待,互相尊重

"精诚所至,金石为开。"真诚是化解一切误会的基础,与朋友沟通,要秉承一颗真诚之心,直率诚笃地交谈,不欺骗和隐瞒,不讲客套话,不要让误解和猜疑影响彼此之间的关系。此外,朋友之间要相互尊重、相互信任,坦诚沟通,让彼此感到轻松,不给对方一些莫名其妙的压力。

(二)互相支持,互相包容

好朋友之间应该互相支持,当对方需要帮助或者失意之时,给予信任、鼓励、帮助,第一时间给朋友打气、安慰。好朋友之间也应该互相包容,当与朋友之间产生了误会矛盾之时,给予理解、忍耐、包容,寻找恰当的时机与朋友进行有效的沟通,而非互不理睬,进行批评和指责。首先,要容忍朋友的缺点,你一旦发现朋友的缺点,要抱着"将军额上能跑马,宰相肚里能撑船"的宽宏气度,容忍朋友的缺点,并选择合适的时机和方法善意地帮助他改正缺点。

案例9.3 我的闺蜜同事:记南航大连空乘的姐妹情谊

她是我工作中的好伙伴,生活中的好闺蜜。

2007年我怀揣着对蓝天的梦想进入了南航成为一名乘务员,这份工作带给我很多,也让我认识了君君。那一年,我19岁,她24岁。起初的相识是一起飞航班时大家聊得很投缘,大家是一个分部,所以开会、学习总是相约一起。后来发现我们当时租的房子就在前后楼,慢慢地,我们变成了无话不谈的好朋友,分享工作和生活中的点点滴滴。

还记得我去广州学习两舱[也就是头等舱和公(商)务舱],因为学习和流程需要全部使用英语,从旅客登机到结束服务工作都要以流利的英语完成,还需要把各款红酒用英语和法语向旅客推介。因为她在我之前已经在广州学习过,所以她就在休息的时候,甚至飞完早班回家后也会让我去她家教我程序和英语流程。

其实,我们的工作很辛苦,早班一般5点就会起床梳妆去单位开准备会,但是因为对我的担心或想让我顺利通过的心情,所以即使工作了一天也要帮我辅导。在我心里,真的有说不出的千言万语⋯⋯

现在她是我生活中的一部分,工作中我们相互学习,生活中我们分享快乐。甚至一起执行航班任务,泰国、广州、北京、上海、三亚⋯⋯去寻找生活带给我们的快乐和甜蜜。

我很感谢我可以加入南航这个大集体,让我在工作中提高自己,也认识了我的好朋友们。

(三)建立链接,求同存异

友谊需通过共同的兴趣、任务、话题、关系建立链接,因此要经常与朋友分享工作及生活经历,传递快乐、倾诉忧伤,进一步增加友谊情感黏性。与此同时,每个人无论在文化、性格、情感、态度、认知等方面都会存在差异,有时在沟通过程中,会碰撞出一些不同的意见,注意要避免让友情变成一个吵架的战场。我们要学会接受对方的不同,并在沟通中要讲究灵活性,不可强求朋友必须接受你的观点,在原则的范围内进行微调,求同存异,找到利益的共同点,努力实现双赢。

最后,大家要意识到,对朋友友谊的维持,不要过度内耗,适合的才是最好的。

案例9.4 说话要知趣

有位先生去看望一位刚痊愈的朋友,朋友的妻子端来一个盘子,里面是套酒杯和几双筷子,不巧男主人在给客人点烟时,一转身把盘子碰翻,酒杯全碎了,筷子撒了一地。男主人很尴尬，其他人也不知所措。这位先生一边帮助收拾，一边笑嘻嘻地说："看看看，主人家要交好运了。酒杯打碎，筷子全落地，这叫悲(杯)去喜来，快(筷)乐无比！"众人也跟着帮腔，男、女两位主人立即舒眉而笑了。这位先生就是一位善言谈的知趣者。在别人失手出事、难堪忧郁之时，他能用巧言妙语去加以抚慰，变窘态为乐趣，让人感到温暖快乐，谁不喜欢这样的朋友呢？

所谓知趣，就是在特定场合，说话人应注意交际对象，根据具体的语境，说出最得体、最恰当的话，使交际气氛变得更加融洽、活跃，从而产生良好的效果。

一、爱人间的沟通

充满爱意的感情关系有利于精神、情感和身体健康。而沟通技巧对于成功的感情关系至关重要，一项研究结果显示，沟通被列为确保感情关系成功的最重要的能力，比浪漫、激情还有其他因素都要更重要。

感情关系是指爱人之间较为长期的、富有爱意的联系。罗伯特·斯腾伯格的研究以及著名的爱情三角理论认为大多数的感情关系具备三个典型的特征：爱情、承诺、情感。

如图9.1所示，罗伯特·斯腾伯格将爱情的三个组成部分描绘为三角形的三角，并

图9.1　罗伯特·斯腾伯格的爱情三角论

根据爱情、承诺、情感的不同组合，能够得到七种可能的爱情——完美爱情、亲密爱情、浪漫爱情、迷恋爱情、愚昧爱情、空洞爱情、伴侣爱情。其中完美的爱情是将亲密、激情和承诺三者有机结合起来，是一种理想的状态，也是几乎不可能实现的，且非常难以维持。

一般来讲，爱情的成分会随着关系的发展此消彼长。承诺被认定为帮助爱情随着时间不断成长的最重要的因素，其中一段成功的感情关系里面，承诺和沟通有着非常密切的联系。而情感交流对于爱人来说在很多方面都是非常有助益的。感觉到的情感与表达出来的情感之间可能是会有出入的。

二、爱人间常见的三种沟通行为

"你根本就不懂我！""你不说我怎么懂你！""我说了你也不懂！"在恋爱关系或婚姻关系中，经常充斥着这样一些带着情绪的对话。双方都相信，之所以有这样不好的感觉，是因为对方做得不妥。根据 Wile(怀尔,1981)的理论，当我们在亲密关系中想要表达自己内心的情绪或者担忧时，往往有攻击、回避或者吐露三种方式。

(一)攻击

在亲密关系沟通中，当我们对另一半存有不满、担忧或者不好的情绪时，往往会以攻击的形式表达，如"你为什么总是迟到""你从来都不懂我，你根本就不爱我""我真后悔认识你""我还没嫌弃你学历低呢"，这些表达可能是想引起对方重视，试图改变对方的行为，但是带来的潜在伤害非常大，甚至引发对方防御性攻击姿态，导致冲突升级。

(二)回避

在害怕对方不爱自己时、不知道如何回答应对时，人们常常用沉默、冷暴力的方式来沟通，通过忽视或阻挡伴侣来孤立自己，但这种方法可能会在心里疏远对方，并主动把对方推远，只会让怨恨和愤怒恶化，造成一个相互敌对的恶性循环，并制造紧张，使得亲密关系逐步脱轨。

(三)吐露

相对于前两种沟通形式，吐露是不夸张、不回避地描述自身感觉，既表达愤怒、伤感或恐惧，也表达爱、关心和需要，注重事实与情感的双重表达。如"我有点害怕你会不在意我的需求""你没回复我的电话，我很担心你出了什么事情""我担心你已经不再爱我了"。

但实际上,亲密关系中的人们大多数会选择攻击、回避(阻碍情绪流动的),而不会选择吐露的方式。

三、爱人间的沟通艺术

与爱人良好的沟通可以使个性更加完善,满足情感的需要,更可以深化自我认识。但爱人之间通常存在情感表达差异、角色差异、认知差异、不同沟通风格等障碍。不同的个体对于爱的语言其实是有所偏移的。男生认为的爱的语言可能包含了尊重、接纳、欣赏,女生则认为爱的语言包括关爱、体贴、安全感、仪式感。每个人都有关于什么是爱的个人见解,如果用自己的语言来预设对方的语言,这有可能会为失望埋下伏笔。我们倾向于说表达自己的爱的语言,然而当对方不明白我们所传达的信息时,我们又变得非常困惑。因此,我们要掌握亲密关系中如何表达爱的语言。

(一)积极倾听,同理思考

倾听与理解对方的观点和感受是亲密关系有效沟通的关键。因此,要给予对方足够的时间和空间,给予对方足够的关注和尊重,积极运用倾听技巧,如重述对方的观点、提出问题以澄清意图,并站在对方的角度,换位思考,表达对其情感的理解和支持,进一步建立更深层次的沟通连接。为使倾听更加顺畅,培养共情能力非常重要,其有助于消除误解和加深互相的理解,从而化解彼此的情绪问题。但共情不是以牺牲自己的价值观为代价,完全同意对方的观点。比起认可,不带评判性地接纳是更恰当的方式,因此,要适当把握同理心的尺度。

(二)肯定对方,开放尊重

每个人都希望被自己的爱人肯定。爱人间沟通应避免使用指责性的语言或攻击对方的方式,寻找借口或者反向抱怨,而应提倡开放和尊重的对话氛围,努力创造一个安全和包容的环境,鼓励彼此坦诚地、平等地表达意见和感受,共同探索解决问题的方式,以建立信任和亲近感,使沟通更加高效、顺畅。即使心中有太多的不满和牢骚,也要尊重对方,允许对方有不同观点和想法。

(三)陈述事实,表达情感

在亲密关系中,有效地表达自己的情感和需求对于建立情感连接至关重要,其代表信任和共同空间的建立。因此，与爱人沟通时，要学会陈述事实，"具体化"自己的感受。用语言来表达情绪、表达爱，而不是用情绪来表达语言。比如"你总是这么不靠谱，我要被你气死了"就是一种模糊化的情绪评价，试着去体会和分辨导致情绪不好的深刻原因是什么，比如进一步具体表达"让你帮忙拿的外套你又忘记了，这样我感觉你不重视我，我担心你没有以前那么爱我了，所以我很生气"。由此对方能够更加明确爱人生气背后的原因，从而从源头上去解决问题，而不是围绕情绪去激化矛盾。

此外，诚实表达钟爱、关心、温情和呵护，对于想亲近你的人都是巨大的认可。因此，在日常交流、矛盾冲突中都要表达爱意，注意说话的方式要温和。有时候，不带评判性、不含附加条件的体会和表达真实的情绪，能够有意识地、创造性地运用情绪也可以发挥大作用，也许一个轻轻的拥抱和一句关心的言语就可能化解你们之间的矛盾。

(四)表达期望，寻求帮助

在冷静和尊重的态度下，与爱人沟通时，也应该勇于表达自己对关系和沟通的期望，明确说明自己的需求和意图，并通过互相协商，寻找双方都能接受的解决方案、共同目标，进一步促进沟通目标达成，并尝试寻找解决方案，积极行动。如节假日对礼物有期望，可以直接和对方表达礼物的意义，并表达自己的期待，避免含糊不清或暗示性的表达，以减少误解的发生。此外，若双方矛盾难以调解时，可寻求专业咨询和辅导，用更客观的视角看待问题或矛盾，使得问题的解决更有效率，增进关系的质量和稳定性。

爱人间的沟通障碍是常见的问题，但它们并非无法克服。通过理解沟通差异的根源、认识沟通障碍的影响，并采取沟通艺术，双方可建立更强大、更健康的情感连接。

一、实践应用

案例9.5　民航服务人员的压力倾诉

小A，女，在谈心谈话中透露飞行后，一个个压力接踵而来：家人的压力、乘务长的压力、同事的压力、工作的压力、绩效考核的压力、投诉的压力……众多的压力让我难以承受，又无处发泄，每天我的脑袋都处在高度紧张状态，因此也经常失眠。有时我想放松自己，可是每天回家望着比我更紧张更憔悴的妈妈时我无言以对，有时我能控制住自己,拖着疲惫的心继续努力,有时很难控制住自己,便会与家人发生冲突。

思考:

1.该乘务员面临了哪些压力?

2.该如何通过社会支持系统排解这些压力?

二、案例分析

案例9.6 亲密关系中冷暴力的伤害

前段时间有个来做心理咨询的乘务员小一(化名)向心理医生哭诉:她遭受了3年多冷暴力的恋情,心情总是受到很大影响,有时甚至会影响工作的积极性,该怎么办?

小一说到有时候会有些小脾气,和男朋友间经常会闹一些小矛盾,但每次不管是说他,还是把气撒到他的身上,他都不会跟她计较,还会哄她。随着两人交往的时间越长,渐渐地,她发现男友话确实不多,但也不会沟通,一有矛盾他就拒绝交流,以逃避的方式处理。只要争吵,他就消失了,微信不回,电话不接,消失一段时间以后,又像没事人一样回来。

她边说边哭:"每次吵架,都得不到回应,连人都找不到,太痛苦了!""我不知道自己该何去何从,要不要分手,我觉得和他在一起这么久,我还是爱他的,医生,你能告诉我该怎么办吗?"根据小一的情况,心理医生告诉她这方面需要自己尝试改善自己的沟通方式,如果调整过来后还无法改善的话,才考虑分手,毕竟她会犹豫就是基于自己还没尽自己所能去修复这段感情。

思考:

1.请问小一的男友在发生冲突时采用了哪些沟通行为?

2.请问小一该如何与男友进行沟通,以解决冷暴力问题?

三、情境演练

请同学们收集民航服务人员亲密关系沟通及人际沟通素材,以小组为单位编写民航服务人员的生活日记,包含亲情、友情、爱情等相关内容,并拍成微视频。

知识延伸

案例9.7　空乘,谁是你的良师益友

这一年来,我接触了许多年龄在20岁以下的年轻空乘。他们单纯、聪明、热情、有思想,在大专院校学习了2年以上的空中乘务专业,可以说为了实现自己的理想,他们在飞行前已经做了两年的准备。来到空乘队伍参加飞行后,大量的飞行任务、复杂的旅客心理、严格的客舱管理制度给这些年轻的乘务学员们带来了前所未有的压力。很多人不知道应该怎么办?也不知道该找谁诉说?有的人产生了消极心理,很快学会了混日子的心态;有的人将压力转变成怨气,在各种场合爆发了;有的人耐受力要强一些,属于后知后觉型的人;只有少数人,将心事向亲人朋友述说,缓解压力。俗话说:"一个好汉三个帮",新乘在飞行的第一年应该主动寻求外界的帮助,这种帮助主要用于解答工作中的困惑,从别人的经历中借鉴经验,把别人当作一面镜子对照自己,避免自己走弯路。可是单位的人都不熟悉,乘务学员们应该找谁交流谈心呢?我作为一名乘务前辈,针对这个问题有一些建议。

当面临问题时不要总是找同龄人解决问题。

面临问题时不要找同龄人解决问题。这个说法有些不近人情,好像不相信自己的朋友似的。一同参加工作的同事,可能大家还是以前的校友,甚至是上下铺的密友,没有参加工作时大家就形影不离,畅所欲言,彼此相处得很愉快。为什么参加工作后,朋友就不能帮助我解决问题了呢?原因有三:

第一,刚参加飞行的新乘面临的工作压力都是一样的,对于每一个新乘来说都是一种考验。多数人自己的问题还没有解决,还处于很困惑的阶段,对于别人的问题是无暇顾及的。

第二,新乘之间,大家年龄一样,学历相当,他知道的你都知道,你身上发生的问题他也要面对,所以即便大家在一起真诚地交流,可是阅历决定了彼此之间不能有更高层次的指导,只会附和你的意思说:"是的,是的"。可是你要听的是:"我不想给他们留下这样的印象,我该怎么办?"你的同龄人除了安慰你,或者陪你一块发火,不能给你实质性的解决方法。

第三,新乘都是年轻人,解决不了问题会表现得很冲动,会将一些不是问题的"问题"夸大,加上同龄人盲目地认同,这样就加重不必要的心理负担,甚至以后也会厌恶自己的集体,将自己列为集体之外。久而久之,一个将自己置身于集体之外的人,工作得不到集体的认同,他的职业生涯会暗淡很多。

到底谁是新乘职业生涯初期的良师益友呢?在这里,我有三种人要推荐。

一、解决业务问题找带飞教员

走上乘务岗位，第一班飞行的感受难以忘怀。当第一个月自己从每日只管学习的学生转变成为照顾几十上百人的乘务员时忐忑不安的心情更是久久不能平静，是带飞教员坚定的眼神鼓励了我们。他总是站在身后注视着我们，仿佛只要一有难题，他一定会帮助我们解决。他是我们的力量，我们真切地感觉到他每一句话中透着自信。客舱中，是他的存在将客舱的工作氛围调节得轻松愉快，带飞教员是我们乘务生涯的启蒙老师，他的工作风格和生活态度深深地影响着我们。每一位新乘都会有一个带飞教员。

现在的带飞教员都经过系统的带飞培训。由于工作出色，有较多的生活经验，他们的人品、职业道德、业务水准都是"强中手"。所以，当新乘在工作中遇到问题时，应该主动找到你的带飞教员，详细叙述你面临的问题，他们会不遗余力将宝贵的工作经验传授给你。

二、解决同事之间的矛盾找教导员

空勤队伍中都有教导员这个职务，他主要是解决空勤人员的思想问题。空勤队伍对教导员职务的要求决定了一名教导员必须有正直的人品、较强的业务知识和敬业爱岗的精神。所以，当新乘在航班中遇见类似被乘务长误会的内部矛盾问题时，可以通过与教导员的交谈来解答自己的疑惑。

三、飞行第一年，父母仍是你的良师益友

参加工作，是一个人一生重要的分水岭，它代表着独立和对自己负责。可是任何转变都会经历痛苦的蜕变过程，新乘参加飞行后的第一年就是由一个学生转变成空乘的过渡期。在过渡期中，你面临的许多问题还不是单纯的工作业务问题或人际交往问题，它往往包含心理问题、经济问题、人生观问题、职业生涯走向问题以及择偶问题。这些问题不是单位的教员或领导可以全面掌握和解决的，每个新乘都有自己的家庭背景和实际情况，自己的情况只有家人最了解。很多新乘，一参加工作就忘记了父母。认为自己长大了、成人了、独立了，父母再也管不到我了。其实，这是十分幼稚的想法，也反映出新乘的不成熟。

新乘在父母眼中仍是一个孩子，一个开始独立但没有能力完全独立的孩子。每一个父母在孩子独立之初仍然会给予高度的关注。许多新乘认为从上大学后就没有和父母长谈过了，但是你的一切都在父母的眼中，父母最了解你，也最愿意比外人关心你。参加飞行后，你面临的问题就是父母在工作中、生活中曾经遇到过的问题。因为他们已经经历过了，所以比你就更从容，更有解决问题的办法。他们不会嘲笑你，即便语言严厉了些，但这是爱的严厉，绝对没有打击你的意思。他们不会隐瞒你，会毫无保留地告诉你：你错了。他们会一遍又一遍地在你生气地挂断电话后又给你打过来问你："你的事情解决了吗？最近过得好吗？"别人的经历，你只能看到很少的一部分,而父母会将自己失败的经历告诉你,避免你走弯路,而不怕你瞧不起他们。父母的爱是无私的,当你飞行后,自己有收入后,你要知道你不是摆脱了父母,而是应该认认真真地来审视父母的人生,来听取父母的意见。从父母讲述的人生经历中总结经验,扬长避短。父母是你人生的灯塔。也许他们没有你的学历高,但他们没有因此不让你上大学。在你飞行的第一年,可能就会遇到父母从来没有遇到过的问题,但是很多解决问题的方法是相通的。也许父母不善表达,但他们吃苦耐劳的精神却是你渡过难关的精神支柱。拿破仑的母亲曾经对拿破仑说:"我知道你在这个工作中是会成功的,所以我和别人承担了保证你成功的义务,我们都在这儿,等待着你……"这也是所有新乘父母的心声。作为一名新乘,你要向父母证明你有独立的能力,那么让父母了解你是你必须做的。

无论你是否愿意成长,时间都在流逝。作为一名新乘,要想有良好的职业状态,必须把握好飞行后的第一年,一个良师益友将有助于你良好心态的养成,使你一生受益。这一年里,你心态的养成将决定你的职业生涯的走向。

本章小结

"人类是天生的社会性动物。"每个人都需要社会关系,需要彼此支持、共同发展,在必要时还需要向他人寻求帮助。一个完备的社会支持系统包括亲人、朋友、同学等。良好的人际关系与社会系统支持能使人获得安全感和归属感,给人精神上的愉悦和满足,促进身心健康。其中良好的亲密关系可以构建完善的社会支持系统,进一步支撑、提升较好工作状态、工作效果,内在激发人们干事创业的内在动力、内在生产力。因此,作为民航服务人员,除了掌握工作中的沟通艺术,也要学会掌握处理生活中的亲密沟通艺术。

其中,民航服务人员与家人的沟通可以通过拒绝标签化沟通、用爱的语言表达、注重倾听、非暴力沟通来提升沟通效果。与朋友之间的沟通要注意以诚相待、互相尊重、互相支持、互相包容、建立链接、求同存异。与爱人沟通时可通过积极倾听、同理思考、肯定对方、开放尊重、陈述事实、表达情感、表达期望、寻求帮助来解决矛盾冲突、增加亲密感情黏性。

思考与练习

1.如何与爱人建立亲密关系?
2.请分析民航服务中的非暴力沟通艺术与实施路径。

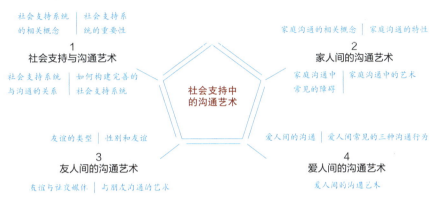

社会支持系统的相关概念 | 社会支持系统的重要性

1 社会支持与沟通艺术

社会支持系统与沟通的关系 | 如何构建完善的社会支持系统

家庭沟通的相关概念 | 家庭沟通的特性

2 家人间的沟通艺术

家庭沟通中常见的障碍 | 家庭沟通中的艺术

社会支持中的沟通艺术

友谊的类型 | 性别和友谊

3 友人间的沟通艺术

友谊与社交媒体 | 与朋友沟通的艺术

爱人间的沟通 | 爱人间常见的三种沟通行为

4 爱人间的沟通艺术

爱人间的沟通艺术

>>> >>> 第十章

民航服务沟通艺术
综合性实践与案例评析

学习目标

知识目标：

1.明确客舱服务的基本职责,掌握基于客舱服务四阶段的相关沟通话术。

2.掌握开、关闭舱门程序涉及的沟通话术。

3.密切联系客舱广播词相关语言表达(中英文)。

4.掌握安全演示、安全检查、应急出口的确认与监控相关指令的沟通话术。

5.掌握冲突处理的方法与沟通艺术。

能力目标：

1.在实践中提升解决民航服务问题的能力。

2.提高学生的综合素质和社会适应性。

3.有较强服务意识,提升同服务对象进行亲切、有效交流的能力。

4.熟练掌握各类特殊旅客的特点,并结合服务要点与其进行良好的沟通。

5.灵活应用冲突处理的方法与步骤,并培养较好的情绪控制能力。

素质目标：

1.具有民航职业荣誉感、归属感及职业认同感。

2.能发挥团队协作精神、创新精神,并进行系统的思考与分析。

3.能够适应差异性、多元化的团队,具有包容精神。

4.提高抗压能力,调整心态,在工作中能感知价值与快乐。

案例导入

案例10.1

　　某日,天津至广州的航班接待了一个旅行团,行李架满了,旅客没有地方摆放行李,还有位旅客携带了超大行李。正常平飞后,机上多人要枕头和毛毯,有一名旅客要求要两个枕头,由于飞机上物资有限,只能给一个枕头,这位旅客很不开心,说自己是白金卡可以要两个,要求乘务员给出解决方案。发餐过程中,有旅客提出餐食不好吃,并抱怨了很多。下降前进行安全检查时,有位小朋友还在睡觉,与其家长沟通让家长帮忙唤醒孩子并调直座椅靠背时,家长提出异议。该航班还有位抱婴旅客,因其属于特殊旅客,涉及特殊的服务流程与语言。

思考：

1. 该案例涉及特殊沟通处理的情境有哪些？如果你是该航班乘务员，会如何进行处理、沟通？

2. 请大家以小组为单位，给出基于上述航班特情与特殊旅客的服务沟通方案，进行综合情境演示。

相关知识

为契合新教育形势下国家、行业对民航服务人才培养的要求，构建学生认知与技能的"综合性""全面性"与"关联性"，本章内容允分对接职业标准与岗位要求，基于教师协同，契合飞行四个关键阶段，充分整合客舱语言类、服务类、安全类、专业实践类等四个专题教学内容，设计基于课程协同的"客舱服务与沟通"综合实践项目。从民航服务人员各号位职责出发，通过项目沉浸式形式，完成多课程、多阶段理论与实践教学有机融合，递进式地实现一体化综合实践改革，以进一步提高学生系统思维、综合解决客舱复杂问题的实践能力和应急处置能力。

第一节　民航服务沟通艺术综合性实践

从行业发展需求及职业发展规律出发，对标《客舱乘务员的资格和训练》（AC 121-FS-27R3）标准，本书致力于实现内容的优化、提升，并赋能实践。首先，基于飞行四个关键阶段——飞行前准备阶段、直接准备阶段、空中实施阶段、航后讲评阶段，串联核心化信息及知识，进一步指导运用客舱服务、客舱沟通、客舱服务英语、客舱安全、机型、形体等内容进行综合性实践。其中沟通内容涉及的部分主题板块呈现如图10.1所示，将传统理论内容解构，进一步按照工作情境进行重构。

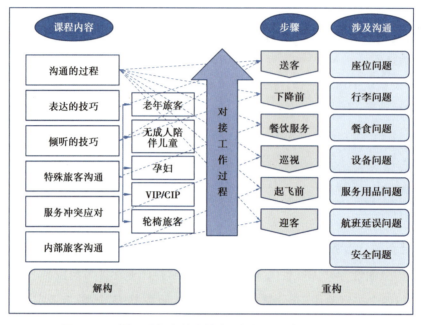

图10.1 对接职业标准的客舱沟通板块与内容交叉示意图

一、飞行四个关键阶段主要流程

第一阶段(航前准备阶段)	1.个人准备工作
	2.航前准备会
	3.乘车进入候机楼
第二阶段(直接准备阶段)	1.检查应急设备齐全、在有效期内
	2.检查卫生、用品齐全,检查客舱卫生,摆放书报杂志
	3.清点餐食及供应品数量,并报告乘务长
	4.检查固定厨房设备
	5.清舱
	6.旅客登机
	7.与旅客确认应急窗口,引导旅客入座
	8.操作分离器
	9.欢迎词广播
	10.乘务组自我介绍
	11.安全演示
	12.起飞前客舱安全检查

续表

第三阶段(空中实施阶段)	1. 细微服务(递送毛毯、巡视阶段、送报纸、杂志等)
	2. 开餐广播
	3. 餐前饮料—送餐—餐中水—收餐盘
	4. 下降广播,致意
	5. 下降前安全检查(厨房、客舱、卫生间)
	6. 填写交接单、回收供应品
	7. 操作分离器(解除滑梯预位、互检、报告乘务长)
	8. 送客
	9. 清舱
第四阶段(航后讲评阶段)	对航班中所出现的问题进行分析及特殊情况处理的结果

二、基于课程协同的"客舱服务与沟通"项目式教学实践设计

航班信息及客舱情境如下:

1. 时间:2023年6月2日11:30—15:00

2. 航班:××2869天津—昆明

3. 机型:A320

4. 乘务组介绍:

　　1号:带班乘务长

　　2号:头等舱乘务员

　　3号:经济舱前部乘务员

　　4号:经济舱后部乘务员

　　5号:经济舱后部厨房乘务员

5. 旅客介绍:

　　旅客1:19排C座位(携带超大行李)

　　旅客2:21排A座位(不打开遮光板)

　　旅客3:3排C座位(要两个枕头)白金卡:王先生

　　旅客4:22排E座位(哭闹孩子的妈妈)

　　旅客5:22排F座旅客(哭闹的孩子)

　　旅客6:26排A座(印度旅客1)

　　旅客7:26排B座(印度旅客2)

　　旅客8:22排F座(不配合调直座椅靠背)

6.客舱特殊情境及特殊旅客

(1)客舱特殊情境示范如表10.1。

表10.1　基于课程协同的"客舱服务与沟通"项目式教学综合实践示范设计

对应飞行阶段	具体情境	负责处理民航服务人员
迎客阶段	情境一： 本次航班迎客阶段,旅客1携带了超大行李,超过了飞机的标准尺寸。	(1号乘务员)
	情境二： 在进行起飞前的安全检查时,发现旅客2坚持不打开遮光板。	(3号乘务员)
平飞阶段	情境三(客舱巡视)： 平飞后,机上多人要枕头和毛毯,旅客3需要两个枕头。由于飞机上物资有限,只能给一个枕头,这位旅客很不开心,说自己是白金卡可以要两个,需要乘务员给出解决方案。	(2号乘务员)
	情境四： 航班上(旅客4)一位母亲独自带着(旅客5)6岁儿童乘机,有旅客向你抱怨该儿童太闹腾,影响其休息,要求你去沟通处理一下,你应如何沟通？	(3号乘务员)
	情境五(发餐阶段)： 当乘务员在为旅客提供正餐服务时,询问旅客6和旅客7是选择鸡肉饭或牛肉饭时,这两位印度籍的旅客皱起了眉头,说道："我订了印度餐的,你们不知道吗？"你查了查记录,配餐中没有特餐记录。可是两位旅客一再强调他们已预订,并明显表示不满意。	(6号乘务员)
下降前的客舱安全检查	情境六： 旅客8还在休息,不愿意配合调直座椅靠背。	(3号乘务员)

(2)特殊旅客：无成人陪伴儿童涉及服务内容及沟通要点(4号乘务员)如表10.2。

表10.2　基于课程协同的"特殊旅客服务"动作与参考语言示范设计

服务对象	无成人陪伴旅客	
服务阶段	动作	语言
迎客	问候	小朋友,你好! 很高兴认识你!
	引导至座位,协助放好行李	跟姐姐走吧,我带你到座位上。我帮你把行李放在行李架上。
	完成与小旅客的初次沟通 (建议蹲姿)	你好,小朋友,你叫什么名字？ 几岁了？ 第几次坐飞机了？ 我是____,在今天的航班上由我来照顾你,你有什么事情可以随时找我。飞机落地后,记得等我来带你下飞机,不要和其他人走哦。
	告知安全与服务注意事项 (提供毛毯和枕头)	这里有安全带,这样系好,这样就可以打开,学会了吗？ 你试一下,真棒。这里是安全带指示灯,亮着时就要把安全带系好。这里是呼唤铃,如果想去洗手间或者有其他需要可以按一下这个按钮或者找旁边的阿姨/叔叔帮忙,我也会经常来看你的。

续表

服务阶段	动作	语言
迎客	请周边旅客协助照看并感谢	先生/女士您好,这位是我们的无成人陪伴小旅客,今天她/他一个人坐飞机,可以麻烦您稍微照看她/他一下吗? 如果她/他在航班过程中需要帮助的话,麻烦您帮忙按下呼唤铃;如果发生紧急情况,请您将她/他带下飞机,可以吗? 谢谢您!
起飞前	协助系好安全带	小朋友,安全带系好了吗? 飞机快起飞了,你看,大家都坐好咯,你也好棒! 我们也把安全带系好,好吗? 这个礼物送给你。
巡视	关注小旅客	小朋友,在干什么呢?(视情况作简短沟通) (或)要不要帮你调一下电视节目啊?(有 AVOD 机型)
餐饮服务	主动介绍餐食与饮品	小朋友,要喝点什么吗? 果汁好吗?(记录)
餐饮服务	协助放好小桌板	小朋友,小心热食有点烫。(记录)
下降前	协助系好安全带	小朋友,我来帮你系好安全带好吗?
下降前	告知温度,视旅客需求提供帮助	降落站有点热/冷,要不要换衣服?
下降前	确认小旅客证件、行李齐全	小朋友,你的行李是这几件吗? 证件要记得放好哦!
下降前	再次叮嘱离机事宜	小朋友,一会儿飞机到了,一定要等我们来带你下机啊!
送客	带其至舱门口,将小旅客及其行李交接给地服人员	小朋友,再见!

三、基于课程协同的"客舱服务与沟通"综合实践示范及参考话术

(一)第一阶段(航前准备阶段)——航前准备会(图10.2)

航前准备阶段

图10.2　航前准备会

项目	服务工作	参考沟通话术
航前准备会	1.带班乘务长检查全体乘务组人员的着装礼仪	各位组员大家好,很高兴和大家一起飞行。我是本次航班的乘务长XX,来自客舱一部,飞行X年。(民航服务人员依次介绍)
		现在进行仪容仪表检查:发型、化妆、服装、指甲、鞋袜等。
	2.带班乘务长进行"三证"检查并根据所执行的航班任务、机型进行合理的分工	请大家出示自己的"三证":登机证、健康证、民航服务人员训练合格证。
		现在进行号位分工:1号由我来担任,2号乘务员XX,3号乘务员XX,4号乘务员XX,5号乘务员XX,6号乘务员。
		请问大家对号位分工有疑问吗?如果有问题现在可以提出来;如果没有问题,请大家对照岗位职责落实好自己的工作任务。
	3.讲解服务计划、旅客特点	下面介绍航班服务计划:天津到昆明的飞行时间为3小时30分钟,由于航线较长,请大家做好细微服务,及时巡视客舱、打扫洗手间。
		这条航线的旅客以家庭为主,同时也有一部分商务、外籍旅客。航班上小旅客较多,请大家加强在热饮、热餐和飞机颠簸时的语言提醒。
		旅客信息工单显示,航班上有1名UM,座位10排C座,由4号乘务员负责,请在飞行全程中做好特殊旅客的服务,并将服务情况和大家及时沟通。
	4.根据航线特点进行有针对性的提问	现在进行抽查提问:
		请4号乘务员回答"无人陪伴儿童的特点和服务时的注意事项"。
		请6号乘务员回答"亚洲素食如何预订以及服务时的注意事项"。

(二)第二阶段(直接准备阶段)——检查应急设备、清舱(图10.3、图10.4)

图10.3　检查应急设备

图10.4　下达清舱指令

项目	服务工作	参考沟通话术
1.检查应急设备	1号检查音频、灯光、音乐、座椅下设备等	1号:请各号位检查应急设备。
	2号检查厨房机供品、饮料、餐食和安全演示包等	2号:报告乘务长,1号门应急设备在位,头等舱服务设施完好。
	3号打开行李架、检查客舱、整理安全带,准备出口座位卡	3号:报告乘务长,经济舱应急设备在位,服务设施完好。

续表

项目	服务工作	参考沟通话术
1.检查应急设备	4号先关门,再检查应急设备和机供品	4号:报告乘务长,经济舱应急设备在位,服务设施完好,L2门已关
2.清点餐食及供应品数量,并报告乘务长	5号先点餐再检查水表后报告	5号:报告乘务长,经济舱配备热食10份,5份鸡肉饭,5份牛肉面,无特殊餐,清水表满,污水表空
3.登机前清舱	1号发布清舱指令	1号:请各号位进行清舱检查
	2号检查厨房、厕所、头等舱	2号:报告乘务长,头等舱无外来人、外来物,R1门已关,已做好上客准备
	3号和4号检查客舱	3号和4号:报告乘务长,经济舱无外来人、外来物,已做好上客准备
	5号检查厨房和厕所	5号:报告乘务长,经济舱无外来人、无外来物,L2门、R2门已关,已做好上客准备
	1号报告机长	1号:报告机长,客舱无外来人、外来物,已做好上客准备

(三)第二阶段(直接准备阶段)——旅客登机、特殊旅客沟通、紧急出口确认(图10.5、图10.6)

乘客登机、特殊旅客沟通、紧急出口确认

图10.5　旅客登机　　　　　图10.6　紧急出口确认

项目	服务工作	参考沟通话术
4.旅客登机	1号乘务长、2号乘务员站在L1门迎客	1号:您好,欢迎乘机。
		2号:您好,欢迎乘机。请往里面走。
	1号乘务长发现有位旅客(旅客1)携带超大行李,第一时间协调沟通,安排旅客托运	1号:非常抱歉,先生,您的行李已经超过了标准尺寸,飞机上没有合适的地方存放,且可能会对飞行安全造成一定的影响。我们可以联系地服人员协助您免费办理托运手续,请确认您的行李内有无锂电池、电脑、易碎物品和贵重物品? 有的话麻烦您拿出来。感谢您对我们工作的支持。 谢谢您的配合,先生,如有什么需要请您随时叫我,祝您旅途愉快。

续表

项目	服务工作	参考沟通话术
4.旅客登机	3号、5号正在积极协助旅客安放行李并引导旅客按登机牌座位就座,及时疏通客舱通道。	
	4号与地面工作人员交接特殊旅客	地服:"这是本次航班的UM,这是她/他的证件资料和交接单,随身行李是一个书包,无托运行李,请在航班上予以照顾。" 4号:"好的,我来核对一下资料,资料齐全。请问小朋友在飞行中有什么特殊的要求吗?" 地服:"没有/花生过敏。" 4号:"好的/我会在航班中多加注意。"
	4号问候无成人陪伴儿童	4号:"小朋友,你好! 很高兴认识你。"
	4号引导无成人陪伴儿童入座,帮助提拿、安放行李	4号:"跟姐姐走吧,我带你到座位上。我帮你把行李放在行李架上。"
	4号告知安全与服务注意事项(提供毛毯和枕头)	4号:"这里有安全带,这样系好,这样就可以打开,学会了吗? 你试一下,真棒。这里是安全带指示灯,亮着时就要把安全带系好。这里是呼唤铃,如果想去洗手间或者有其他需要可以按一下这个按钮或者找旁边的叔叔/阿姨帮忙,我也会经常来看你的。"
	4号请周边旅客协助照看并感谢	4号:"女士您好,这位是我们的无成人陪伴小旅客,今天她/他一个人坐飞机,可以麻烦您稍微照看她/他一下吗? 如果她/他在航班过程中需要帮助的话,麻烦您帮忙按下呼唤铃;如果发生紧急情况,请您将她/他带下飞机! 非常感谢您!"
5.引导旅客入座,与旅客确认应急窗口	3号与旅客进行右侧紧急出口确认	3号:"您好,欢迎乘机。"(经济舱第一排) 右侧紧急出口确认:"先生/女士您好,您坐在紧急出口位置,请您不要随意触碰红色手柄,区域内请不要放置行李,发生紧急情况您有义务成为我们的援助者,安全须知卡请您仔细阅读,您有什么不理解的请及时和我沟通,谢谢。"
	3号反馈乘务长紧急出口确认情况	报告乘务长,紧急出口X名旅客已确认

(四)第二阶段(直接准备阶段)——操作分离器(关舱门及操作滑梯预位)

项目	服务工作	参考沟通话术
6.操作分离器(关舱门及操作滑梯预位)	1号报告机长	1号:报告机长,旅客齐、机组齐、随机文件齐、无大件行李、无外来人外来物,紧急出口旅客已确认。是否可以关门?(机长说可以关门)
	1号广播	1号广播:各门区乘务员操作滑梯手柄预位并交叉检查

续表

项目	服务工作	参考沟通话术
6. 操作分离器(关舱门及操作滑梯预位)	1号,2号,4号,5号:拔出安全销,下压手柄至预位(ARMED)位置,插入安全销并收起红色警告带,确认"点箭合一" 互检:确认滑梯预位 互检(手势),互检完毕(手势)	1号乘务长:L1门操作完毕,互检完毕 2号:报告乘务长,R1门操作完毕,互检完毕 4号:报告乘务长,L2门操作完毕,互检完毕 5号:报告乘务长,R2门操作完毕,互检完毕

(五)第二阶段(直接准备阶段)——安全演示(图10.7)

安全演示

图10.7　安全演示

项目	服务工作	参考沟通话术
7. 安全演示	1号:安全演示广播 2、3、4号与广播同步进行安全演示 5号指导	女士们,先生们(ladies and gentlemen): 现在我们的客舱乘务员将为您介绍机上应急设备的使用方法及紧急出口的位置。 We will now take a moment to explain how to use the emergency equip-ment and locate the exits. ●救生衣在您座椅下方的口袋里(座椅上方),仅供水上迫降时使用。在正常情况下请不要取出。 Your life vest is located (under/ above) your seat. It may only be used in case of a water landing. Please do not remove it unless instructed by one of your flight attendants. 使用时取出,经头部穿好。将带子由后向前扣好系紧。 To put your vest on, simply slip it over your head. Then fasten the buckles and pull the straps tight around your waist. 当您离开飞机时,拉动救生衣两侧的红色充气手柄,但在客舱内请不要充气。充气不足时,请将救生衣上部的两个充气管拉出,用嘴向里充气。 Upon exiting the aircraft, pull the tabs down firmly to inflate your vest while inside the cabin.For further inflation, simply blow into the mouth pieces in either side of your vest. ●氧气面罩储藏在您座椅上方。发生紧急情况时,面罩会自动脱落。 Your oxygen mask is above your head. It will drop down automatically in case of emergency.

续表

项目	服务工作	参考沟通话术
7.安全演示	1号:安全演示广播 2、3、4号与广播同步进行安全演示 5号指导	氧气面罩脱落后,请用力向下拉面罩。将面罩罩在口鼻处,把带子套在头上进行正常呼吸。在帮助别人之前,请自己先戴好。 When it does so, pull the mask firmly towards you to start the flow of oxygen. Place the mask over your nose and mouth and slip the elastic band over your head. Please put your own mask on before helping others. ●在您座椅上有两条可以对扣的安全带。当"系好安全带"灯亮时,请系好安全带。解开时,将锁扣打开。拉出连接片。 When the Fasten Seat Belt sign is illuminated, please fasten your seat belt.To fasten your seat belt, simply place the metal tip into the buckle and tighten the strap.To release, just lift up the top of the buckle. ●本架飞机共有 <u>三</u> 个紧急出口,分别位于客舱的前部、中部和后部。 There are <u>three</u> emergencyss exits on this aircraft.They are located in the front, the middle and the rear of the cabin respectively. Please note your nearest exit. 在紧急情况下,客舱内所有的红色出口指示灯和白色通道指示灯会自动亮起,指引您从最近的出口撤离。 In case of an emergency, Track Lighting will illuminate to lead you to an exit.White lights lead to red lights which indicate the nearest exit. ●在您座椅前方的口袋里备有《安全须知》,请您尽早阅读。 For additional information, please review the safety instruction card in the seat pocket. 我们的应急设备就介绍到这里了,感谢您的配合。 Thank you for your attention!

欢迎词广播、
安全检查

(六)第二阶段(直接准备阶段)——欢迎词广播、安全检查

项目	服务工作	参考沟通话术
8.欢迎词广播	1号:安全检查广播	起飞广播:女士们、先生们: 我们的飞机即将起飞,请您在座位上坐好并系好安全带。请将座椅靠背及小桌板调整到垂直位置。请放下座椅扶手、收起脚踏板、打开遮光板。根据政府的相关规定,所有航班均实行禁烟管理,请您严格遵守。 非常感谢您的配合。祝您旅途愉快! Ladies and gentlemen: We will be taking off in a few minutes, please be seated and fasten your seat belt. Your seat back and table should be returned to the upright position. Please put down your armrest、stow your footrest and lift up the sunshade. All airline flights are non-smoking to comply with government regulations. Please refrain from smoking during the flight. Thank you for your cooperation and we wish you a pleasant journey!

续表

项目	服务工作	参考沟通话术
9.客舱安全检查	1号巡视全舱，调暗客舱灯光，坐好	客舱安全检查包括：打开遮光板、调直座椅靠背、收起小桌板、系好安全带、收起脚踏板、将手机调至飞行模式或关机
	2号：检查头等舱厨房、厕所、座椅	
	3号：检查经济舱前部（旅客2不配合打开遮光板）	3号："女士，您好，飞机马上就要起飞了，麻烦您帮我们把遮光板打开好吗？" 旅客："为啥必须要打开啊？" 3号："女士，起飞降落时打开遮光板首先是为了便于我们能及时观察窗外有无异常，确保我们的飞行安全，其次，发生紧急迫降后如果没能及时离机，救援人员能通过窗口看到旅客并使其及时得到救助。所以麻烦您帮我们把遮光板打开好吗？" 旅客："真麻烦，哎，真不想打开。" 3号："实在抱歉，您是不是怕晒啊？如果您觉得晒，您可以在起飞后把它拉下。还是这个遮光板太紧了，不好拉动，我来帮您吧？" 旅客："好的，谢谢了。"
	4号：检查经济舱后部重点，与无成人陪伴儿童沟通	小朋友，安全带系好了吗？飞机快起飞了，你看，大家都坐好咯，你也好棒！ 我们也把安全带系好，好吗？这个礼物送给你。
	5号：检查厨房、厕所	
	1号报告机长。1号广播	1号报告机长：cabin ready，客舱已完成起飞前各项准备。 1号广播：飞机很快起飞，请再次确认安全带已系好。

（七）第三阶段（空中实施阶段）——细微服务

细微服务

项目	服务工作	参考沟通话术
1.细微服务（递送毛毯、巡视阶段、送报纸、志等）	1号调亮客舱灯光（服务信号）广播：航线及服务介绍	1号广播：飞机已经进入平飞状态，由天津到昆明的飞行距离为2 087千米，空中飞行时间预定3小时30分钟。我们的航路有轻微颠簸，为防止意外颠簸，我们建议您全程系好安全带。在整个航程中，如果您需要帮助，请随时告诉我们，我们非常乐意为您服务。 Ladies and gentlemen: "The plane has entered a level flight mode. The flight distance from Tianjin to Kunming is 2087 kilometers, and the flight time is scheduled to be 3 hours and 30 minutes in the air. The weather on our route is slightly bumpy, and to prevent unexpected bumps, we suggest that you fasten your seat belt throughout the entire journey. If you need help, please feel free to let us know. We are very happy to serve you!"

续表

项目	服务工作	参考沟通话术
1.细微服务（递送毛毯、巡视阶段、送报纸、志等）	旅客3按呼唤铃，提出要两个枕头，3号前去处理，但发现只有一个枕头	3号："王先生，十分抱歉，今天我们航班客满，且老人和孩子居多，由于我们机上配备数量有限，现在只剩下一个枕头，怕您一会儿休息时不舒服，给您再拿了一条毛毯，您看可以吗？真的十分抱歉。" 旅客3："什么？我是你们的白金卡旅客，我多要一个靠枕怎么了？你拿毛毯来有什么用？" 3号："王先生，您是我们尊贵的白金卡旅客，给您带来不好的体验真的十分抱歉，请问您需要两个枕头是不是哪里不舒服，需要垫一下呢？" 旅客3："嗯，我有腰肌劳损，坐飞机会特别累，所以需要枕头靠着。" 3号："嗯嗯，我非常理解您，今天航程时间长，您坐久了肯定会不舒服。那您看这样可以吗？我先帮您拿两条毛毯卷起来固定好，和枕头一起给您垫在腰部，希望能够让您舒适一些。航程过程中，如果有旅客将枕头还回来，我们会第一时间送过来给您。同时现在已经到达平飞阶段了，我帮您把座椅靠背往后调，稍后再给您拿耳塞和眼罩，这样您休息得会舒服很多，真的十分抱歉。" 旅客3："嗯，好的，谢谢。"
	4号关注小旅客	小朋友，在干什么呢？需不需要姐姐帮你调一下电视节目啊？
	2、5号：打开厨房电源、打开烧水器、烘烤餐食。 2号去后厨房协助；5号整理摆放水车和餐车。	
	航班上（旅客4）一位母亲独自带着（旅客5）6岁儿童乘机，有旅客抱怨该儿童太闹腾，影响其休息，2号去沟通处理	女士，您好，有什么需要帮助的吗？孩子怎么了？是不是旅途过程中太劳累了？还是饿了？我给你们提供一些机上玩具和小零食吧？这样孩子可能会开心一些。 如果孩子还是闹得很厉害，给抱怨的旅客换座位或者提供耳塞。
2.开餐广播	1号开餐广播	女士们、先生们： 我们将为您提供餐食（点心餐）及各种饮料，希望您能喜欢。在用餐期间，请您调直座椅靠背，以方便后排的旅客。如需要帮助，我们很乐意为您服务。谢谢！ Ladies and Gentlemen: In a few moments, the flight attendants will be serving meal (snacks) and beverages.We hope you will enjoy them. For the convenience of the passenger seated behind you, please return your seat back to the upright position during our meal service. If you need any assistance, please feel comfortable to contact us.Thank you!

（八）第三阶段（空中实施阶段）——餐饮服务阶段

餐饮服务阶段

项目	服务工作	参考沟通话术
3.餐前饮料—送餐—餐中水—收餐盘	2号和3号：餐前饮料服务	先生/女士，您好，今天我们为您准备了橙汁、可乐、椰汁、雪碧、咖啡、茶，请问需要喝点什么饮料呢？
	餐食服务，从下至上。当4号与5号在为旅客6与旅客7提供正餐服务时，询问旅客是选择鸡肉饭或牛肉饭时，这两位印度籍旅客皱起了眉头，说道："我订了印度餐的，你们不知道吗？"你查了查记录，配餐中没有特餐的记录，可是两位旅客一再强调他们已预订，并明显表示不满意。（5号）	先生，可能我们之间有点小小的误会。首先，我们绝对百分之百地相信您确实定过素食；其次，我们今天也确实没有素食，而且通常情况下若有旅客订特殊餐，我们都会收到地面人员的特殊餐食单，但今天没有。我想，可能是我们在某个环节上出了差错。尽管如此您还是不用担心，我们一定会竭尽全力帮您另行配制一份可口的素食，比如头等舱和公务舱的水果、面包、色拉等食物。如果您对在本次航班中还有其他任何要求和建议，您可以随时叫我或区域乘务员。
	4号主动给无成人陪伴儿童介绍餐食，并协助其放好小桌板与饮品	小朋友，今天有红烧鸡肉饭和牛肉面，你更喜欢哪一种呀？（记录）小朋友，小心热食有点烫。（记录）
	2、5号：打开厨房电源、打开烧水器、烘烤餐食。2号去后厨房协助，5号整理摆放水车和餐车。	

（九）第三阶段（空中实施阶段）——下降广播、安全检查、特殊旅客沟通

下降广播、安全检查、特殊旅客沟通

项目	服务工作	参考沟通话术
4.下降广播，致意	1号广播：下降广播及安全检查	女士们、先生们： 　　现在飞机已经开始下降。请您配合我们的安全检查，系好安全带，收起小桌板，调直座椅靠背，靠窗边的旅客请协助将遮光板打开。请您关闭手提电脑及电子设备，并确认手提物品已妥善安放。同时我们还要提醒您，在飞机着陆及滑行期间，请不要开启行李架提拿行李物品。（稍后，我们将调暗客舱灯光。）谢谢！ Ladies and Gentlemen: 　　We are beginning our final descent.Please take your seat and fasten your seat belt. Seat backs and tray tables should be returned to upright position. If you are sitting beside a window, please help us by putting up the sunshades. All laptop computers and electronic devices should be turned off at this time and please make sure that carry-on items are securely stowed. And for your safety, we kindly remind you that during the landing and taxiing, please do not open the overhead bin. (We will be dimming the cabin lights for landing). Thank you!

续表

项目	服务工作	参考沟通话术
5. 安全检查（厨房、客舱、卫生间）	3号和4号:经济舱安全检查	
	3号在检查过程中,发现旅客8没有将座椅靠背调整。	女士,您好,我们飞机马上就要下降了,辛苦您将座椅靠背调直。女士,是这样的,调直座椅是为了保障所有旅客在紧急情况下可以快速地撤离。女士,您是不是有些舒服,我帮您拿条毛毯吧,您再坚持一下,我们航班马上就要落地了! 感谢您的理解与配合!
	4号与无成人陪伴儿童进一步进行安全检查确认: (1) 协助系好安全带 (2) 告知温度 (3) 确认小旅客证件、行李齐全 (4) 再次叮嘱离机事宜	小朋友,我来帮你系好安全带好吗? 降落站有点热/冷,要不要换衣服? 小朋友,你的行李是这几件吗? 证件要记得放好哦! 小朋友,一会儿飞机到了,一定要等我们来带你下机啊!
6. 填写交接单、回收供应品	2号和5号:分别整理回收头等舱和经济舱厨房,清点供应品,填写回收单,检查厨房锁扣,锁闭洗手间	
	所有人员及时归位并系好安全带。1号巡视客舱并归位坐好,调暗灯光。报告机长	1号报告机长:cabin ready,客舱已完成下降前各项准备。
	1号:着陆前广播,再次确认安全带系好	1号:女士们、先生们:飞机马上就要着陆了,请再次确认您的安全带已扣好系紧。谢谢。 Ladies and gentlemen, 　　As we are landing shortly, please make sure that your seatbelts are securely fastened. Thank you.

（十）第三阶段（空中实施阶段）——落地后

项目	服务工作	参考沟通话术
7. 落地广播	到达目的地广播	女士们、先生们下午好: 　　我们已经到达昆明长水机场。当地时间为下午3:00。当地温度为18摄氏度64华氏度。在安全带信号灯熄灭前请在您的座位上坐好。打开头顶行李架时请您注意安全。下机时请带好您的随身物品,托运行李请在行李提取处领取。非常感谢您乘坐中国国际航空航班,期待与您下次再会。

续表

项目	服务工作	参考沟通话术
7.落地广播	到达目的地广播	Good afternoon ladies and gentlemen, We have landed at KunMing ChangShui Airport. The local time is 15：00 p.m. The ground temperature is 18 degrees Centigrade or 64 degrees Fahrenheit. Please remain in your seat until the "Fasten Seat Belt"sign is turned off. Use caution when opening the overhead lockers.Please take all your personal belongings with you when you disembark.Your checked baggage may be claimed at the Baggage Claim Area. Thank you for flying with us and we wish to see you next time.
8.操作分离器 （解除滑梯预位、互检、报告乘务长）	1号确认飞机停稳后调亮客舱灯光。 1号厂播：各号位操作滑梯解除预位并交叉检查。 1号,2号,4号,5号：抬起滑梯手柄至解除预位(DISARMED)位置,拔出安全销,插入存放孔内红色警告带外露,确认"点箭分离"。 互检：确认滑梯解除预位。 互检(手势),互检完毕(手势)。	1号乘务长：L1 门操作完毕,互检完毕。 2号：报告乘务长,R1 门操作完毕,互检完毕。 4号：报告乘务长,L2 门操作完毕,互检完毕。 5号：报告乘务长,R2 门操作完毕,互检完毕。 1号乘务长：报告机长,滑梯解除预位。请问是否可以开门?
9.送客	各号位分工,帮助旅客从行李架中取出行李。 所有人员站在各自工作区域向旅客道别。	欢迎下次乘机!
	特殊旅客由4号引导下机,协助提拿行李。 4号与地面工作人员完成交接。	小朋友,现在姐姐带你下飞机,你马上就可以见到自己的爸爸妈妈了! 地服同事你好,这是本次航班的无陪伴儿童,这是她/他的证件资料,有1件随身书包,无托运行李,航班上已经用过餐了,现在交接给您,请予以照顾。 小朋友,再见!
10.清舱	旅客下机完毕,2号、3号、5号清舱	2号清舱：报告乘务长,头等舱清仓完毕,无旅客遗留物品。 3号和5号清舱：报告4号,经济舱前部/后部清仓完毕,无旅客遗留物品。 4号：报告乘务长,经济舱清仓完毕,无旅客遗留物品。 1号：报告机长,客舱清仓完毕,无旅客遗留物品。

航后讲评阶段

（十一）第四阶段（航后讲评阶段）

项目	服务工作	参考沟通话术
航后讲评会	乘务长组织召开会议，组员个人总结	各位组员辛苦了！今天的飞行结束，现就航班情况进行总结。首先，今天的航班整体情况还算顺利，虽然服务中遇到一些小插曲，但是在大家的共同努力下得到了圆满的解决。下面请各位乘务员对安全和服务情况进行个人总结。 （2、3、4、5号分别发言总结）
	乘务长归纳总结，进行表扬和批评	刚才大家的总结非常不错，既有服务中的经验分享，也有对不足之处的改进措施。希望大家将亮点进行保持和发扬，对不足之处及时改进，相信大家后续的飞行一定会越来越好！

　　小任务大融合，以上综合实践从民航发展需求及职业发展规律出发，基于飞行四个关键阶段，依据大纲中的知识点串联碎片化信息及知识，采取任务驱动，进一步指导学生运用客舱服务、客舱沟通、客舱安全、机型、形体等内容综合性进行示范实践。其中，通过不同内容板块，如不同特殊情境、不同特殊旅客，可随机变换考核内容，进一步促进"民航服务沟通艺术"课程的价值转化与落地。

第二节　民航服务沟通艺术综合性案例分析与应用

　　"民航服务沟通艺术"课程各章节之间存在一定的联系，且真实的航班中可能会同时出现各类情境，错综复杂。为提高学生的学习能力、实践能力和综合分析能力，实现从发现问题—认识问题—思考问题—分析问题—解决问题—创新问题解决方式，能根据所学知识做出正确判断和处置，本节内容精选了部分综合性案例，以进一步拓展思考、分析，实现教学价值落地。

案例10.2　换位思考，灵活处置（冲突，安全+服务）

事件描述

某日某航段，有位旅客来电投诉，客舱乘务员在回收餐盒时态度表现得极不耐烦。客舱乘务员在收餐过程中，旅客将吃完的饭盒递给客舱乘务员希望将其收走，客舱乘务员没有理会而是直接走掉。落地后旅客针对以上问题进行投诉。

事件调查

1.在飞行过程中，该名旅客将手机开机，4号乘务员发现后要求其关机，旅客不理，最终在乘务员强烈要求下关机，旅客认为乘务员表现为不耐烦。

2.2号乘务员和4号乘务员推餐车从后舱至前舱的过程中，准备进行收取杂物时，该名旅客提出将餐盒提前收走，4号乘务员告知旅客从前排开始按次序收取，最终导致该旅客对本次航班乘务员服务态度进行投诉。

事件分析

1.当4号乘务员发现旅客在空中使用手机时，提示旅客关机的语言生硬，缺乏语言沟通技巧，引发旅客情绪不满。

2.在收取杂物的过程中，未能及时满足该旅客的需求，导致旅客不满情绪升级。

3.4号乘务员在与旅客沟通时未能及时发现旅客有情绪的变化，缺乏对旅客的关注。

4.客舱乘务员之间欠缺沟通，导致整组信息传递不流畅，未能第一时间做好弥补工作来化解旅客的不满情绪。

经验与技巧

1.乘务员在处置旅客违规使用手机时，注意提示的语言、语气、态度和表情，避免用强硬的态度和命令的口吻与旅客交流，要站在旅客的角度考虑其心理感受，不要让旅客产生抵触情绪，造成旅客不良的乘机体验。

2.当旅客提出需求时，客舱乘务员应及时给予回应或帮助，对于收餐的标准程序应灵活处置，以旅客的乘机感受为出发点。随机应变，避免将固有的服务程序"机械化"。

3.乘务员要时刻站在旅客的角度换位思考问题，把旅客的需求放在第一位，真心服务于旅客，满足旅客的正常需求。

4.作为航班乘务长，要在旅客出现不满情绪时，及时处理并安抚，有效控制局面，并发挥主观能动性，落实好客舱服务标准，提升旅客乘机体验感。同时客舱乘务长应做好乘务组的管理工作，要掌控好乘务组与旅客间的沟通及交流。

案例10.3 提高服务响应，加强内部协作（行李问题+内部沟通+座位问题）

事件描述

旅客乘坐某日某航班，投诉客舱乘务员服务态度不好，不协助旅客安放行李，并且不同意旅客调整座位。

事件调查

当日执行航班，机上旅客人数29人，座位分布于5—7排及10—16排。投诉旅客上机时与其同行就座于8AC座位且携带一个较大体积的拉杆箱，由于E190机型行李架空间较小，行李无法放置在行李架内，旅客便要求4号乘务员协助安放。4号乘务员回复旅客让其将行李拉至中间，让位于安全出口的2号乘务员帮助安放，但未对旅客进行其他解释或沟通，也未对该情况与2号乘务员进行交接。当时4号乘务员看到旅客对她的反馈迟疑了片刻。后续旅客自行将行李放在了7排的过道中，4号乘务员便要求旅客将其行李往座位里拉，避免堵塞旅客通道，旅客便将行李拉到了座位处。后续2号乘务员从前舱返回后舱过程中发现有个行李未安放，便征求旅客同意将行李放到了4A座位处，为了看管方便旅客自行调整座位至第四排就座。

关门后，由于旅客人数较少，为了飞行安全，客舱乘务长做了配载平衡请勿调整座位的广播，4号乘务员又劝说该旅客对号入座，如需要可在起飞后调整座位。该旅客对此不满，表示自己的行李还在前舱。4号乘务员告知旅客帮其查看7排座位附近有空座可以安放行李，旅客不同意表示要投诉。随后4号乘务员到前舱将情况告诉客舱乘务长，客舱乘务长对旅客进行解释安抚，旅客回到原座位就座。

当4号乘务员再次回到客舱，旅客询问其工作号码并查看了姓名牌。4号乘务员意识到自己的服务令旅客不满，便询问旅客是否服务有不满，旅客未作答。4号乘务员便将此情况通报客舱乘务长，客舱乘务长立即与旅客沟通并做了安抚和解释工作，但最终还是导致投诉。

事件分析

1.行李安放问题：该旅客的行李服务属于4号乘务员职责范围，但4号乘务员却让旅客自行将行李拉至后面，并让旅客要求2号乘务员给予安放。另外，4号乘务员也没有与2号乘务员沟通，为旅客投诉埋下了隐患。

2.调换座位问题：航班旅客人数较少，前舱空座较多，4号乘务员在劝导旅客对号入座时，并没有对旅客的座位分布情况及此名旅客回原座后其对行李是否妥善安置有明确意识，最终导致投诉。

3.旅客表现出投诉意向后，4号乘务员未审视自身服务，未及时就自身问题向旅客致歉，而是去客舱找乘务长，依赖客舱乘务长出面进行解决。

4.客舱乘务长在航班过站期间未有效查询旅客信息及座位分布,未及时传达全体组员。事件发生后未在乘务日志备案,给后续调查工作带来被动,负有管理责任。

5.客舱乘务长缺乏对整个航班的监控,未发觉投诉隐患。

经验与技巧

1.客舱乘务长需要负责客舱乘务员航班工作的分配、监督、管理,检查客舱乘务员是否按标准做好安全及服务工作,确保客舱安全和优质服务。在过站期间可以利用移动运行网主动查询旅客信息、座位分布等,并传达组员以提高服务品质,确保信息通畅。

2.客舱乘务员迎客期间需要主动协助旅客安排行李,轻拿轻放。如果不能及时解决,避免将行李存放在远离旅客座位处,避免因旅客无法照看而造成不安情绪。若因疏通过道等原因需要,需及时做好解释工作,并要求其他组员安排行李,及时给予旅客帮助。

3.旅客出现不满情绪后,客舱乘务员应该认真、耐心倾听旅客诉求,不推卸责任并对自身服务审视,真诚地向旅客致歉,安抚旅客情绪,不要一味依赖乘务长进行出面解决。

4.客舱乘务长对在航班中发生的任何投诉隐患事件,应及时在当日乘务日志中备案,避免后续调查工作产生被动。

5.站在旅客的立场想问题,学会换位思考。在处理投诉时,应做到有礼有节,想旅客之所想,能与旅客形成共鸣。

案例10.4 请给旅客一个安静的环境

事件描述

近期,乘务组执行某航班过程中未约束言行,肆意聊天,影响旅客乘机感受,造成旅客投诉,已构成严重服务差错。

事件调查

航程约45分钟。飞机下降时遇有中度颠簸,乘务长无法第一时间返回前舱,停留在后舱等待飞机平稳后再返回前舱。在后舱等待期间乘务长与2号乘务员、4号乘务员进行了与工作无关的聊天,严重影响了旅客休息,给旅客造成了不良的乘机感受。

事件分析

1.此事件为人为因素引起的投诉。

2.乘务长在后舱等待飞机平稳过程中与组员聊天,内容与工作无关且音量较大,影响了旅客的休息,给旅客造成了不良的乘机感受。

3.2号乘务员、4号乘务员并未第一时间制止后舱私自聊天并且也参与其中,客舱乘务员缺乏自制力,并对公司制定的规章标准不重视,造成了旅客投诉。

经验与技巧

1.如客舱内发生不安全事件(如颠簸),客舱乘务员应第一时间就近坐好,固定好自己。随后进行客舱安全广播,提醒旅客系好安全带,洗手间停止使用。乘务长无法第一时间返回前舱时,在后舱等待期间,应尽量保持安静,禁止讨论与工作无关的内容。

2.乘务长作为客舱的领导者,应以身作则,严于律己。同时2号乘务员应作为乘务长的第一接替者,严于律己的同时,应监督乘务长的行为,实时提醒,顾全大局。4号乘务员也应该严格按照服务规范严格要求自己,以提升全组的服务水平。

案例10.5   端正态度,职业标准

旅客向乘务员提出需要毛毯和枕头,乘务员未理会,之后旅客复述一次,乘务员仍未回复,最终毛毯和枕头由另一位乘务员递送。乘务长向旅客解释:"该名乘务员年轻,工作经验不足",同时向旅客道歉。但旅客表示既然已在机上工作,就应有基本的职业素养。

点评分析

1.乘务员服务意识有欠缺,服务态度不端正。

2.未能及时回应旅客并提供旅客所需,错失两次服务机会。

3.乘务长沟通解释能力不足,没有有效化解矛盾,而是让旅客感觉乘务长用"借口"推卸责任。

处置方法+沟通语言

1.端正服务态度,时刻以"职业人"标准要求自我。

2.时刻关注旅客的服务需求,杜绝"等、慢"情况发生。

3.乘务长现场管控能力有待提升,切记不要跟旅客解释因为是新员工而让旅客感受其在推卸责任,从而给旅客带来"推诿"的不佳感受。应找"主观原因",勇于"认错",让旅客感受到"有担当"的服务态度和真诚的服务意识。沟通语言可以为:"抱歉先生/女士,是我们工作的失误,没有记住您的需求,我会再去和他沟通,不会让您再有被怠慢的感受。"

任务实训

一、实践应用

案例10.6

（一）综合实践情境

本次航班接待了一个旅行团，行李架满了，旅客没有地方摆放行李。正常平飞后，机上多人要枕头和毛毯，有一名旅客需要两个枕头，由于飞机上物资有限，只能给一个枕头，这位旅客很不开心，说自己是白金卡可以要两个，需要乘务员给出解决方案。在平飞期间，还有名旅客想要用餐，但是该航班没有配备正餐，旅客表示不满。飞机下降前进行安全检查时，有位老奶奶提出毛毯很漂亮，想要把其带下飞机，并且提出如果不送毛毯就要写投诉信，并不配合把安全带系好。

（二）处置与演绎

1.请同学们以小组为单位，给出航班特情处置建议。

2.请同学们以小组为单位，对上述情境及解决处置进行演示。（重要旅客+四个特殊情境）

二、情境演练

案例10.7

（一）综合实践情境

这天的航班十分混乱，先是飞机衔接原因延误航班4个小时，然后又是经济舱的超售造成许多经济舱旅客直接升到公务舱，原公务舱的旅客升到头等舱。虽然这么做可能会使那些免费升舱的旅客欣喜若狂，但却使有些旅客十分不高兴，那便是那些要求购买公务舱机票的澳大利亚航空公司的代码共享的旅客。这些旅客在购买公务舱机票时被东航的地面服务人员告知公务舱已经满员，但其实只是澳航与航司签约的公务舱座位售完而已。于是，当这些旅客亲眼看到航司一边说公务舱座位已经售完，一边将一些经济舱的旅客免费升到公务舱时自然气不打一处来，上飞机后立刻将火气发泄到乘务员身上。

那时正当送餐，一位乘务员慌慌张张地跑来对我说："一位旅客要用素食，我对他说今天我们没有素食,他就要投诉我,乘务长请您去处理一下。"我走到旅客面前先作了自我介绍,然后将整个事情的事由大致了解了一下,原来这位正是澳航要求购买公务舱未果的旅客。这位旅客当时十分恼火地说:"我早就订了素食,而且我在办理值机手续时还特地确认过,但现在你们却说没有接到过素食通知,你们东航怎么总是这样让人不信任?而且乘务员的态度也十分傲慢,不相信我订过素食,好像如果我真的没有订过素食,今天这个航班就没饭吃了。"显然这是一位急于发泄内心不满情绪的旅客。

(二)处置与演绎

1.请同学们以小组为单位,分析该航班存在的冲突及原因,并给出航班特情处置建议。

2.请同学们以小组为单位,对上述情境及解决处置进行演示(航班延误+特殊情境)。

三、无领导小组讨论

为提升大家的口头表达能力、辩论能力、说服能力,培养大家分析思维、逻辑思维及情绪稳定性、处理人际关系、团队协作的技巧,本章创新引入了无领导小组流程与项目实践。

1.无领导小组流程

(1)独立思考及准备:小组成员接到"讨论题"后,用2分钟独立思考及拟写发言提纲。

(2)个人发言:每人限1分钟发言阐明自己的基本观点。

(3)小组自由讨论:小组成员间自由交叉辩论。时间为5分钟。

(4)总结发言:小组达成一致意见并选派一名代表进行总结发言,其他成员可以补充,需列举至少3个支持本组观点的理由。时长控制在3分钟以内。

2.无领导小组议题

(1)"旅客是上帝"这句话是对的还是错的?

(2)航空公司要选择一位乘务长,你觉得谁最合适?

①薛宝钗 ②贾母 ③王熙凤 ④林黛玉

(3)如何理解幸福感(幸福指数)?

一、案例阅读

案例10.8　件件有着落，事事有回音

航班降落前50分钟，旅客提出需要茉莉花茶，乘务长回应"好的"，但没有为旅客提供。20分钟后，旅客再次向乘务长提出需要茉莉花茶，乘务长仍未提供，让其他乘务员告知旅客因为飞机颠簸，茉莉花茶不太好泡，给旅客拿了一瓶矿泉水。旅客对航班服务提出不满。

航班服务中，同行旅客询问如何使用机上的Wi-Fi时，乘务员回复让旅客自己看手册，未提供相应操作指导。

处置方法+沟通语言

1.关注旅客需求，提高响应效率，用好服务工作提示单，避免错过服务时机。

2.遇到飞机颠簸等涉及安全的情况，以旅客安全为出发点，及时、合理解释相应原因。沟通语言可以为："抱歉先生/女士，由于飞机遇到颠簸，为了您的安全，没办法为您提供热饮，非常感谢您的理解。"

3.建立"闭环思维"，做到"件件有着落，事事有回音"，向旅客承诺的服务要及时提供，不能提供时要亲自、主动给予回应、解释。沟通语言可以为："抱歉先生/女士，由于飞机即将下降，在下降期间飞机突发颠簸，由于颠簸比较强烈导致茉莉花茶冲泡困难且提供给您茉莉花茶时易发生烫伤的情况，为了您的安全很抱歉没办法给您提供茉莉花茶了，如果您口渴给您来一瓶矿泉水，非常感谢您的理解。"

4.平日增强业务知识储备，及时回复旅客问询，在告知旅客参阅操作指南的同时，应主动表示如有问题可随时联系乘务员。如果旅客在操作上遇到困难，应主动提供帮助，让旅客感受到服务有作为、服务有热情。沟通语言可以为："您好先生/女士，我们的机载杂志有连接Wi-Fi的相关操作说明，您可以根据说明进行操作。操作过程中遇到任何问题，都可以按响您头顶上方的呼唤铃，乘务员会过来为您提供帮助。"

二、案例分析

案例10.9　安全服务，相辅相成

飞机地面等待起飞，在播放安全须知时，旅客接听电话，乘务长大声反复告知旅客"你需要关机，全飞机都在等你"，旅客表示乘务长声音非常大，完全听不到电话里面的声音。旅客及时关机并对乘务长说"已经关机了，满意了吗"，乘务长对旅客说"我不是不满意"，说完话后还翻白眼。旅客不满乘务长进行告知时声音大，且表情很差。

思考：

1.该案例中乘务长出现了哪些服务沟通问题？

2.如果你是该乘务长应该如何处置、如何沟通更为妥当？

本章小结

对于每个民航服务人员来说，每天的工作都是按照服务流程和标准进行。但因为面对的旅客不同，每次服务过程都是不同的，所以需学会在繁杂的工作中总结经验，在下次问题出现征兆时做出预见。本章坚持"契合岗位需求、重视特色课程、突出实践能力培养"的原则，小任务大融合，重塑教学内容与体系，从民航发展需求及职业发展规律出发，基于飞行四个关键阶段，采取任务驱动、项目沉浸式的方式设计了多课程、多阶段递进式地培养综合应用能力的项目，同时辅以综合案例，以提高学生系统思维、综合解决客舱复杂问题的实践能力和应急处置能力。

思考与练习

一、案例分析

案例10.10　国航刘嫚乘务组用真诚致歉化解投诉旅客

2015年9月22日，CA1436航班，重庆到北京。由于乘务员在服务方法上的瑕疵，导致一位陈姓旅客坚决要求投诉。当班乘务长刘嫚先后四次与旅客沟通并致歉，最终得到了旅客的谅解。旅客在下机时主动和乘务组告别并提出以后会继续选乘国航的航班。

第一次道歉：旅客拒绝交流

CA1436航班的正常起飞时间为21:00,但天气原因和流控,航班延误了1个小时40分钟,22:40才从重庆起飞。由于航班起飞时间很晚,很多旅客改签到了其他航班,航班上的旅客不多。在起飞前,坐在12排J、L座位上的陈姓旅客和严姓旅客自己换到了11排J、L座位,正在进行客舱安全检查的乘务员立即走上前去要求旅客坐回原位,她提出的理由是"为了保持配载的平衡和客舱安全需要",当时两位旅客带着不满坐回了原位。这时另一位19排的旅客突然自行坐到了11排的B座。这位乘务员也同样对这位旅客提出了坐回原位的要求,但在旅客承诺飞机起飞前就回去的请求下,她默许了旅客可以暂坐。当时她怕刚才的陈姓和严姓旅客有意见,主动走到他们面前进行解释。不料陈姓旅客突然之间情绪非常激动,觉得乘务员在客舱管理上没有一视同仁,高声提出要投诉乘务员,让才参加工作一年的年轻乘务员手足无措。乘务员道歉无果后,报告给了前舱的乘务长刘嫚,刘嫚立即赶过去给旅客道歉,可是被旅客拒绝了。

第二次道歉：旅客同意相互沟通

飞机平飞后,牵挂此事的刘嫚,亲手做了两杯头等舱的红茶,端到了12排,并请严姓旅客帮忙另换了座位。刘嫚在陈姓旅客身边坐下,把红茶递给他说道:"今天让您旅途不开心了,真的非常抱歉。"陈姓旅客这时不再拒绝交流了,他带着很大的怒气说:"你们知不知道我为什么要坐到稍微宽敞点的11排,你们都不肯关注旅客的需求。"原来,这位陈姓旅客患有腰椎间盘突出,又在重庆开了一天的会,再加上航班延误带来的疲惫,他很想能稍微舒服点地坐回重庆。听到这里,刘嫚心里想:的确是我们的乘务员缺乏服务的技巧和经验,没有看到旅客的状态,也没有细心询问旅客的需求,只是按照规定进行了要求,所以激怒了陈姓旅客。"一定要把服务的不足补救回来,让旅客尽量满意",刘嫚说,我当时的想法只有这个。于是,她和陈姓旅客开始了各种互动和沟通,耐心地倾听了陈姓旅客乘坐航班的故事。原来,陈姓旅客经常乘机,亲身感受了其他航空公司的人性化服务,他觉得乘务员服务工作过于教条、死板,缺乏针对性和人性化,没有站在旅客的角度上考虑问题。刘嫚也用自己多年的服务故事和旅客分享,并在分享中达成了对服务的共识:只有旅客满意的服务才是最好的服务。

第三次道歉：旅客感受乘务组的诚意

由于和陈姓旅客的沟通气氛逐渐融洽,刘嫚再一次把当事乘务员带到陈姓旅客面前进行致歉。(这之前,刘嫚已经先行做通了乘务员的思想工作,乘务组的其他组员也向当事乘务员分享自己的服务经验。)这时,陈姓旅客面对道歉的当事乘务员说:"你以后要注意服务的方法。"刘嫚看到陈姓旅客逐渐释怀后,再次和陈姓旅客进行了交流,希望陈姓旅客能给年轻的乘务员一次服务补救的机会,减少他们工作之初的挫败感,让他们在吸取教训的同时也能有改正的机会。陈姓旅客默不作声,没有当即同意刘嫚的请求。无奈的刘嫚只有暂时放弃了这个想法。后来刘嫚说:其实这件事还有另外一种做法,也是航班中大多数的乘务长都会采取的做法,那就是,乘务员并没有明显的差错,乘务组会请周边的旅客作证,然后将投诉带回来进行处理。刘嫚不赞同这个做法,她说,我想做一次尝试,希望能给年轻的乘务员面对问题和解决问题的机会,让他们在服务的实践中锻炼和成长,让他们学到如何关注旅客的需求,而不是死板的流程服务。

第四次道歉:旅客被乘务长彻底感动

航班到达北京前30分钟,刘嫚再次来到了陈姓旅客的面前,第四次对陈姓旅客进行道歉。这一次,刘嫚没有再提让旅客不再投诉的事情。她说:不管事情解决得如何,作为当班乘务长,我还是有管理责任的,没有及时关注到乘务员在客舱中的表现,也为给旅客带来不愉快的旅途体验深表歉意。

接连四次的道歉,让陈姓旅客看到了乘务长和乘务员的诚心,看到了他们想带给旅客真诚服务的耐心。这一次,陈姓旅客主动提出了不再考虑投诉的事情。当陈姓旅客下机的时候,主动和乘务组告别,甚至还提出以后会再次选乘国航的航班。

CA1436航班四次致歉的服务故事,在带给旅客真诚服务的同时,也让年轻的乘务员获得了宝贵的补救服务瑕疵的经验。

思考:

1.刘嫚为了实现与投诉旅客的有效沟通运用了很多技巧,请具体分析涉及的技巧内容。

2.请大家分析一下案例中的年轻乘务员关于预控冲突没有做到哪几点?如果你是该乘务员,当遇到旅客自行调换座位时,你会如何处理?

二、思考论题

以项目为驱动,通过构建"研讨辩论"的方式,注重探索,建构超学科、系统化、融合性的视野,向多元、立体、创新、复合型的思维转变。

1.客舱沟通的痛点与破解。

2.优化客舱内人的行为能力和管理人为差错研究。

思维导图

飞行四个关键阶段涉及主要流程　　　　　综合案例分析

1　民航服务沟通艺术综合性实践　　　2　民航服务沟通艺术综合性案例分析与应用

基于课程协同的"客舱服务与沟通"项目式教学实践设计　基于课程协同的"客舱服务与沟通"综合实践示范及参考话术

民航服务沟通艺术综合性实践与案例评析

参考文献

[1]邹铁夫.民航空中服务·高级[M].北京:中国民航出版社,2021.

[2]杨丽明,池锐宏.民航服务沟通理论、案例与实训[M].北京:中国人民大学出版社, 2019.

[3]365天无障碍沟通力训练营专家组.场景化沟通[M].哈尔滨:北方文艺出版社,2020.

[4]陈淑君,栾笑天.民航服务沟通与危机管理[M].重庆:重庆大学出版社,2017.

[5]康清.管理沟通[M].6版.北京:中国人民大学,2022.

[6]刘晖.空乘服务沟通与播音技巧[M].北京:旅游教育出版社,2019.

[7]罗纳德·B.阿德勒.沟通的艺术[M].15版.黄素菲,李恩,王敏,译.北京:北京联合出版社,2017.

[8]于振兴.民航客舱服务现状与质量提升举措[J].北京工业职业技术学院学报,2023,22(1):112-115.

[9]罗妮.H航空公司乘务员流失案例研究[D].大连:大连理工大学,2021.

[10]薛菲.信息化时代下空乘人员语言沟通能力的培养策略[J].现代盐化工,2020,47(3):135-136.

[11]郭凤.浅析在客舱服务中善用沟通技巧提升旅客满意度[J].传播力研究,2020(4):165-167.

[12]黄然.民航服务高质量发展问题研究[J].中国管理信化,2019,22(17):122-124.

[13]李炜.空中乘务人员客舱服务言语失误分析[J].旅游纵览(下半月),2016(4):60-61.

[14]戴雅兰,杨文涛,侯蒙,等.航班延误服务补救应急机制研究[J].经营与管理,2016(5):87-89.

[15]于静静,蒋守芬,赵曙明.国外冲突管理研究现状分析与未来展望[J].东岳论丛,2017,38(8):120-127,2.

[16]曹婉莹.飞机客舱旅客群体冲突风险演化路径及监控机制研究[D].武汉:武汉理工大学,2016.

相关案例
参考分析